LITERATURSTUDIUM

Christian Erich Rochow
Das bürgerliche Trauerspiel

Philipp Reclam jun. Stuttgart

Mit 14 Abbildungen

Die Deutsche Bibliothek – CIP-Einheitsaufnahme

Rochow, Christian Erich:
Das bürgerliche Trauerspiel / Christian Erich Rochow. –
Stuttgart : Reclam, 1999
(Universal-Bibliothek ; 17617 : Literaturstudium)
ISBN 3-15-017617-4

Universal-Bibliothek Nr. 17617
Alle Rechte vorbehalten
© 1999 Philipp Reclam jun. GmbH & Co., Stuttgart
Gesamtherstellung: Reclam, Ditzingen. Printed in Germany
RECLAM und UNIVERSAL-BIBLIOTHEK sind eingetragene Marken
der Philipp Reclam jun. GmbH & Co., Stuttgart
ISBN 3-15-017617-4

Inhalt

1 Einleitung 7

2 Die Vor- und Frühgeschichte des bürgerlichen
  Dramas 15

3 Gottscheds Dramaturgie 20
  Die Tragödie 20
  Die Komödie 32

4 Die Dramaturgie Lessings 43
  Im Vorfeld der *Miss Sara Sampson* 43
  Der Briefwechsel über das Trauerspiel 49
  Miss Sara Sampson 59

5 Theorie und Praxis des bürgerlichen Trauerspiels
  neben Lessing 68
  George Lillo und seine deutsche Rezeption 68
  Die Theorie des »Privat-Trauerspiels« 74
  Privattrauerspiele der Abschreckung 77
  Diderot, Mercier und die Anfänge des bürgerlichen
  Familiengemäldes 83

6 Adel und Bürgertum in direkter Konfrontation . 120
  Emilia Galotti, die bürgerliche Virginia 120
  Die Welt der Kabale 136
  Schillers *Kabale und Liebe* 150
  August Wilhelm Iffland: *Die Mündel* 168

7 Schwund- und Privatisierungsformen des bürgerlichen Schauspiels 186

8 Epilog 204

Bibliographie 215
Verzeichnis der Inhaltsangaben der besprochenen
Stücke 236
Namenregister 237
Titelregister 240
Begriffsregister 243

Zum Autor 247

1
Einleitung

Das bürgerliche Trauerspiel[1] ist heute eine tote Gattung (wenn es denn überhaupt eine Gattung war). Seine Wertschätzung entstand und schwand im Laufe einer Generation. Welch große Bedeutung ihm zugesprochen wurde, mag folgende Aussage des Wiener Aufklärers Joseph von Sonnenfels verdeutlichen: »In der hohen Tragödie liegt – – wenn ja ein Antheil darinnen liegt, der Antheil eines Standes, der dazu nicht sehr zahlreich ist – in dem *bürgerlichen* Trauerspiele [...] liegt der Antheil des ganzen menschlichen Geschlechts« (*Briefe über die Wienerische Schaubühne*, 144 f.). Doch schon dreißig Jahre später definiert Johann Friedrich Schütze das bürgerliche Trauerspiel spöttisch-verächtlich als ein Drama, »worin Leute bürgerlichen Standes sich selbst und den Zuschauern trübe und traurige Stunden machen«[2].

Noch aufschlussreicher ist, was Friedrich Schiller unmittelbar nach Vollendung seines bürgerlichen Trauerspiels *Kabale und Liebe* notierte:

> Ich kann es mir jezt nicht vergeben, daß ich so eigensinnig, vielleicht auch so eitel war, um in einer entgegensezten Sphäre zu glänzen, meine Phantasie in die Schranken des bürgerlichen Kothurns einzäunen zu

---

[1] Eine erschöpfende Bibliographie zum gesamten Themenkomplex bietet Karl S. Guthke (B 2a: 1994). Er referiert die wesentlichen Forschungspositionen und bietet zugleich Interpretationsansätze; für ein vertieftes Studium ist das Bändchen unentbehrlich.

[2] Johann Friedrich Schütze, *Satirisch-ästhetisches Hand- und Taschenwörterbuch*, hrsg. von Werner Otto, Berlin 1984, S. 156.

wollen, da die hohe Tragödie ein so fruchtbares Feld, und für mich, möcht ich sagen, *da* ist; da ich in diesem Fache größer und glänzender erscheinen, und mehr Dank und Erstaunen wirken kann, als in keinem andern [...].³

Schiller, der kein zweites bürgerliches Trauerspiel schreiben sollte, formulierte hier ein Unbehagen, das dem heutigen Theaterbesucher und Leser vertraut sein dürfte: an die Stelle der Allverfügbarkeit der Welt als theatraler Stoff scheint im bürgerlichen Trauerspiel eine enge, durch die Verhältnisse erzwungene Beschränkung zu treten, der allenfalls psychologisches Raffinement oder antihöfische Agitation abzugewinnen sind.

Nur zwei Werke dieser Gattung haben im Literaturkanon überlebt: *Emilia Galotti* und *Kabale und Liebe*. Gelegentlich erscheinen sie (in der Regel ohne größere Resonanz beim Publikum) auf den Spielplänen der deutschen Theater. Wieso konnte also die Gattung des bürgerlichen Trauerspiels nicht nur im allgemeinen Bewusstsein vorhanden bleiben, sondern sogar in den letzten vierzig Jahren das besondere Interesse der Forschung auf sich ziehen?

Mit der Herausbildung eines Geschichtsbewusstseins, welches Geschichte nicht mehr als Folge in sich zufälliger Fakten oder aber als Fortschritt hin zu einem feststehenden und unveränderlichen Ziel, sondern als dialektischen Prozess begriff, musste auch die Literaturgeschichtsschreibung zur Formulierung von Epochenbegriffen gelangen. Nach Hegels Ansicht war in der Gegenwart die Kunst als gültige Manifestation des Weltgeistes durch die Philosophie abgelöst worden. Diesen Standpunkt machten sich die maßgeb-

---

3 *Schillers Werke. Nationalausgabe*, begr. von Julius Petersen, fortgef. von Lieselotte Blumenthal, Benno von Wiese und Siegfried Seidel, hrsg. im Auftrag der Stiftung Weimarer Klassik und des Schiller-Nationalmuseums in Marbach von Norbert Oellers, Bd. 7,2: *Don Karlos Anmerkungen*, hrsg. von Paul Böckmann und Gerhard Kluge, Weimar 1986, S. 18.

lichen Literaturgeschichten des 19. Jahrhunderts zu Eigen.[4] Für sie fand die deutsche Literatur mit Goethe ihren Höhepunkt und Abschluss. Damit aber rückte das bürgerliche Trauerspiel in die Rolle einer wichtigen Vorbereitungsstufe, dem besondere Aufmerksamkeit schon deshalb zukam, weil sich die ästhetischen Diskussionen der Zeit von 1750 bis 1780 stark darauf konzentrierten. Auch als dieses mythische Geschichtskonstrukt überwunden war, hinterließ es seine Spuren – im Bildungskanon der Schullektüre. Wie eine Fernsehantenne, die nur bestimmte Frequenzen verstärkt, hielt jener die Muster bereit, auf die man sich selbstverständlich beziehen konnte, während andere, für sich nicht weniger wichtige Werke und Epochen (der Barock, der Vormärz) konsequent verdrängt wurden.

Ein zweiter Umstand trat hinzu, den Georg Lukács 1914 auf den Begriff brachte:

> Das bürgerliche Drama ist das erste, welches aus bewußtem Klassengegensatz erwachsen ist; das erste, dessen Ziel es war, die Gefühls- und Denkweise einer um Freiheit und Macht kämpfenden Klasse, ihrer Beziehung zu den anderen Klassen, Ausdruck zu geben.
>
> (Lukács, B 2b: 1961, 277)

Nicht für die Marxisten allein, auch für die bürgerlichen Schriftsteller und Gelehrten des Vormärz und des bürgerlichen Realismus war das bürgerliche Trauerspiel ein Ausgangspunkt, auf den sie sich zu ihrer Selbstlegitimation immer wieder beriefen.[5] Die Französische Revolution war und blieb dabei letztlich der Fluchtpunkt, auf den hin die Stücke betrachtet wurden. Irritierend war nur, dass im frühen bürgerlichen Trauerspiel die politische Radikalität fehlt; es han-

---

4 Angefangen von Georg Wilhelm Gervinus' erstmals 1835 unter anderem Titel erschienener »Geschichte der deutschen Dichtung« (B 2b: 1853), bis hin zur maßgeblichen Literaturgeschichte des Wilhelminismus: Wilhelm Scherer, »Geschichte der deutschen Literatur« (B 2b: 1918), erstmals 1883.
5 Vgl. beispielsweise Hermann Hettner (B 2b: 1924, 81 ff.).

delt sich durchgängig um familiäre Konflikte, um Auseinandersetzungen innerhalb einer mittleren, sozial kaum je näher gekennzeichneten Gesellschaftsschicht. Lothar Pikulik (B 2b: 1966, 170 ff.) ging zwar zu weit, als er das bürgerliche Trauerspiel gänzlich der Modeströmung der Empfindsamkeit zuwies und jede Verbindung mit der sozialen Kategorie der Bürgerlichkeit leugnete, machte aber auf die Differenz zwischen gesellschaftlicher Praxis und den Wunschbildern beziehungsweise Identifikationsangeboten des Theaters aufmerksam. Es führt in die Irre, in einem Sir William Sampson, einem Ferdinand, einer Emilia Galotti Abbilder der sozialen Realität zu suchen; wohl aber wird an diesen Figuren sichtbar, wie die Menschen des 18. Jahrhunderts – nicht nur die Bürger allein[6] – sich sehen und inszenieren wollten.[7] Als bedeutender Vorteil des bürgerlichen Trauerspiels gegenüber der heroischen Tragödie wird immer wieder – etwa in dem angeführten Zitat Joseph von Sonnenfels' – das allgemeine Interesse genannt, das diese Figuren wecken können. Selbst Könige und Fürsten könnten, wenn sie überhaupt Interesse weckten, nur als Menschen interessieren. Der mittlere Stand – vorgreifend sei erwähnt, dass die Abgrenzung auf der sozialen Stufenleiter nach unten, gegenüber Bauern und Bedienten, viel rigider gehandhabt wird – wird damit zum idealtypischen Modell des Menschen: an ihm müssen sich hinfort auch die Potentaten messen.

Diese unbestreitbare Emanzipationsleistung hat aber ihre Schattenseiten, auf die vor allem Max Weber[8] hinwies: Die kapitalistische Wirtschaftsform erforderte Planung, Ratio-

---

6 Ausgehend von Rousseau wird der bürgerliche Privatmann im 18. Jahrhundert zum ›natürlichen‹ Prototyp des Menschen, über den sich letztlich auch der Adel definieren muss. Der Teutsche Hausvater des Freiherrn von Gemmingen (s. im vorliegenden Band S. 145 ff.) ist ein Adliger.
7 Bahnbrechende Einsichten brachte hier die Einführung Fritz Brüggemanns zu dem von ihm herausgegebenen Band (B 2b: 1934).
8 Vgl. Max Webers Abhandlung »Die protestantische Ethik und der Geist des Kapitalismus« (1904).

nalität; das Zurückstellen der unmittelbaren Bedürfnisbefriedigung im Interesse der Kapitalakkumulation. Damit wurde eine Triebunterdrückung in den Individuen installiert,[9] die immer wieder – auch auf dem Theater – eingeübt und ausagiert werden musste. Diese Einübung ›bürgerlicher‹ Tugenden geschah in der Hochliteratur durch das Mitleid, in den Durchschnittswerken jedoch überwiegend – worauf Cornelia Mönch in ihrer materialreichen Untersuchung hinwies (B 2a: 1993) – durch exemplarische Abschreckung. Während frühere Interpreten die realistischen Züge des bürgerlichen Trauerspiels betonten,[10] trat nach dem Zweiten Weltkrieg in den westlichen Ländern das literatursoziologische Interesse an seinem symbolischen Gehalt in den Vordergrund.

Wenn wir das bürgerliche Trauerspiel als historisches Phänomen betrachten, als Ausdrucksform der Epoche der Aufklärung, so schienen vor 1989 die Akten eigentlich geschlossen. Das bürgerliche Trauerspiel von Lillo und Lessing bis Schiller und Mercier galt als eine Gattung, in der bürgerliches Fühlen und bürgerliches Selbstverständnis sein adäquates Medium fand und in der sich eine politische Radikalisierung vollzog, als deutlich wurde, dass das Ancien Régime zu einem Kompromiss mit der bürgerlichen Klasse unfähig war. Ob die Forschung nun empfindsamer Mentalität nachging oder allenthalben bürgerliche Sozialcharaktere ausfindig machte – der große Rahmen, in den das bürgerliche Trauerspiel zu stellen war, schien gesichert.

In den achtziger Jahren nun ließ der Reiz geschichtsphilosophischer Konstruktionen sehr nach, und als ein ganzes System, das seine Legitimation aus geschichtlicher Notwendigkeit herleitete, zusammenbrach, kam diese Denkungsart

---

9 Vgl. dazu Wolf Lepenies, »Melancholie und Gesellschaft«, Frankfurt a. M. 1969.
10 Lesenswert auch heute noch Arthur Eloessers »Das bürgerliche Drama« (B 2a: 1898) und Elise Dosenheimers »Das deutsche soziale Drama von Lessing bis Sternheim« (B 2a: 1949).

so ins Wanken, dass sie auch durch Versuche, die sich an klassischer Soziologie orientierten, nicht mehr aufrechterhalten werden konnte. Niemand wird heute mehr Geschichte als Fortschrittsgeschichte schreiben wollen; andererseits jedoch kann nicht ernsthaft geleugnet werden, dass sich sowohl in der literarischen Produktion als auch in der Gesellschaft Entwicklungen vollzogen, die beschreibbar sind.

Vehementer Widerspruch gegen eine soziologisch nivellierende Lektüre kam von hermeneutischer Seite:

> In der Tat erweist sich das literarhistorische Konstrukt ›bürgerliches Trauerspiel‹ [...] im Grunde als Pseudo-Gattung, die für die generische Interpretation noch keine relevanten verständnisleitenden Gesichtspunkte vorgibt, eben weil der Blick [...] auf das ohnehin Zeittypische, die Überwindung der Ständeklausel und die Etablierung des Familiendramas, nicht aber auf das Interpretationsbedürftige, weil von der Trivialdramatik Abweichende gelenkt wird. (Ter-Nedden, B 2b: 1986, 6)

Obwohl Ter-Nedden sich auf eine Interpretation von Dramen Lessings beschränkt, zieht seine Arbeit doch die Ergebnisse der älteren Forschung zum bürgerlichen Trauerspiel grundsätzlich in Zweifel. Schon 1967 hatte Conrad Wiedemann bei einer Interpretation des Einakters *Philotas*, der gemeinhin als ein missglückter Versuch Lessings in der Gattung des heroischen Trauerspiels galt, nachweisen können, dass Lessing in Wahrheit die barbarischen Konsequenzen einer heroischen Gesinnung und folglich die Konventionen der Gattung in Frage stellte.[11] Lessings Dramen haben in der Tat stets irritiert. Dass Odoardo Galotti seine Tochter erdolcht, wirkte schon auf die Zeitgenossen skandalös, weil es scheinbar die Gesetze der poetischen Gerechtig-

---

11 Conrad Wiedemann, »Ein schönes Ungeheuer. Zur Deutung von Lessings Einakter *Philotas*«, in: »Germanisch-Romanische Monatsschrift N. F.« 17 (1967) S. 381–397.

keit verletzte. Und ebenso waren in der *Sara Sampson* die Brüche unübersehbar. Doch konnten Lessings Verstöße gegen die gültigen Regeln nicht einfach als Ungereimtheiten abgetan werden, weil dieser Autor in seiner Dialogführung und Fabeldisposition sowie vor allem in der raffinierten Kalkulierung der Wirkungen von niemandem erreicht wurde. Ter-Neddens Studie liest diese Dramen als Kritik an den etablierten Gattungsnormen, als Adaptation der antiken Muster und etablierten Gattungen für das moderne Bewusstsein. Lessings Stücke stehen – darin sind sie modern – in einem reflexiven Bezug zur Gattung des Trauerspiels. Ihr Gehalt erschließt sich nur im Bezug auf die Gattung Tragödie, nicht im Bezug auf die »Pseudo-Gattung« bürgerliches Trauerspiel.[12] Alle Lektüren, die Lessings Dramen im Kontext des bürgerlichen Dramas läsen, führten zwangsläufig zu einer Rekonventionalisierung.

Ter-Neddens Buch verweist einmal mehr auf die prekäre Differenz zwischen Literaturinterpretation und Literaturgeschichte. Da Cornelia Mönch (B 2a: 1993) neuerdings nachwies, dass Lessings Dramen die Konventionen des bürgerlichen Trauerspiels nicht entscheidend prägten, dass sich also in der Aufklärung bereits die Diskrepanz zwischen Hoch- und Trivialliteratur herauszubilden begann, stehen wir, wenn wir eine Übersicht über das bürgerliche Trauerspiel schreiben wollen, vor dem Dilemma, entweder die bedeutendsten Werke zu simplifizieren oder sie gar aus der Gattung zu verweisen. Die Literaturgeschichte würde dann zu einer Art ›Besenwagen‹, sie könnte nur das aufsammeln und registrieren, was dem Maßstab der jeweils avanciertesten Werke einer Epoche und Gattung nicht gewachsen ist.

Eine Überblicksdarstellung ist in dieser Frage zur Prag-

---

12 Der Unterschied zwischen hoher Tragödie und bürgerlichem Trauerspiel betrifft folglich nur die jeweils verwendeten Schreibstrategien. Denn auch die hohe Tragödie mit geschichtlichem – das so genannte ›republikanische Trauerspiel‹ – oder mythischem Stoff ist in der Literatur der Aufklärung grundsätzlich reflexiv. Vgl. Christian Erich Rochow (B 3a: 1994).

matik verdammt: Einerseits muss sie die typischen Stücke beschreiben (in denen sich das Selbstverständnis der bürgerlichen Klasse ausspricht), andererseits auch die wenigen Spitzenwerke charakterisieren (in denen in der Regel vom Außenseiterstandpunkt des Intellektuellen in der feudalen und bürgerlichen Gesellschaft ausgegangen wird).

Von den üblichen Darstellungen (siehe dazu Guthke, B 2a: 1994) weicht das vorliegende Buch an zwei Punkten entscheidend ab. Gottscheds Theaterreform wird hier nicht als Gegensatz, sondern als erster Schritt hin zum bürgerlichen Trauerspiel in Deutschland verstanden. Ausführlich wird die Komödie einbezogen, denn sie bietet – man denke nur an Mozarts *Le Nozze di Figaro* – die eigentliche Einlassstelle für die bürgerliche Kritik am Feudalismus. Schließlich wird am Schluss auch noch die Schicksalstragödie ausführlicher behandelt, getreu der schon in Addisons *Spectator* verkündeten Einsicht, dass die eigentliche bürgerliche Tragik der Bankrott ist. Da das vorliegende Buch auch eine Realiensammlung bieten will, wurden die ausführlicher diskutierten Dramen mit Inhaltsangaben vorgestellt, die am Buchende in einem gesonderten ›Stückweiser‹ (vgl. S. 236) aufgeführt sind. Da nicht jeder Leser Zeit und Lust hat, alle behandelten Stücke zu lesen, und weil manche bisher noch nicht in Neudrucken vorliegen und daher schwer zu beschaffen sind, wird diese ›unwissenschaftliche‹ Zugabe hoffentlich willkommen sein.

2
Die Vor- und Frühgeschichte des bürgerlichen Dramas

Seit dem Mittelalter war das Theaterspielen in Europa eine Kunstübung der Stadtbürger. An hohen kirchlichen Feiertagen führten Handwerkergilden, meist angeleitet von Klerikern, Szenen aus der Heilsgeschichte (Passionsspiele, Weihnachtsspiele usw.) oder moralisch-exemplarische Stücke (berühmtestes Beispiel ist der *Everyman*[1]) auf. Diese Moralitäten können als die eigentliche Keimzelle des bürgerlichen Theaters gelten. Während Luther die heilsgeschichtlichen Spiele verwarf, duldete und förderte er die Aufführung exemplarischer Stücke, für die er Vorbilder in der Bibel ausfindig machte:

> WAs von dem buch Judith gesagt / das mag man auch von disem buch Tobia sagen / Ists ein geschicht / so ists ein fein heilig geschicht / Ists aber ein geticht / so ists warlich auch ein recht schön heilßam / nützlich geticht / und spiel eines geistreichen Poeten / und ist zu vermuten / das sölcher schöner geticht und spiel / bey den Jüden viel gewest seind / darinn sie [...] der Jugent also mit lust / Gottes wort / und werck eingebildet haben [...] und Gott gebe / das die Griechen yhre weiß Comedien und Tragedien zu spielenn / von den Jüden genuhmenn haben / wie auch viel ander weißheyt / und Gottes dienst / denn Judith gibt eine

---

[1] *Everyman/Jedermann*, [Mittel-]Engl./Dt., übers. und mit einem Nachw. von Helmut Wiemken, Stuttgart 1970.

gute / ernste / dapffere Tragedien / So gibt Tobias eine feine liebliche / Gottselige Comedien.[2]

Luther hatte mehrere Bücher des Alten Testaments, die nur in der griechischen Fassung (der sog. Septuaginta) überliefert waren, aus dem biblischen Kanon als »Apokryphen«[3] ausgesondert. Diese Bücher – darunter Judith, Tobias und die zwei Makkabäer-Bücher – besaßen für ihn nicht mehr den Status heiliger, inspirierter Texte. Er sah in ihnen Dichtungen, die eine moralische Lehre enthielten. Darin glichen sie nach seiner Meinung den dramatischen Spielen der Griechen und Römer. Sehr schnell griffen die lutheranischen Schulen die Anregung des Reformators auf. Das Schauspiel wurde zunächst zu einem wirksamen Instrument der protestantischen Propaganda, später allgemeiner zu einem Instrument, der heranwachsenden Jugend einen Gott gefälligen und gesellschaftskonformen Lebenswandel vorzuführen. Wie nahe diese Stücke in ihrer Argumentation bereits dem bürgerlichen Trauerspiel kommen können, zeigt Georg Wickrams Stück *Der jungen Knaben Spiegell*[4] aus dem Jahre 1554.

Wilbaldus, der Sohn eines Ritters, wird zur Schule geschickt. Die Mutter untergräbt die Autorität des Lehrers, indem sie ihn daran hindert, den Knaben für seine kleinen Vergehen zu bestrafen. Ein Mitschüler namens Lottarius verleitet Wilbaldus, sein Geld in der Schenke zu vertun und schließlich mit ihm zusammen der pädagogischen Zuchtrute zu entfliehen. Nachdem das mitgenommene Geld durchgebracht ist, lässt Lottarius seinen Kameraden im Elend sitzen, begeht bei einem Metzger einen Diebstahl und wird

---

2 Zit. nach: Rebhuhn, *Ein Geistlich Spiel von der Gotfürchtigen und keuschen Frauen Susannen*, 83.
3 In der katholischen Kirche haben diese Bücher auch heute noch kanonische Geltung und werden als ›Pseudepigraphen‹ oder ›deuterokanonische Bücher‹ bezeichnet, um sie von nicht-kanonischen Apokryphen zu unterscheiden.
4 Wickram, *Werke*, 237 ff.

gehenkt. Der Geist des Lottarius erscheint und warnt Wilbaldus und das Publikum vor einem derartigen Lebenswandel. Der verlorene Sohn Wilbaldus zieht fortan als bettelnder, aber ehrlicher Spielmann durch die Lande. Da er immer auf Gott vertraut, wird er schließlich wiedererkannt und kommt zu einer seinem gesellschaftlichen Rang entsprechenden Position.

Nicht anders als George Lillo in seinem *Kaufmann von London* arbeitet schon Wickram mit abschreckenden Kontrasten. Wilbaldus wird ein Pflegebruder an die Seite gestellt, der durch seine Folgsamkeit zu einer hohen Stellung gelangt. Durch genaue Einhaltung der bürgerlichen Tugenden Fleiß, Sparsamkeit und Gehorsam lassen sich – so die Aussage des Stücks – sogar Standesgrenzen überwinden, während das scheinbar ›ritterliche‹ Verhalten Wilbalds ins Verderben führt. In rohen Knittelversen wird das Publikum direkt angesprochen, wenn Lottarius vor seiner Hinrichtung klagt:

> Die alten ich verspotten thet,
> Junckfrauen ich fast[5] übel redt,
> Verachtet alle gute lehr,
> Dem alter bot ich wenig ehr.
> Ich was ein böß verwegen kind,
> Wie man dann noch meins gleichen find.
> Nun hab ich keinen meyster mehr,
> Der mich lert kunst[6], zucht, scham und ehr;
> Dem hencker muß ich meyster sagen,
> Wiewol er stellt nach meinem kragen.
> Ein solchs, du junger, wol bedenck,
> Dich an keyn böße gsellschafft henck,
> Folg guter leer, getreuwen raht,
> So kumpst du hie und dort auß nodt!
>
> (Wickram, *Werke*, 329)

5 sehr
6 Kenntnisse, Wissenschaften

Durch den Dreißigjährigen Krieg wurden derartige Ansätze zu einem bürgerlichen Drama in Deutschland scheinbar völlig abgeschnitten. Auch wandelte sich die soziale Trägerschicht der Literatur: Anstelle des zünftigen Bürgertums, das im 17. Jahrhundert durch die Kriegsläufte verarmte, wurde die im Dienst eines absolutistischen Herrschers stehende Beamtenschaft zur kulturellen Führungsschicht. Zugleich setzte sich eine regelmäßige, am holländischen und französischen Vorbild geschulte Poetik durch, die sich an die Antike anzuschließen suchte. In dieser Poetik waren Bürger nur als Personen in der Komödie zulässig, und zwar ausschließlich als Objekte des Verlachens. Freilich ist jedoch eine unterliterarische Weiterwirkung jener bürgerlichen Theaterform des 16. Jahrhunderts nicht auszuschließen: Bis ans Ende des 18. Jahrhunderts gehörte das Schuldrama in der einen und anderen Form – mal auf Deutsch, mal auf Latein – zum Ausbildungsprogramm der städtischen Lateinschulen. Es sollte zu denken geben, dass noch 1778 ein Gymnasialrektor aus Celle Lessings *Emilia Galotti* ins Lateinische übersetzen und von seinen Schülern aufführen ließ.[7] Wo freilich das Schuldrama gelegentlich an die Literatur streift – vor allem in den Dramen Christian Weises – steht es dem späteren bürgerlichen Trauerspiel gänzlich fern (anders Guthke, B 2a: 1994, 22 ff., mit weiterführender Literatur).

Ein literarisch anspruchsvolles Drama gab es in Deutschland in der Zeit um 1700 nicht. Zwar übte das schlesische Kunstdrama (Gryphius, Lohenstein) noch eine gewisse Vorbildwirkung aus, seine um Fragen der Staatsraison konzentrierte Thematik stand aber dem Denken der Frühaufklärung bereits zu fern. Gottscheds Dramen- und Theaterreform fand hier nur noch polemische Anknüpfungspunkte. In den aufblühenden Handelszentren, vor allem in Leip-

---

7 Johann Heinrich Steffens, *G. Ephr. Lessingii Emilia Galotti. Progymnasmatis loco latine reddita et publice acta*, Celle 1778.

zig und Hamburg, spielten Wandertruppen überwiegend Haupt- und Staatsaktionen, das heißt vergröberte Versionen heroischer Stücke, untermengt mit Stegreifpossen. Die wenigen literarischen Dramen der Zeit sind Komödien, die possenhaft zum überwiegenden Teil direkte Angriffe auf einzelne Personen vortragen (Christian Reuter, *Schlampampe*).

3
Gottscheds Dramaturgie[1]

Die Tragödie

> Der sechste Theil fängt mit einem bürgerlichen Trauerspiele an, welches *Miss Sara Sampson* heißt. – Ein bürgerliches Trauerspiel! Mein Gott! Findet man in Gottscheds *Critischer Dichtkunst* ein Wort von so einem Dinge? Dieser berühmte Lehrer hat nun länger als zwanzig Jahr seinem lieben Deutschland die drei Einheiten vorgeprediget, und dennoch wagt man es auch hier, die Einheit des Orts recht mit Willen zu übertreten! Was soll daraus werden? (Lessing, W 607)

Lessings Selbstanzeige des fünften und sechsten Teils seiner *Schriften* in der *Berlinischen Privilegirten Zeitung* vom 3. Mai 1755 ist launig, aber ungerecht. Sie unterstellt Gottscheds *Versuch einer Critischen Dichtkunst* (1730) einen dogmatischen Charakter, den jene Arbeit – der Versuch einer Rationalisierung des überkommenen poetologischen Materials – gar nicht haben konnte. Im Hinblick auf das bürgerliche Trauerspiel ist Lessings Aussage schlicht falsch, denn in der 4. Auflage jenes Werks heißt es:

> Noch andere wollen aus der beweglichen und traurigen Komödie, die von den Franzosen *Comedie larmoyante* genennet wird, eine eigene neue Art machen. Allein wenn es ja eine solche Art von Schauspielen geben kann und soll: so muß man sie nur nicht Komö-

---

1 Vgl. Alt, B 3a: 1994, 66 ff. mit weiterführender Literatur.

dien nennen. Sie könnten viel eher bürgerliche, oder
adeliche Trauerspiele heißen; oder gar Tragikomödien,
als ein Mittelding zwischen beyden, genennet werden.

(Gottsched, CD 643 f.)

Vielleicht benutzte Lessing eine der früheren Auflagen;
wahrscheinlicher ist, dass er den zitierten Passus an falscher
Stelle suchte: Er steht im Komödien-, nicht im Tragödien-
kapitel und ist zudem im Register nicht nachgewiesen. Und
im Komödienkapitel hätte Lessing Ausführungen zum bürgerlichen Trauerspiel nicht gesucht, obwohl seine eigenen
dramaturgischen Anfänge ihn eine derartige Einordnung
hätten vermuten lassen müssen.[2]

In der Tat war Gottsched den ›mittleren‹ Gattungen ab-
hold: sowohl in der *Critischen Dichtkunst* wie auch in der
Sammlung musterhafter Stücke *Die deutsche Schaubühne*
(1741–45) wird die strikte Trennung der Gattungen Tragödie und Komödie aufrechterhalten. Die Ablehnung von
Tragikomödien oder Mischspielen richtet sich jedoch nicht
gegen ein im ständischen Sinn intermediäres Genre, sondern gegen die Vermischung tragisch-heroischer und pos-
senhaft-lustiger Szenen, wie sie im Theater der Haupt- und
Staatsaktion üblich waren. Der Kampf gegen den Harlekin
betraf demzufolge auch beide Gattungen; Gottsched sah es
als seine Aufgabe an, das Theater insgesamt auf ein aufge-
klärtes Niveau zu heben. Beide Gattungen sollten mit verschiedenen Mitteln dem gleichen Ziel dienen: einer Verbesserung der Sitten. Die Unterschiede betrafen lediglich die
Stoffe (in der Tragödie die »Nachahmung einer Handlung,
dadurch sich eine vornehme Person harte und unvermu-
thete Unglücksfälle zuzieht« [Gottsched, CD 606]; in der
Komödie die »Nachahmung einer lasterhaften Handlung,
die durch ihr lächerliches Wesen den Zuschauer belustigen,
aber auch zugleich erbauen kann« [ebd., 643]) und die äu-
ßere Form (die Tragödie sollte eine gewähltere Sprache auf-

---

2 Siehe im vorliegenden Band S. 44 ff.

weisen als die Komödie: die Tragödie verwendet den gereimten Alexandriner, die Komödie in der Regel die Prosa). Die formalen Unterschiede werden allerdings von Gottsched nicht als notwendige Regeln angesehen; vielmehr ergeben sie sich aus Konventionen.

Allerdings hatte Gottsched eine Ansicht von seinen humanistischen und barocken Vorgängern geerbt: die Lehre vom Vorrang der Tragödie.[3] Im Horizont der Aufklärung lag darin jedoch ein Skandalon:

> Es ist für das Ganze unserer gesammten Betrachtung sehr bedeutsam und wohl zu beachten, daß der Zweck dieser höchsten poetischen Leistung die Darstellung der schrecklichen Seite des Lebens ist, daß der namenlose Schmerz, der Jammer der Menschheit, der Triumph der Bosheit, die höhnende Herrschaft des Zufalls und der rettungslose Fall der Gerechten und Unschuldigen uns hier vorgeführt werden: denn hierin liegt ein bedeutsamer Wink über die Beschaffenheit der Welt und des Daseyns.[4]

Die radikal-pessimistische Beschreibung des enttäuschten Aufklärers Arthur Schopenhauer führt die Tragödie jenseits aller Umdeutungen auf die Materialität ihrer Fabeln zurück. Stofflich handelt die Tragödie stets vom Untergang ihres Helden, von seinem Scheitern. Dabei ist der Held zugleich das Identifikationszentrum für die Zuschauer.

Die optimistische Weltanschauung der Aufklärung musste in der Tragödie eigentlich den Grundwiderspruch zu ihrer Ideologie erblicken, einen Widerspruch, der sich nur durch Umdeutungen und Adaptionen beheben ließ. Seltsamerweise fehlt die eigentlich nahe liegende poetologische

---

3 Vgl. für die deutsche Entwicklung besonders David E. R. George, »Deutsche Tragödientheorien vom Mittelalter bis zu Lessing. Texte und Kommentare« (B 3a: 1972).
4 Arthur Schopenhauer, *Werke in zehn Bänden*, Bd. 1: *Die Welt als Wille und Vorstellung*, Zürich 1977, S. 318 (§ 51).

Stellungnahme in der Literatur des 18. Jahrhunderts völlig: die grundsätzliche Ablehnung der Gattung Tragödie. Zu mächtig war immer noch die Autorität der *Poetik* des Aristoteles.

Selbstverständlich konnte es aber nicht im Interesse der Aufklärung liegen, den Triumph der Bosheit und das Unterliegen edler Bestrebungen auf dem Theater darzustellen (oder später dann im bürgerlichen Trauerspiel das Unterliegen des Bürgers vor dem Feudalherrn oder absolutistischen Fürsten). Da man aber durch die antiken Vorbilder an Fabeln mit negativem Ausgang für den Helden gebunden blieb, mussten diese radikal umgedeutet werden.

Gottscheds *Dichtkunst* bezieht in diesen Fragen keine extreme Position; er fasst zusammen, was vor allem die französische Poetik seit dem 17. Jahrhundert an Lösungen herausgearbeitet hatte.

Im Mittelpunkt der Gottschedschen Tragödientheorie steht der Begriff der Fabel. Jede gelungene Tragödie muss einen moralischen Lehrsatz exemplifizieren. So erläutert nach Gottscheds Ansicht der *Oedipus* des Sophokles den Lehrsatz, dass Gott auch die Laster, die unwissend begangen worden seien, nicht unbestraft lasse; Oedipus hätte sich, da er das Orakel gekannt habe, dass er seinen Vater erschlagen und seine Mutter heiraten würde, aller Totschläge enthalten sollen (Gottsched, CD 606 ff.). Gottscheds später viel geschmähtes »Tragödienrezept« ist von dieser Art der Interpretation, oder vielmehr Rekonstruktion, der antiken Musterstücke abgeleitet:

> Der Poet wählet sich einen moralischen Lehrsatz, den er seinen Zuschauern auf eine sinnliche Art einprägen will. Dazu ersinnet er sich eine allgemeine Fabel, daraus die Wahrheit eines Satzes erhellet. Hiernächst suchet er in der Historie solche berühmte Leute, denen etwas ähnliches begegnet ist: und von diesen entlehnet er die Namen, für die Personen seiner Fabel [...].
> (Gottsched, CD 611)

Furcht beziehungsweise Schrecken und Mitleiden, die beiden zentralen aristotelischen Wirkungskategorien, die bis zu Lessings *Hamburgischer Dramaturgie* der entscheidende Streitpunkt der Tragödientheorie sind, stehen für Gottsched nicht im Zentrum. Nicht die *Wirkungsweise*, sondern zunächst der *Sinn* des tragischen Vorgangs muss fixiert werden. Damit die dramatische Kunst eine Wirkung ausüben kann, muss sie seiner Ansicht nach im Verhältnis einer wahrscheinlichen Nachahmung zur Wirklichkeit stehen. Und weil die Welt nach Gottscheds Ansicht vernünftig und harmonisch aufgebaut ist, muss die Handlung der Tragödie im Sinn einer harmonisch aufgebauten Weltordnung lesbar sein. Alle weiteren Regeln ergeben sich mit strenger Folgerung: die Einhaltung der drei Einheiten der Handlung, des Ortes und der Zeit, die Ablehnung einer gleichnishaften Sprache, von Geistererscheinungen, Beiseitesprechen – kurz aller die Bühnensituation transzendierenden oder kommentierenden sowie die Illusionswirkung störenden Instanzen.

Gottscheds Fabeldefinition benennt das eigentlich Neue seiner ästhetischen Position:

> Ich glaube derowegen, eine Fabel am besten zu beschreiben, wenn ich sage: sie sey die Erzählung einer unter gewissen Umständen möglichen, aber nicht wirklich vorgefallenen Begebenheit, darunter eine nützliche moralische Wahrheit verborgen liegt. Philosophisch könnte man sagen, sie sey eine Geschichte aus einer andern Welt. (Gottsched, CD 150)

Dichtung als das mimetische Abbild der Wirklichkeit lebt von der Ähnlichkeit – also einer kategorialen Differenz zur Wirklichkeit. Für das Barock war sie einfach ein Teil der Wirklichkeit gewesen; die barocken Dramatiker hatten immer versucht, nicht die Wahrscheinlichkeit, sondern die geschichtliche Faktizität der von ihnen dargestellten Vorgänge nachzuweisen.⁵ Diese ist für den Theoretiker Gottsched belanglos, gilt es doch Fabeln zu erfinden oder historische Ereignisse zu benutzen, die nicht im Kontingenten stecken bleiben, weil sonst die geforderte Wahrscheinlichkeit – das heißt die Parallelität von erdichteter und realer Welt – verfehlt würde. Unwahrscheinliche Nachahmungen, auch von historisch beglaubigten Fakten, stellten nur einen blinden Spiegel der Wirklichkeit dar.⁶ Gottsched bereitet darin das bürgerliche Trauerspiel vor, dass er grundsätzlich das »Ersinnen« von Fabeln als Hauptaufgabe des tragischen Dichters definiert: Er legitimiert das Erfinden von Geschichten.

Ein zweiter Punkt, der entscheidend werden sollte für die Herausbildung des bürgerlichen Trauerspiels, ist die Frage des Charakters der auftretenden Personen: Nicht, welchen Charakter die Personen haben, sondern dass sie überhaupt einen feststehenden und durchgehenden Charakter besitzen, macht den Unterschied zum Menschen des Absolutismus aus:

> Ein widersprechender Character ist ein Ungeheuer, das in der Natur nicht vorkömmt: daher muß ein Geiziger geizig, ein Stolzer stolz, ein Hitziger hitzig, ein Verzagter verzagt seyn und bleiben; es würde denn in der Fabel durch besondere Umstände wahrscheinlich gemacht, daß er sich ein wenig geändert hätte.
>
> (Gottsched, CD 619)

---

5 Zum barocken Trauerspiel vgl. vor allem: Albrecht Schöne, »Emblematik und Drama im Zeitalter des Barock«, München 1964.
6 Im Grunde genommen ist damit bereits das Realismusproblem angesprochen. Welche Geschichten bedeutungvoll und nicht bloß zufällig sind, hängt von der Weltinterpretation des Autors oder des Interpreten des jeweiligen Werkes ab. Die Gottschedsche Argumentationsfigur lässt sich bis hin zu der marxistischen Unterscheidung zwischen ›Realismus‹ und ›Naturalismus‹ verfolgen – letzterer bezeichnete für Franz Mehring eine Literatur, die beliebige und für die gesellschaftliche Realität nicht signifikante Ereignisse behandelte.

Die Lebensklugheit des geschickten Höflings hatte geboten, allen Wechselfällen des politischen Geschicks dissimulierend zu begegnen, entweder mit stoischer Gleichmütigkeit oder anpassungsfähiger Klugheit. Die – auch moralisch zu verstehende – Wiedererkennbarkeit des Individuums konnte bei Hof gefährlich sein, im bürgerlichen Handelsleben war sie geboten. Handelsgeschäfte beruhten im Zeitalter des ›Merchant Adventurer‹ auf dem Vertrauen in den Kredit des jeweiligen Handelspartners.[7]

Die Identität des Charakters ist aber in erster Linie eine Komödienkategorie: gerade die Komödie der Aufklärung lebt vom satirischen Verlachen bestimmter stehender Charaktere, beispielsweise des Leichtgläubigen, Misstrauischen oder Geizigen. Dass bei Gottsched, der für die Tragödie das Festhalten an historisch bekannten Figuren empfiehlt, trotzdem auch dort die Forderung nach dem mit sich identischen Charakter aufgestellt wird, ist ein Reflex bürgerlicher Ideologie.

Ebenfalls bürgerlich ist der Zuschnitt seiner Helden: Gottscheds erstes Trauerspiel, der später viel verspottete *Sterbende Cato*, ist ein republikanisches Trauerspiel, worin dem Vertreter der untergehenden römischen Republik in Cäsar der lasterhafte Vertreter des entstehenden Absolutismus gegenübersteht. Man hat in seinem Selbstmord fälschlich die Renaissance des Märtyrerdramas erblicken wollen,[8] in Wirklichkeit aber ist es Gottsched darum zu tun, die ästhetische Wirkung des Heroischen beizubehalten, die heroische Lebenshaltung aber zugleich als falsch zu denunzieren. Cato erdolcht sich, weil er an der Rettung der Republik verzweifelt, doch im Augenblick seines Todes läuft die Flotte eines Verbündeten in den Hafen ein. Getreu bürgerlicher Ideologie gibt es in diesem Stück eigentlich keine heroi-

---

7 Vgl. neben der grundlegenden Studie von Max Weber (»Die protestantische Ethik und der Geist des Kapitalismus«, 1904) noch: Werner Sombart, »Der moderne Kapitalismus«, 3 Bde., München/Leipzig 1928.
8 Alt (B 3a: 1994, 108 ff.); ablehnend Rochow (B 3a: 1994, 21 ff.).

schen Entscheidungssituationen; Optionen für politisches Handeln könnten sich immer noch eröffnen, wenn der Held nur nicht vorschnell verzweifelte. Bereits bei Gottsched und auf dem Boden des hohen Trauerspiels[9] findet die Ersetzung der stoischen Bewährungstragödie durch die Irrtumstragödie statt,[10] die hier freilich noch rational eng und psychologisch rudimentär gefasst ist. Zwei Probleme treten dabei bereits in den Horizont der dramaturgischen Praxis, die theoretisch noch nicht durchdacht werden können: die Zeit (als Verlaufszeit, die den Irrtum begünstigt, im Gegensatz zu der Idealzeit, in der sich die exemplarische Handlung erfüllt) und der Zufall (die Verknüpfung der Ereignisse, die den tragischen Ausgang garantiert). Diese Problematik bestimmt in ganz erheblichem Ausmaß die eigentlichen bürgerlichen Trauerspiele, wie Gisbert Ter-Nedden in seiner Analyse der *Emilia Galotti* überzeugend nachgewiesen hat (B 2b: 1986). Letztlich bricht hier der entscheidende, oben angesprochene Grundwiderspruch zwischen aufklärerischer Ideologie und Tragödie auf. Verhielte der Held sich vernünftig, das heißt der Struktur der Welt angemessen, käme ein tragischer Ausgang nicht zu Stande. Der Sinn der Tragödie kann aber nicht darin bestehen, den Helden als abschreckendes Beispiel mangelnder Einsicht zu instrumentieren: Anders als in der Komödie ist er nicht Objekt des Verlachens, sondern des Mitleidens. Ihm steht nicht die Gemeinschaft der Aufgeklärten und Vernünftigen gegenüber, die ihn zu reintegrieren versucht, sondern in Gestalt des Antagonisten eine Figur, die stärker noch als er vom aufgeklärten Ideal abweicht.

---

9 Dieser Begriff, in Anlehnung an die französische *haute tragédie* gebildet, ist dem eingebürgerten des »heroischen Trauerspiels« vorzuziehen, weil das Heroische weder als Wirkungskategorie noch als Persönlichkeitsmerkmal die Differenz der einschlägigen Stücke zum bürgerlichen Trauerspiel adäquat beschreibt.
10 Siehe dazu vor allem: Max Kommerell, »Lessing und Aristoteles. Untersuchung über die Theorie der Tragödie«, Frankfurt a. M. ⁵1984.

Von der älteren Forschung, die im Bann der Theorie des Tragischen stand, wie sie die deutsche Klassik ausbildete,[11] wurde die Vermeidung des »tragischen« Schlusses als sicheres Merkmal mangelnder ästhetischer Qualität gewertet. Diese Einschätzung ist sicherlich verfehlt, weil es den Autoren der Aufklärung immer darum gehen musste, den unglücklichen Ausgang – der für sie das Exzeptionelle und eigentlich Unwahrscheinliche war, den aber zugleich das antike Strukturmodell zwingend vorschrieb – entweder zu demontieren oder genau zu begründen – und zwar nicht mythisch, sondern handlungspragmatisch oder psychologisch. Der tragische Ausgang war hier stets Ergebnis eines prinzipiell vermeidbaren, aber in der gegebenen Situation unausweichlichen Fehlers.

Zwei Wege bieten sich an, um diesen Grundwiderspruch aufzulösen. Der Erste, den Gottsched theoretisch ankündigte, führt in der Konsequenz zur Lessing'schen Mitleidstragödie. Vereinfacht gesagt: Die Nachahmung einer wahrscheinlichen Handlung wird ersetzt durch die wahrscheinliche Nachahmung einer Handlung, an die Stelle der exemplarischen Wirkung des Tragödienschlusses tritt die Kategorie des einverständigen Mitleids mit dem Helden.

> Die Vorsehung, die Gerechtigkeit und Güte Gottes; die Unsterblichkeit der Seelen, das Lob der Tugend, und die Schande der Laster herrschen allezeit in den Trauerspielen. Die Unschuld wird allezeit als triumphirend, die Bosheit aber als verdammlich vorgestellet. Und wenn man ja jene zuweilen auch unglücklich, diese hergegen als glücklich erblicket, so erscheinen doch beyde in der, ihnen beyden so eigenen Schönheit und Häßlichkeit; daß wohl niemand unter den Zuschauern zu finden ist, der nicht lieber bey der Tugend unglücklich, als bey den Lastern glücklich zu seyn wünschen sollte. (Gottsched, AW 9,2, 498)

---

11 Vgl. vor allem Peter Szondi (B 3a: 1978, 149 ff.).

Gottscheds 1729 gehaltene »Akademische Rede, Die Schauspiele, und besonders die Tragödien sind aus einer wohlbestellten Republik nicht zu verbannen« bezeichnet die Wegscheide zwischen Exempelstück und Mitleidstragödie. Einerseits beharrt er auf Tugendbelohnung und Sündenbestrafung, andererseits räumt er ein, dass die »eigene Schönheit und Häßlichkeit« von Tugend und Laster allein schon die identifikatorische Wirkung garantiere. Diese Einräumung deutet bereits voraus auf die Positionen Friedrich Nicolais und Lessings. Auffälligerweise jedoch unterbleibt die Verbindung mit den emotionalen Wirkungskategorien von Furcht und Mitleiden. Gottscheds Position bleibt auch in der Frage des Stückschlusses der Analogie von nachgeahmter Wirklichkeit und Realität verhaftet. Für ihn musste daher mit dem tragischen Ausgang zugleich die exemplarische Wirkung der Tragödie verloren gehen.

Statt den Weg hin zum bürgerlichen Trauerspiel zu beschreiten, ging Gottsched den zweiten und spitzte in seinen späten Tragödien, vor allem in der *Parisischen Bluthochzeit König Heinrichs von Navarra*[12], die Form der hohen Tragödie zum aufklärerisch-staatspolitischen Schauspiel zu. Die Figuren dieses Dramas sind keine Gegenstände emotionaler Identifikation, sondern sie verkörpern unterschiedliche politische Positionen. Heinrich von Navarra, der spätere Heinrich IV. von Frankreich, steht für die aufgeklärte Vernunft. Er optiert für die Trennung von Kirche und Staat, das Tolerieren abweichender Religionsmeinungen und die Vermeidung gewalttätiger Auseinandersetzungen. Sein Gegenspieler, König Karl IX. von Frankreich, möchte den Konflikt zwischen Katholiken und Protestanten durch einen Gewaltstreich lösen. Historisch konnte Karl sich durchsetzen, die Bartholomäusnacht war eines der großen Massaker der Weltgeschichte. Gottscheds Strategie, um diesen Stoff

---

12 Johann Christoph Gottsched, AW 2,199–279. Ausführliche Analyse des Stücks bei Rochow (B 3a: 1994, 43 ff.).

trotzdem zu einem Exempelstück aufgeklärter Politik herzurichten, besteht in der Aufspaltung der Konfliktparteien. Die reine Boshaftigkeit wird einer Nebenfigur überantwortet, Katharina von Medici, der Mutter des französischen Königs, die ihren Sohn durch psychischen Druck zu dem Mordbefehl verleitet. Der siegreiche Tyrann erscheint als Schwächling, dem die Emanzipation von der herrschsüchtigen Mutter misslingt. Auch die Heldenfigur wird aufgespalten: der Feldherr Coligny stirbt den Märtyrertod, wie er in der heroischen Tragödie üblich war. Heinrich von Navarra jedoch, vor die Alternative gestellt, ob er den Märtyrertod für seine Religion sterben oder lieber zum Katholizismus konvertieren wolle, schließt das Stück mit den Worten:

> Die Klugheit, liebster Prinz, heißt uns zuweilen
> schweigen;
> Doch wird zu rechter Zeit, sich auch die Großmuth
> zeigen.
> Der Tag erscheint noch wohl, daran die Wahrheit
> siegt,
> Wenn durch des Himmels Schutz der Irrthum
> unterliegt.
>
> (Gottsched, AW 2,275)

Was wir hier beobachten können, ist eine funktionale Differenzierung auf dem Boden der bürgerlichen Ideologie. Da das Bürgertum im Gebiet des Deutschen Reiches weitgehend von der Mitwirkung an der Politik ausgeschlossen war, konnte es seine politischen Vorstellungen vorerst nur abstrakt im Bereich der hohen Tragödie, nicht konkret im bürgerlichen Trauerspiel artikulieren. Gottscheds hohe Tragödien sind eben darin bürgerlich, dass sie eminent antiheroisch sind, ja eigentlich Satiren auf das heroische Trauerspiel darstellen.[13] Wenn Lessing wenige Jahre später formu-

---

13 Wichtig in diesem Zusammenhang ist die Auslegung der Aristotelischen Wirkungslehre, die Gottsched in der Vorrede zu seinem Stück im sechsten Band der Deutschen Schaubühne gibt: »Erstlich ist es kein Fehler, wenn

lieren sollte, der stoische, für seine Überzeugungen sterbende Held sei untheatralisch, so würde Gottsched antworten müssen, in erster Linie sei er unpolitisch. Nicht für seine Überzeugungen sterben, sondern für sie politisch handeln, ist die Botschaft seiner Dramatik.

Gottscheds späte Dramen waren nicht einflussreich. Trotzdem bezeichnen sie den Anfang einer eigenständigen hohen Tragödie von bürgerlicher Grundhaltung, des ›republikanischen Trauerspiels‹. Dieses steht reflexiv zum Aufklärungsprozess, es argumentiert nicht primär psychologisch, sondern politisch. Wenn das bürgerliche Trauerspiel zunehmend zu einem Laboratorium des Fühlens wurde, so das republikanische Trauerspiel zu einem Experimentierfeld politischen Denkens und Handelns. Nach *Kabale und Liebe* wandte sich Friedrich Schiller mit dem *Don Carlos* dieser Dramenform zu.

Dass Gottsched neben dem republikanischen Trauerspiel ein bürgerliches nicht zulassen wollte, weil er es nicht zuzulassen brauchte, wird beim Blick auf die Komödie der Zeit deutlich. Die Einübung der Tugend als pragmatisches Ziel des Theaters war für ihn beiden Gattungen gemeinsam. Während er aber der Tragödie das Politische als Stoffbereich

> ein Trauerspiel Schrecken und Mitleiden bey den Zuschauern erweckt; sondern der eigentliche Zweck desselben. [...] Es wird also ein besondres Zeichen von der Güte dieses Schauspiels seyn, wenn es die Zuschauer mit Grausen und Abscheu erfüllen wird. Die Größe der Laster und Schandthaten fällt an den größten Leuten, destomehr in die Augen, und wirkt einen desto größern Schauder, je unerhörter sie ist: und eben dadurch wird ein Gedicht erbaulich« (Gottsched, DS 6,XIII). Gottscheds Umdeutung der Aristotelischen Kategorien führt also explizit nicht zu einem Drama des verstehenden Mitleids, sondern zu einem Drama der Verwerfung, das eine Parallelität zur satirischen Verlachkomödie aufweist. Die feudalabsolutistischen Verhaltensnormen werden am Extremfall ihrer Unmenschlichkeit überführt. Der Fürst ist somit für den Bürger kein Vorbild mehr; die aufgeklärt-bürgerlichen Verhaltensnormen lösen sich von den höfischen und wenden sich gegen die Herrschenden. Damit ist ein erster Schritt zur bürgerlichen Emanzipation getan. (Dieses Prinzip ist nicht auf Deutschland beschränkt; in Frankreich adaptierte Voltaire die *haute tragédie* in ähnlicher Weise an aufklärerische Positionen.)

zuwies, wurde die Aufgabe der Einübung bürgerlich-vernünftiger Verhaltensnormen der Komödie überantwortet. Gottsched hatte das weinerliche Lustspiel als bürgerliches Trauerspiel definiert und es, wenn nicht enthusiastisch begrüßt, so doch zugelassen, weil es durch seinen versöhnenden Schluss von vornherein auf eine Integrationsleistung angelegt war: Der lasterhafte Bürger – wobei Laster hier in der Regel nichts weiter meint als ein im Sinne bürgerlicher Verhaltensnormen unvernünftiges oder törichtes Verhalten – sollte im Verlauf des Stückes in die aufgeklärt-bürgerliche Gesellschaft zurückgeführt werden. Ein bürgerliches Drama mit tragischem Schluss, d. h. ein Drama, in dem die Integration misslingt, hätte Gottsched in einer Zeit, in der es auf die Festigung und Durchsetzung von Verhaltensnormen ankam, die innerhalb der bürgerlichen Gesellschaft verbindlich gelten sollten, als widersinnig erscheinen müssen. Aus diesem Grunde ist ein Blick auf die bürgerliche Komödie des mittleren 18. Jahrhunderts geboten: Sie ist das eigentliche bürgerliche Schauspiel, das vielfach auf das sich konstituierende bürgerliche Trauerspiel einwirkte.

Die Komödie

Häufig wurde versucht, in der Komödie der Zeit zwei Idealtypen, die satirische Verlachkomödie und das ›weinerliche Lustspiel‹, voneinander abzugrenzen.[14] Vor allem das Letztere wurde für die Begründung des bürgerlichen Trauerspiels in Anspruch genommen. Doch ist es praktisch unmöglich, diese beiden Typen zu unterscheiden. Das Mo-

14 Vgl. vor allem: Horst Steinmetz, »Die Komödie der Aufklärung« (B 3b: 1966); weitere Literaturangaben unter B 3b im vorliegenden Band.

ment der sprachlichen Verbesserung, d. h. der fortschreitenden Ausmerzung von Schimpfwörtern und Regionalismen, haben beide Typen gemeinsam. Darin drückt sich nichts anderes aus als ein allgemein zu beobachtender zivilisatorischer Wandel, der die Sprache und die Verhaltensformen betrifft. Selbst die Lustspiele der Gottschedin, die Musterstücke eines gereinigten Geschmacks sein sollten, erschienen Lessing zwanzig Jahre später als pöbelhaft. Und selbst in typischen weinerlichen Lustspielen blieb das Moment des Verlachens und der Satire wirksam. In Gellerts *Betschwester* beispielsweise steht die satirisierte Figur als Titelheldin im Mittelpunkt. Frau Richardin wird drastisch als Heuchlerin gezeichnet: frömmlerisch, abergläubisch, geizig und hartherzig. Einen Bettler will sie verhaften lassen, weil er ihr Gebet unterbrach. Simon kommt in ihr Haus, um um die Hand ihrer Tochter Christianchen anzuhalten. Die Hochzeit droht zu scheitern, als Frau Richardin ihren präsumtiven Schwiegersohn ob einer versehentlich zerbrochenen Tasse beleidigt. Simon möchte nun auf die Ehe mit Christianchen verzichten, zumal er sich in eine Hausgenossin, die arme Verwandte Lorchen, verliebt hat. Diese konnte jene bürgerlich-vernünftigen Tugenden bei sich ausbilden, die der ängstlichen Christiane notgedrungen abgehen. Anders als die Mutter erweist sich die Tochter Christiane aber als bildungsfähig: Großmütig ist sie bereit, zu Gunsten ihrer Freundin auf die Ehe mit Simon zu verzichten. Lorchen wiederum kann in diesen Verzicht nicht einwilligen, sondern versucht nun ihrerseits, die ursprünglich geplante Heirat doch noch zu Stande zu bringen. Sicherlich war für die Zeitgenossen das rührende Moment des wechselseitigen Verzichts von besonderem Interesse. Wenn jedoch Verbindungen zur Konstituierung des bürgerlichen Trauerspiels bestehen, so liegen sie hauptsächlich in der satirisierten Hauptfigur, die sehr wohl das Potential hätte, sich und ihre Schutzbefohlenen unglücklich zu machen. Doch weder die Episode mit dem Bettler noch die Interaktion mit den aufgeklärt-vernünftigen Besuchern vermögen eine Situation zu erzeugen, die als dramatischer Konflikt tauglich wäre. Die Integration der unvernünftigen Figur in die bürgerliche Gesellschaft hinein misslingt jedoch. Am Schluss des Stükkes steht die Abreise der Vernünftigen; Frau Richardin bleibt zurück: »So steht sie da als eine Gestalt der vergangenen Zeit, auf die sich der Blick der neuen jungen Generation voll Verachtung richtet im besseren Bewußtsein ihrer selbst« (Brüggemann, »Die bürgerliche Gemeinschaftskultur der vierziger Jahre«, 24). Fritz Brüggemanns Diktum ist voll zuzustimmen; Gellerts Lustspiel aus dem Jahre 1745 arbeitet zur Einübung bürgerlicher Verhaltensnormen mit genau demselben Mittel des Abscheus, das Gottsched im gleichen Jahr in seinen letzten Trauerspielen verwandte.[15] Die Momente der Rührung, die das Neue am Gellert'schen Lustspiel bezeichnen, erweisen sich nicht als konstitutiv für die Begründung der Handlung dieses Lustspiels. Zudem werden die Grenzen der Komödie, ihre Trivialität und Konventionalität, erschreckend deutlich. Die Heiratsthematik steht in keinem Verhältnis zu der Lasterhaftigkeit der Titelheldin; die gesellschaftlich destruktiven Ergebnisse ihres Handelns können in dem intimen Themenkreis nicht hinlänglich verhandelt werden. Die Konfrontation zwischen den abweichenden Lebenshaltungen bleibt in einer bloßen Gegenüberstellung stecken: Frau Richardin kommt weder zur Einsicht noch gar zur Besserung. Grund dafür ist wohl auch, dass sich das Interesse der Zuschauer von ihr auf das rührende Freundinnenpaar verlagert. Nun lebt das Trauerspiel aber notwendigermaßen vom Austragen der Konflikte, und das bürgerliche Schauspiel vom Austragen von Konflikten bürgerlichen Zuschnitts. Doch zu einem wirklichen Konflikt ist der Weg hier versperrt.

Andererseits scheint auch die satirische Komödie per se für eine Veränderung in Richtung auf das bürgerliche Trau-

---

15 Vgl. Gottsched AW 2.

erspiel nicht prädestiniert. Gottsched wendet sich in der *Critischen Dichtkunst* zum einen gegen das zum Pasquill verkommene satirische Lustspiel, wie es in Leipzig und Hamburg herrschte, zum anderen gegen die Stegreifkomödien mit ihren feststehenden Figuren wie Hans Wurst oder Harlekin. Wie in der Tragödie ging es Gottsched auch in der Komödie vor allem um eine gesellschaftlich bessernde Wirkung. Folglich forderte er naturwahre Charaktere, eine wahrscheinliche Handlung und eine gehobene Umgangssprache. Die beabsichtigte bessernde Wirkung der Komödie erforderte Helden bürgerlichen Standes. Stärker als in der Tragödie erwies sich bei der Komödie die Frage der Vorbilder als problematisch. Stand dem bürgerlichen Trauerspiel die Ständeklausel im Wege, so in der Komödie einem Aufgreifen gesellschaftlich relevanter Themen die Festlegung auf die Themenbereiche Liebe und Hochzeit. Hier war für Gottsched auch der Verweis auf französische Muster schwer möglich, hatte doch Molière in seinen Komödien allzu oft Harlekine auftreten lassen und entsprachen doch seine höfischen Verlachkomödien gerade ideologisch nicht dem gewünschten bürgerlichen Lustspiel.[16]

Außerdem war es erforderlich, wenn das Lustspiel eine Wirkung entfalten sollte, es genau auf die im Lande herrschenden Sitten abzustimmen. Gefordert war also ein Lustspiel, das scharfe Beobachtungsgabe mit einem gesteigerten gesellschaftlichen Problembewusstsein zu verbinden vermochte.

> Die Italiener machen gemeiniglich gar zu viel unnatürliche Künsteleyen. [...] weiter ist bey ihren Komödien ohnedieß, an nichts zu gedenken, als an Liebesstreiche; da man entweder die Aeltern oder die Männer betrüget. Diese Materie aber ist schon so abgedroschen, daß ich nicht begreifen kann, wie man sie nicht längst über-

---

16 Gottsched verweist zwar auf Terenz, doch höchstens als stilistisches Vorbild. Dieser Urvater des Boulevards war ja gerade für die Festlegung auf die Liebeshandlung verantwortlich.

drüßig geworden. Eben so kömmt es mir vor, wenn sich alle Stücke mit dem Heirathen endigen. Ist denn weiter nichts in der Welt, als das Hochzeitmachen, was einen fröhlichen Ausgang geben kann?

(Gottsched, CD 646)

Gottscheds gequälte Fragen beantwortete seine beste Mitarbeiterin, die ihn als Dichterin weit überragende Luise Adelgunde Victorie Gottschedin. Ihre Lustspiele sind überwiegend Adaptionen von Stücken zeitgenössischer Autoren (Destouches, Holberg), die mit Angriffslust und Witz auf deutsche Verhältnisse übertragen werden. Dem männlich dominierten Kult der Empfindsamkeit steht die scharfsinnige, hoch gebildete Frau gänzlich fern. In ihren beiden wichtigsten Lustspielen, dem *Testament* und der *Hausfranzösinn* (beide 1745 beziehungsweise 1744 im Rahmen der *Deutschen Schaubühne* veröffentlicht), steht einmal eine lebenskluge und vernünftige, von erbschleicherischen Verwandten umgebene Frau, das andere Mal ein bis ins Verderbliche nachgiebiger und gefühlvoll-empfindsamer Hausvater im Mittelpunkt.[17] Keines der Stücke der Gottschedin endet mit einer Heirat; die Themen und Konfigurationen ihrer Dramen entsprechen bereits teilweise oder – im Falle der *Hausfranzösinn* – gänzlich dem bürgerlichen Trauerspiel.

Die *Hausfranzösinn, oder die Mammsell* verspottet die Nachahmung französischer Sitten. Teilweise handelt es sich um eine Adaption der Komödie *Jean de France oder Hans Franzen* (1722) des dänischen Dichters Ludwig Holberg.[18]

---

17 Wohl mag in diesem Abweichen vom bis zu Schiller hin quälenden Klischee von der eitlen Frau und dem immer im Recht befindlichen Hausvater ein Moment spezifisch weiblichen Schreibens mitspielen. Doch haben sich auch – allerdings wenige – männliche Autoren dieser Klischees zu enthalten gewusst, beispielsweise Helfrich Peter Sturz in seinem Trauerspiel *Julie* (1782), vgl. im vorliegenden Band S. 80 ff.
18 Eine deutsche Übersetzung findet sich bei Gottsched, DS 2 (1741); die beste neuere Übersetzung (von Robert Prutz) in: Holberg, *Ausgewählte Komödien*, Bd. 1, 83–141.

Dort kommt der Sohn eines angesehenen Bürgers als Modenarr aus Paris zurück. Seine Braut, die sich zwischenzeitlich in einen anderen verliebt hat, möchte die Heirat hintertreiben. Ihre Dienerin verkleidet sich deshalb als Französin und überredet Hans Franzen zu allerlei lächerlichen Angewohnheiten, die sie ihm als neueste Pariser Sitten aufschwatzt. Schließlich geht Hans Franzen so weit, seinen Schwiegervater tätlich anzugreifen, um seine Modeansichten bei ihm durchzusetzen: Er zwingt den alten, gesetzten Bürger, seine Jacke verkehrt herum anzuziehen. Am Ende bleibt Hans Franzen nur die Flucht vor dem Gefängnis, weil sich sogar sein eigener Vater von ihm lossagt.

Eine eigentlich bessernde Tendenz geht Holbergs Lustspiel ab. Die herrschenden Normen der Gesellschaft werden durchgesetzt, ohne sie auf ihre Berechtigung zu befragen. In seiner nicht begründeten, voraussetzungslosen Narrheit steht Hans Franzen noch deutlich in der Tradition barocker Lustspielnarren. Luise Gottsched hingegen achtet in ihrer *Hausfranzösinn* auf eine genaue soziologische und psychologische Motivierung der Vorgänge:

Ein reicher Handelsherr, Herr German, hat sein Hauswesen und seine Kinder der Zucht einer Französin, Mademoiselle La Fleche, übergeben. Der älteste Sohn Germans, der 15-jährige Franz, soll nun mit der Hausfranzösin und einem weiteren Hausgenossen, dem abgedankten Offizier de Sotenville, nach Paris reisen, um dort französische Lebensart kennen zu lernen. Soziologisch genau wird die Unordnung geschildert, die die beiden Franzosen im Hauswesen Germans anrichten. Der Hauptschaden besteht darin, dass sie den Kaufmann zu einem Aufwand überreden, der die Möglichkeiten seines Standes übersteigt und jeder Vernunft Hohn spricht. Holbergs Satire auf die Franzosennachahmung wird hier zu einem Angriff auf die voraussetzungslose Nachahmung des Adels. Germans Bruder, der alte

Luise Adelgunde Victorie Gottsched
Kupferstich von Bernigeroth (1763)

Wahrmund, vor allem aber sein Neffe, der junge Wahrmund, artikulieren in ihrer Kritik an den Zuständen im Haus ihres Verwandten nicht nur den Standpunkt aufgeklärter Vernünftigkeit, sondern vor allem ein bislang unerhörtes bürgerliches Selbstbewusstsein. Am Ende werden die Franzosen als ein Betrügerpaar entlarvt. Mit einem offenen Wechsel Germans und dessen jüngster Tochter als Geisel entwischen die Abenteurer; dank der Wachsamkeit Wahrmunds kann aber die Einlösung des Wechsels verhindert werden, auch die jüngste Tochter gelangt unversehrt nach Hause zurück.

In diesem Stück ist bereits erreicht, was im bürgerlichen Trauerspiel erst Jahrzehnte später möglich wurde: Die bürgerliche Familie ist zum Schauplatz der Klassenauseinandersetzung geworden. De Sotenville verkörpert die Eigenschaften der Feudalklasse, auch wenn er in Wahrheit nur ein verlaufener Komödiant ist. Die bürgerliche Familie andererseits kann sich nur durch gesteigertes Selbstbewusstsein gegen die Ansprüche einer am Adel ausgerichteten Lebensweise behaupten, sonst würde sie zum Opfer werden. Als Aufklärerin vermeidet die Gottschedin dabei aber auch die Schwarz-Weiß-Malerei: Anders als bei Diderot oder Mercier (s. Seite 83 ff. im vorliegenden Band) wird das Versagen der bürgerlichen Familie, das überhaupt erst zu diesen Zuständen führte, genau begründet. Herrn German als Familienoberhaupt fehlt es an dem notwendigen Durchsetzungsvermögen und an der Einsicht in seine soziale Verantwortung. Sein Sohn ist zwar ein Gegenbild des dänischen Hans Franzen, da seine Narrheit jedoch das Ergebnis seiner falschen Erziehung ist, lässt sie sich korrigieren.[19] Germans Bruder wiederum ist von blindem Hass auf alles Französi-

---

19 Wie auch bei Gellert wird der Charakter und das Verhalten eines Menschen bei der Gottschedin zu einem reinen Produkt der Erziehung: Der Mensch ist gleichsam eine leere Schreibtafel, die verschieden beschrieben werden kann.

sche geleitet. Er neigt dazu, seine Erfahrungen und Beobachtungen über das zulässige Ausmaß hinaus zu verallgemeinern, wodurch sie sich zu Vorurteilen verfestigen. Nur die Vertreter der jungen Generation, Germans älteste Tochter Luischen und Wahrmunds Sohn, nehmen einen vernünftig moderierten Standpunkt ein, der bereit ist, fremde Sitten dann zu übernehmen, wenn sie mit den Grundsätzen eines bürgerlich-vernünftigen Lebens in Übereinstimmung gebracht werden können. Die Kritik an der adlig-feudalen Lebensweise wird in diesem Stück intern, auf dem Boden der bürgerlichen Familie geführt, die sich als genügend integer erweist, um ihre Fehler zu korrigieren und sich zu behaupten. Mit gutem Grund wurde als Schauplatz eine große bürgerliche Handelsstadt an der See – vielleicht Hamburg – gewählt, weil nur hier innerhalb des Deutschen Reiches das Bürgertum als herrschende Klasse vorgestellt werden konnte. Die Gleichsetzung von französischer und feudalabsolutistischer Kultur ist konventionell und eine Keimzelle des neueren Nationalismus in ganz Europa. Doch richten sich die Angriffe dieses Lustspiels nicht pauschal gegen Frankreich, sondern in erster Linie gegen eine Nachahmung der Lebensform des Feudalabsolutismus. Um ein falsches, chauvinistisches Verständnis dieser Kritik auszuschließen, präzisiert sie die Gottschedin sorgfältig durch ihr Sprachrohr, den jungen Wahrmund. Diese Ausführungen waren wichtig genug, dass Gottsched sie in dem Vorwort zum Lustspiel seiner Frau paraphrasierend wiederholte:

> Ferne sey es indessen, daß man der ganzen Nation hier die Fehler vieler ihrer Landsleute aufbürden, oder ihr überhaupt alle Verdienste absprechen sollte. Wir sind so billig, daß wir sie loben und verehren wollen, so viel sie sich dessen würdig gemacht hat: wenn sie sich nur nicht für eine gebohrne Hofmeisterinn des menschlichen Geschlechts aufwirft [...]. (Gottsched, DS 5,XII)

Ein weiteres wichtiges Element, in dem das bürgerliche Trauerspiel hier vorweggenommen ist, besteht in der ganz entscheidenden Rolle, die der Ökonomie zugewiesen wird. Die Tragik, die dem Hause German droht, ist der Bankrott. Der schlimmste Fehler, den Herr Germann begeht, ist die Ausstellung eines offenen Wechsels. Die Spannung des 5. Aktes liegt darin, ob es gelingen wird, die Tochter zu befreien und den Wechsel zurückzuerhalten. Entgegen der Theorie ihres Mannes, der die Affekte Furcht und Mitleiden von der Komödie ausschließen wollte, arbeitet die Gottschedin durchaus mit der Erregung jener Affekte, welche hier allerdings, anders als im bürgerlichen Trauerspiel der fünfziger Jahre, nicht rein innerliche Gefühlszustände bedeuten, sondern soziologisch aus den Umständen der dramatischen Handlung fließen. Der Stückschluss selbst wird vergleichsweise gleichgültig: Das glückliche Ende ist ein bloßes Ergebnis des Zufalls, dem aber der tragische Schluss nicht vorzuziehen wäre, weil auch er zufällig wäre und zudem den Nachteil hätte, der Stärkung des bürgerlichen Selbstbewusstseins entgegenzuarbeiten.[20]

Von Luise Gottscheds *Hausfranzösinn* wäre ein direkter Übergang in ein bürgerliches Drama vorstellbar, wie es zehn Jahre später in Frankreich von Diderot entwickelt wurde. Dass es dazu nicht kommen konnte, liegt sicherlich an den sozialen Bedingungen, die innerhalb des Deutschen Reiches herrschten. Die Optionen, die das Bürgertum in Hamburg oder Leipzig hatte, standen ihm in den feudalen Territorialstaaten nicht zur Verfügung. Eine antifeudale Radikalisierung wie in Frankreich konnte in den Stadtrepu-

---

20 Die genaue, realistische Motivierung – geschehe sie psychologisch oder soziologisch – schließt den Zufall nicht nur nicht aus, sondern macht ihn erst eigentlich möglich, weil sie einen unerschöpflichen Vorrat an Daten liefert, die eine Situation konfigurieren. Tragische Notwendigkeit kann sich immer nur aus einer vorausgesetzten Bedeutung des Vorganges ergeben; sie widerspricht dem Glauben der Aufklärung an die Veränderbarkeit des Menschen. Von entscheidender Bedeutung wird der Zufall im Trauerspiel Lessings (vgl. im vorliegenden Band S. 58 und S. 27 ff.).

bliken nicht eintreten, weil dort ein Adel fehlte, gegen den sich das Bürgertum hätte wenden können; in den Territorialstaaten wiederum fehlten dem Bürgertum die ökonomischen und politischen Voraussetzungen, um sich überhaupt selbstbewusst zu konstituieren.

Mit Gottscheds Generation endet der Versuch, eine bürgerlich-selbstbewusste Kultur nach englischem Vorbild aus dem Boden zu stampfen. Die jüngeren Autoren konnten sich schon deshalb nicht vorbehaltlos zum Sprachrohr bürgerlicher Ideologie machen, weil ihre soziale Stellung die des ungesicherten Intellektuellen war. Ob man als Journalist in Hamburg oder Leipzig oder als fürstlich bedienstetet Bibliothekar in Wolfenbüttel sein Leben fristete, eine fraglose Klassenidentität war mit keiner der beiden Stellungen verbunden. Dem Aufstiegsstreben dieser Intellektuellen waren in beiden gesellschaftlichen Formationen enge Grenzen gesetzt. Sie reagierten mit der Ausbildung eines individuellen, sich als allgemein menschlich verstehenden Selbstbewusstseins, das immer sehr schnell mit den herrschenden Realitäten zusammenstieß. Das ist die soziologische Voraussetzung der Stücke, die im engeren Sinne als bürgerliche Trauerspiele bezeichnet werden. Wenn sich diese Autoren auch zu Fürsprechern des Bürgertums machen wollten, nahmen sie dabei doch nur eine in der Realität meist nicht begründete Wunschidentität an.

4
Die Dramaturgie Lessings

Im Vorfeld der *Miss Sara Sampson*

Gotthold Ephraim Lessings Anfänge als Theaterschriftsteller bewegten sich durchaus in konventionellen Bahnen. In seiner Leipziger Studentenzeit verfasste er eine Reihe von Lustspielen, die sich ganz im Rahmen der oben bezeichneten Richtung hielten. Schon 1750 aber trat er mit einem Werk an die Öffentlichkeit, das den Beginn seiner dramaturgischen Tätigkeit bezeichnet: der gemeinsam mit Christlob Mylius verfassten Vierteljahresschrift *Beiträge zur Historie und Aufnahme des Theaters*. Das kurzlebige Unternehmen, von dem lediglich vier Nummern erschienen,[1] wollte in loser Folge Übersetzungen von Arbeiten über einzelne dramaturgische Probleme sowie Übersetzungen und Analysen von Dramen bieten. Statt einer bloßen Ableitung des ein für alle Mal Richtigen aus feststehenden Regeln sollte in einem essayistischen Verfahren die Vielfalt der dramatischen Weltliteratur zu Worte kommen:

> Die einzigen Franzosen hat man durch häufige Uebersetzungen sich eigen zu machen gesucht. Dadurch hat man aber unser Theater zu einer Einförmigkeit gebracht, die man auf alle mögliche Art zu vermeiden sich hätte bestreben sollen. (Lessing, W 12,4)

---

[1] Leider sind in den wichtigsten Lessing-Ausgaben nur wenige der Texte dieser Schrift zu finden, weil entweder die Übersetzungen ganz fortgelassen wurden oder nur die sicher Lessing zuzuschreibenden Schriften aufgenommen wurden. Die größte Auswahl bietet immer noch die hier benutzte verdienstvolle so genannte Hempelsche Ausgabe in 20 Teilen (Berlin 1868–77).

Lessing und Mylius stellen ihre Unternehmung in den Kontext der moralischen Wochenschriften, die in jenen Jahren die höchste Konjunktur erlebten. Neben das Systematische tritt damit das Charakteristische:

> Wir glauben, ja, und sind sogar überzeugt, daß aus keiner andern Sache das Naturell eines Volks besser zu bestimmen sei als aus ihrer dramatischen Poesie. [...] Nur ist gewiß, daß es eine kleine Ausnahme in Ansehung der deutschen Schaubühne leiden werde. Wir haben zu wenig eigne Stücke, und den meisten dieser Stücke merkt man das Ausländische allzu sehr an. Der sicherste Charakter also, den man daraus von den Deutschen wird bestimmen können, ist, daß er überall das Gute, wo er es findet, billige und es sich zu Nutze mache. Das ist gewiß, wollte der Deutsche in der dramatischen Poesie seinem eignen Naturelle folgen, so würde unsere Schaubühne mehr der englischen als französischen gleichen. (Ebd., 7)

Keimhaft sind hier bereits die Ansätze späterer Ansichten Lessings erkennbar. Erstaunlicherweise ist dann aber die erste größere Arbeit, die Lessing in der Zeitschrift veröffentlicht, eine Übersetzung und ausführliche Analyse der *Captivi* des römischen Komödiendichters Titus Maccius Plautus. Dieses Stück[2] bedeutet eine Provokation, weil es in nichts dem entspricht, was Gottsched für ein regelmäßiges Lustspiel forderte. Doch griffe man zu kurz, wollte man Lessings Interesse an diesem Stück auf die Lust an der Provokation und auf den Rückbezug auf eine gewissermaßen ›alternative‹ Antike einschränken. Lessing erklärt, »daß dieses Stück das schönste sei, welches jemals auf das Theater gekommen ist«[3], und begründet das erstaunlich überschwängliche Urteil:

---

2 Übers., Nachw. und Anm. von Andreas Thierfelder, Stuttgart 1965.
3 Lessing, W 11,1, 130.

Gotthold Ephraim Lessing (rechts) mit seinem
Bruder Theophilus als Sechsjähriger
Gemälde von Christian Gottlieb Haberkorn

Ich nenne das schönste Lustspiel nicht dasjenige, welches am Wahrscheinlichsten und Regelmäßigsten ist, nicht das, welches die sinnreichsten Gedanken, die artigsten Einfälle, die angenehmsten Scherze, die künstlichsten Verwicklungen und die natürlichsten Auflösungen hat: sondern das schönste Lustspiel nenne ich dasjenige, welches seiner Absicht am nächsten kommt [...]. Was ist aber die Absicht des Lustspiels? Die Sitten der Zuschauer zu bilden und zu bessern. Die Mittel, die es dazu anwendet, sind, daß es das Laster verhaßt und die Tugend liebenswürdig vorstellet. Weil aber Viele allzu verderbt sind, als daß dieses Mittel bei ihnen anschlagen sollte, so hat es noch ein kräftigers, wenn es nämlich das Laster allezeit unglücklich und die Tugend am Ende glücklich sein läßt; denn Furcht und Hoffnung thut bei den verderbten Menschen allezeit mehr als Scham und Ehrliebe.

(Lessing, W 11,1, 130 f.)

Diese Ausführung ist nicht originell; genau das Gleiche hatte 1729 bereits Gottsched gefordert (vgl. S. 28 im vorliegenden Band) – allerdings für die Tragödie. Wir begegnen hier einer Lessing'schen Denkfigur, die man als »missbräuchliche Verwendung« bezeichnen könnte. Schon wenige Jahre später, bei Pfeil in dessen Abhandlung *Vom bürgerlichen Trauerspiele*,[4] wird genau derselbe Gedanke für die theoretische Begründung des Vorrangs des bürgerlichen vor dem heroischen Trauerspiel nutzbar gemacht. Von Lessing aber nicht: er hatte erkannt, dass der traurige Ausgang für die Guten, der für die Gattung der Tragödie unabdingbar ist und den Prämissen der Aufklärung stracks zuwiderläuft, eine radikale Uminterpretation verlangte, die er dann in seiner Mitleidsdramaturgie verwirklichte. Ganz nebenbei stößt er damit die Gattungshierarchie um: das Lustspiel (und die Fabel) werden zur eigentlichen aufklärerischen Mustergattung.

Nun sind die *Gefangenen* allerdings keine banale Verwechselungs- und Sittenkomödie. Sie verhandeln sittliche Postulate an einem Fall, bei dem privates durch politisches Handeln bedingt ist. Plautus galt bei aller Antikenverehrung niemals als musterhafter Autor: seine derben Possen, gespickt mit Zoten, Tiefsinn und fast bänkelsängerischen Einlagen, widersprachen allen Forderungen nach Wohlanständigkeit und Regelhaftigkeit.

Die *Gefangenen* haben einen ernsten Hintergrund:

Im Krieg zwischen Ätolien und Elis ist Philopolemus, der Sohn des Ätoliers Hegio, in die Sklaverei geraten. He-

4 Vgl. S. 74 ff. im vorliegenden Band.

gio kauft Kriegsgefangene aus Elis auf, um seinen Sohn austauschen zu können. Der Gefangene Philokrates wird mit seinem Sklaven Tyndarus von Hegio gekauft. Der Sklave soll nach Elis reisen, um den Austausch zuwege zu bringen. Doch Herr und Sklave tauschen die Rollen, so dass nur mehr ein Sklave als Austauschobjekt in den Händen des Hegio bleibt. Philokrates jedoch, der mit Tyndarus gemeinsam aufgezogen wurde, hält sein Versprechen und kehrt mit Hegios Sohn zurück. Tyndarus, der nach Entdeckung der Verwechselung härteste Bestrafung aushalten musste, entpuppt sich als der zweite, in früher Jugend geraubte Sohn des Hegio.

Dass Lessing gerade dieses Drama zur Übersetzung wählte, war ein Affront gegen die Gattungslehre, die zwar vom Lustspiel eine bessernde Wirkung auf das sittliche Verhalten forderte, es aber zugleich vom Bereich des Politischen ausschloss. Das Handeln der Figuren in der Plautinischen Komödie ist eindeutig politisch und sozial bedingt; die Fabel selbst ein Aufklärungsmärchen: wie durch Menschlichkeit und Güte der verzerrte Naturzustand sich wiederherstellen lässt. In seinen dramaturgischen Schriften ist Lessing später auf diese frühe Plautus-Arbeit nie wieder zurückgekommen. Doch hat ihn dieses Drama so tief beeinflusst, dass zwei seiner dramatischen Hauptwerke Aspekte der Fabel jenes Stücks aufgriffen: der tragische Einakter *Philotas* sowie das »dramatische Gedicht« *Nathan der Weise*.

Im *Philotas* bedient sich Lessing der gleichen Grundsituation des Geiselaustauschs: Die Thronfolger zweier im Krieg befindlicher Staaten sind in die Gefangenschaft geraten. Der Geiselaustausch scheitert an der heroischen Haltung des einen Sohns: Philotas begeht Selbstmord, um seinem Reich einen Vorteil zu verschaffen. Lessing verschiebt also die heroische Haltung in einen Lustspielkontext. Ironisch wird damit die selbstmörderische Konsequenz des Tragödienheroismus aufgewiesen und die Gattung des heroischen Trauerspiels (auch in der Sonderform des »republikanischen«) ihres unaufgeklärten Gehaltes überführt. Hingegen ist *Nathan der Weise* mit seinen verdeckten Verwandtschaftsbeziehungen und seiner Ringparabel eine direkte Fortschreibung der von Plautus inaugurierten Gattung. Auch Plautus hatte die Anagnorisis (die Wiedererkennung von Verwandten, die sich scheinbar antagonistisch gegenüberstehen) der Tragödie (vor allem der Euripideischen) entlehnt. Lessings Gattungsbezeichnung »dramatisches Gedicht« erklärt sich daraus, dass die intermediären Gattungsbezeichnungen wie bürgerliches Trauerspiel, Schauspiel oder Drama zu dieser Zeit anders, nämlich mit realistischen Fabeln und Personal aus den mittleren Klassen, besetzt waren.[5] Im *Nathan* aber wollte er das vorbildliche aufklärerische Drama fortschreiben, was, da es einem gegebenen gesellschaftlichen Zustand (wie diesen etwa das bürgerliche Trauerspiel beschrieb) utopisch vorausgreifen sollte, nur in der Form des Märchens geschehen konnte. Schon die Plautinische Aufhebung der Sklaverei in der Wiedererkennung der Verwandtschaftsverhältnisse ist ein solches Märchen.

Die *Gefangenen* und der *Nathan* bezeichnen die beiden Endpunkte des Lessing'schen dramatischen Schaffens. Sie bergen den eigentlichen Gehalt seiner Aufklärungsphilosophie. Wenn wir uns jetzt der Lessing'schen Version des bürgerlichen Trauerspiels zuwenden, ist zu beachten, dass es für Lessing nur eine sehr eingeschränkte Gültigkeit im Bereich aufklärerischer dramatischer Artikulation besitzt. Das

---

5 Eine Ausnahme ist die Tragikomödie, eine Mischgattung mit in der Regel mythischem Stoff, wunderbaren Verwicklungen und gutem Ausgang. Diese Gattung war ein fester Bestandteil des barocken Theaters, die vor allem in der Oper fortlebte. Für Lessings Einfühlungsdramaturgie bot auch sie keinen Anreiz. Zur Definition der Tragikomödie vgl. Denis Diderots »Unterredungen über den *Natürlichen Sohn*« (Diderot, TD 141 ff.). Vom theoretischen Ansatz her verfehlt, doch mit brauchbarem Einführungskapitel: Karl S. Guthke, »Die moderne Tragikomödie. Theorie und Gestalt«, Göttingen 1968.

unterscheidet ihn von dem eigentlichen Anreger der bürgerlichen Dramatik in Deutschland, Denis Diderot. Welche Funktion das Trauerspiel haben konnte, das sollte Lessing erst nach dem Erscheinen der *Miss Sara Sampson* in einem Briefwechsel mit Moses Mendelssohn und Friedrich Nicolai klären.

Der Briefwechsel über das Trauerspiel

Seitdem man in Europa im Zuge der Antikennachahmung Tragödien schrieb, hatte immer das Bedürfnis bestanden, diese Tätigkeit poetologisch zu begründen und zu beschreiben. Die Gattung, die aus einem ganz anderen Kulturkreis, dem der attischen Sklavenhalterdemokratie, in das Europa der Renaissance importiert wurde, bedurfte der Interpretation und Adaption. Was bedeuteten die Mythen vom Untergang von Heroen? Wie wirkten sie auf den Zuschauer?

Zur Erbschaft der Antike gehörte auch eine Schrift von »abstoßendem Gewande« (Manfred Fuhrmann), die sehr schlecht überlieferte so genannte *Poetik* des Aristoteles. Es handelt sich dabei um eine nicht zur Veröffentlichung bestimmte Gedankenstütze des athenischen Philosophen für den Lehrvortrag. Ein Satz vor allem wurde immer wieder zitiert, kommentiert und interpretiert: die Tragödiendefinition im 6. Kapitel dieser Schrift:

> Die Tragödie ist Nachahmung einer guten und in sich geschlossenen Handlung von bestimmter Größe, in anziehend geformter Sprache [...] – Nachahmung von Handelnden und nicht durch Bericht, die Jammer und

Schaudern hervorruft und hierdurch eine Reinigung
von derartigen Erregungszuständen bewirkt.

(Aristoteles, *Poetik*, 19)[6]

Auch heute noch ist durchaus nicht klar, was Aristoteles mit den Wörtern *eléos* (Jammer, Mitleid) und *phóbos* (Schaudern, Furcht) bezeichnen wollte. Umstritten war ferner auch, was *katharsis* (Reinigung) bedeutete. Und selbst, wenn darüber Einigkeit erzielt wäre, müsste noch gefragt werden, welche Bedeutung dieser Stelle für die Interpretation der attischen Tragödie zukäme. Denn immerhin lebte Aristoteles zu einer Zeit (4. Jahrhundert v. Chr.), als die attische Tragödie als lebendige Kunstform mit der sie tragenden Gesellschaftsformation schon Vergangenheit war.

Da sich aber Humanismus, Barock und Klassizismus unbedingt auf die Autorität des großen Philosophen stützen wollten und zudem keine andere Poetik aus der Antike vorhanden war, mussten Ausdeutungen gefunden werden.[7] Für Gottsched stand, wie wir oben gesehen haben, einseitig die moralische Ausdeutung der Fabeln (Mythen) im Vordergrund. Die Katharsislehre spielt in seiner *Critischen Dichtkunst* keine Rolle. Er paraphrasiert sie zwar, wenn er schreibt, dass die Tragödie »zu ihrer Absicht hatte, durch die Unglücksfälle der Großen, Traurigkeit, Schrecken, Mitleiden und Bewunderung bey den Zuschauern zu er-

---

6 Um die Bandbreite zu demonstrieren, die auch heute noch bei der Interpretation dieser Stelle herrscht, sei hier noch die Übersetzung von Olof Gigon zitiert: »Die Tragödie ist die Nachahmung einer edlen und abgeschlossenen Handlung von einer bestimmten Größe in gewählter Rede, derart, daß [...] gehandelt und nicht berichtet wird und daß mit Hilfe von Mitleid und Furcht eine Reinigung von eben derartigen Affekten bewerkstelligt wird« (Aristoteles, *Poetik*, Übers., Einl. und Anm. von Olof Gigon, Stuttgart 1960, S. 30). Besonders hinzuweisen ist darauf, dass die von Lessing favorisierte Lesart mit genitivus objectivus, »eine Reinigung derartiger Affekte«, auch heute noch vertreten wird.

7 Für Deutschland vgl. David E. R. George (B 3a: 1972); für die Behandlung der Katharsislehre die vorzügliche Darstellung bei Kommerell (B 3a: 1984, 63 ff.) mit der wichtigen Anmerkung S. 262 ff.

wecken«. Durch den Anblick der Fabeln wolle der Dichter die Zuschauer »zu ihren eigenen Trübsalen vorbereiten«.[8] Gottsched fügt dabei also (in Übereinstimmung mit den Poetikern des Humanismus und Barock) die Affekte Traurigkeit und Bewunderung hinzu. Wenn wir uns aber seine oben beschriebene Erklärung des *Ödipus* (s. S. 23 im vorliegenden Band) ins Gedächtnis rufen, wird klar, dass Gottsched unter der Wirkung eine Verstandeseinsicht versteht, das Ergebnis des Nachdenkens über das vorgeführte Stück. Die Trübsalsvorbereitung ist ein neostoizistischer Topos der deutschen Trauerspieltheorie des 17. Jahrhunderts. Man interpretierte die Katharsis der Affekte als ihre Beseitigung: Wer gesehen hätte, wie die Helden der Tragödie untergingen, würde selbst seinen eigenen Unglücksfällen gleichgültiger und gefasster begegnen können. Zum aufklärerischen Weltbild Gottscheds passt diese Lehre nicht, doch weist sie auf das Problem, dem wir hier bei Lessing begegnen. Warum sollte man sich auf Trübsale vorbereiten, wenn sich doch die Welt – die beste aller möglichen Welten – durch Aufklärung so verbessern ließe, dass die Unglücksfälle, von denen die Tragödie handelt, vermeidbar wären? Wenn doch die Lehre, die der Held erteilt, gerade darin besteht, dass der Zuschauer dessen Fehler vermeide?

Gottsched hatte sich zur Beschreibung der Funktion der Tragödie auf die vermittelte Sittenlehre und auf das Zeigen von Tugend und Laster zurückgezogen; die Katharsis zu einem bloßen rhetorischen Mittel erklärt. Das Konzept einer reinen Belohnungs- und Bestrafungsdramaturgie, dem wir weiter unten wieder begegnen werden, hatte er abgelehnt, obwohl es doch seinem Weltbild (allerdings nicht seinem Sinn für wirklichkeitsgetreue Fabeln) entsprochen hätte. Lessings Einwand zielte aber tiefer: Wieso sollte der Tragödie ein Sinn zugeschrieben werden, den ihre Fabel nur gezwungen erfüllen konnte, während die Komödie diesem ge-

8 Gottsched, CD 606.

nau entsprach? Da Lessing aber im Bann der Tradition stand, nach der die Tragödie (neben dem Epos) zu den höchsten Gattungen der Poesie gehörte, konnte und wollte er sie nicht in Bausch und Bogen verwerfen.

Wohl aber konnte er die Fragestellung ändern. Während Gottsched den ›Sinn‹ der Tragödie einseitig aus der Fabel herleitete, bemühte sich Lessing, diesen aus ihrer Wirkung abzuleiten. Seltsamer-, aber auch bezeichnenderweise galt seine erste dramaturgische Schrift zur Tragödie dann auch nicht dem bürgerlichen Trauerspiel, sondern den Tragödien des Seneca.[9] Die Tragödien des Philosophen, die während der Regierungszeit Neros (54–68) entstanden, hatten mit ihrer pompösen Sprache und ihrer stoizistischen Gedanklichkeit das Drama des Barock maßgebend geprägt. Schon Gottsched hatte sie verdammt, weil sie seinem Ideal des natürlichen Ausdrucks der Affekte nicht entsprachen. Auch Lessing konnte an diesen Werken keinen Geschmack finden. Sein Interesse weckten sie, weil hier eine Entsprechung zur Situation des modernen Dichters gegeben war: Seneca ist stofflich nicht originell, er adaptiert. Wenn er eine *Medea*, einen *Oedipus*, einen *Hercules Furens* schreibt, dann weiß er, dass diese Fabeln bereits von Sophokles und Euripides dramatisch bearbeitet wurden.[10] Lessing versucht nachzuzeichnen, welche Wirkungen Seneca in den vorgegebenen Handlungen und Figurenkonstellationen entdeckte, welche er verstärkte, welche abschwächte. Im Lessing'schen dramaturgischen Diskurs spielt Originalität keine Rolle, ebenso wenig aber auch eine historische Betrachtungsweise, die versuchte, die Eigenart der Dichtungen aus den jeweiligen gesellschaftlichen Konstellationen herzuleiten. Entscheidend ist – wie er in der *Vorrede zur Uebersetzung von*

---

9 *Von den lateinischen Trauerspielen, welche unter dem Namen des Seneca bekannt sind,* in: Theatralische Bibliothek (1755); Lessing, W 11,1, 349–421.

10 Inwieweit hierbei auch noch ältere lateinische Tragiker eine Rolle spielen, entzieht sich unserer Kenntnis, da keines von deren Stücken erhalten ist.

Thomson's Trauerspielen (1756) schreibt – einzig die möglichst wirksame Gestaltung der Fabel.

> So wie ich unendlich lieber den allerungestaltetsten Menschen, mit krummen Beinen, mit Buckeln hinten und vorne, *erschaffen* als die schönste Bildsäule des *Praxiteles* gemacht haben wollte, so wollte ich auch unendlich lieber der Urheber des *Kaufmanns von London* als des *Sterbenden Cato* sein, gesetzt auch, daß dieser alle die mechanischen Richtigkeiten hat, deren wegen man ihn zum Muster für die Deutschen hat machen wollen. Denn warum? Bei einer einzigen Vorstellung des erstern sind auch von den Unempfindlichsten mehr Thränen vergossen worden, als bei allen möglichen Vorstellungen des andern auch von den Empfindlichsten nicht können vergossen werden. Und nur diese Thränen des Mitleids und der sich fühlenden Menschlichkeit sind die Absicht des Trauerspiels, oder es kann gar keine haben. (Lessing, W 11,1, 857)

Wenn wir diese Äußerung etwa mit der Joseph von Sonnenfels' (s. S. 7 im vorliegenden Band) oder mit den Überlegungen Pfeils (s. unten S. 74–76) vergleichen, fällt irritierend ins Auge, dass Lessing hier keineswegs das bürgerliche Trauerspiel gegenüber der hohen Tragödie aufwertet. Nicht wegen seiner Vorzüge, sondern trotz seiner Mängel wird Lillos *London Merchant* Gottscheds *Sterbendem Cato* vorgezogen. Denn jenes Trauerspiel erweist sich bei der Aufführung als wirksam. Die Gültigkeit der Regeln (z. B. die drei Einheiten des Ortes, der Handlung und der Zeit; die Ständeklausel) wird nicht bestritten, sondern relativiert. Die »Thränen des Mitleids und der sich fühlenden Menschlichkeit« sind für Lessing das neue Fundament der Tragödie, ihre eigentliche Absicht, »oder es kann gar keine haben«.

Der letzte Halbsatz dieses Zitats muss wörtlich verstanden werden: Der aufklärerische Diskurs überprüfte jede kulturelle Leistung an ihrem Verhältnis zur ›Natur‹.[11] Lillos Stück erfüllt die Forderungen der Gattungspoetik nur unvollkommen, daran gibt es für Lessing keinen Zweifel. Und andererseits mag Gottscheds Drama eine regelmäßige Schönheit zuzugestehen sein. Dennoch ist es tot. Nicht aber, weil Gottsched die Gattungsgesetze nicht befolgt hätte, sondern genau, weil er ihnen folgte. Alle Versuche, innerhalb des aufklärerischen Weltbildes die Tragödie ontologisch zu deuten, also als exemplarische Aussage über den Weltzustand, sind deshalb zum Scheitern verurteilt, weil nach Lessings Ansicht das Weltbild der Tragödie falsch ist. Denn der Untergang des Guten und der Sieg des Schlechten ist das, was nach aufklärerischer Ansicht nicht der Normalfall ist und vor allem nicht sein *soll*.

Die Möglichkeit zu einer theoretischen Reflexion über das Trauerspiel ergab sich, als Friedrich Nicolai Lessing am 31. August 1756 brieflich einen Auszug seiner *Abhandlung vom Trauerspiele* mitteilte. Es entspann sich ein Briefwechsel über die Gattung, an dem sich außerdem noch der mit beiden befreundete Moses Mendelssohn beteiligte.[12]

Nicolai bestimmte als den Zweck des Trauerspiels, »heftige Leidenschaften in uns zu erregen« (Nicolai, *Abhandlung vom Trauerspiele*, 329). Da das dargestellte Leiden nur fiktiv, die Rührung der Zuschauer aber echt sei, bleibe nur das Vergnügen an der Rührung zurück. Einen moralischen Nutzen könne das Trauerspiel gleichwohl haben, weil der

11 ›Natur‹ ist selbstverständlich ein gesellschaftliches Konzept, welches jenes Verhalten meint, das unverstellt ist von gesellschaftlichen Verhaltensnormen des (abgelehnten) Feudalabsolutismus. Solange der Intellektuelle sich als Bestandteil der bürgerlichen Gesellschaft begreifen kann, ist das ›Bürgerliche‹ zugleich das ›Natürliche‹.

12 Nicolai, *Abhandlung vom Trauerspiele*, in: Jacob Minor (Hrsg.), *Lessings Jugendfreunde*, Berlin/Stuttgart [o. J.], S. 325–363 (Deutsche Nationalliteratur, 72); der Briefwechsel in: Petsch, *Lessings Briefwechsel mit Mendelssohn und Nicolai über das Trauerspiel* (beide Werke liegen auch in Nachdrucken der Wissenschaftlichen Buchgesellschaft vor). Eine ausführliche und im Wesentlichen überzeugende Analyse findet sich bei David E. R. George (B 3a: 1972, 267 ff.).

eigentliche Zweck, die Erregung der Leidenschaften, den Dichter darauf leiten würde,

> den Tugendhaften in gewissem Maße als liebenswürdig, und den Lasterhaften als verabscheuungswürdig vorzustellen, ohne welches wir entweder keinen Anteil an den Handlungen der spielenden Personen nehmen würden, oder durch den unerträglichen Widerspruch des Guten und des Bösen, in dem genommenen Anteile, und in der Rührung, die wir zu empfinden hofften, alle Augenblicke würden gestört werden.
> (Nicolai, *Abhandlung vom Trauerspiele*, 337)

Für die Größe einer tragischen Handlung sei es gleichgültig, welchen Standes die handelnden Personen seien. Die wichtigsten Leidenschaften, die sich erregen ließen, seien Schrecken und Mitleiden, »welches wir bei dem unglücklichen Schicksal solcher Personen, die es nicht verdienen, empfinden« (Nicolai, *Abhandlung vom Trauerspiele*, 343). Getreu der aristotelischen Doktrin verwirft Nicolai den vollkommen tugendhaften Helden, der, wenn er glücklich würde, nur Vergnügen, und wenn er unglücklich würde, nur Empörung und Abscheu hervorrufen könnte. Der Fehler des Helden aber könne durchaus ein bloßes Versehen sein.[13]

Nicolais eher grobschlächtige Theorie zeigt Lessing das Dilemma auf, in das ihn seine Ablehnung der Tragödie als eines die Weltordnung gültig aussagenden Exempelstücks gebracht hat. Denn während Lessing – theoretisch unfundiert – die »Thränen des Mitleids und der sich fühlenden Menschlichkeit« als Zweck des Trauerspiels definiert hatte,

---

13 Als Beispiel dafür führt Nicolai den Oedipus an, dessen Fehler in seiner Neugierde bestehe – eine Deutung, die durchaus in dem exemplarischen Bewertungsschema eines Gottsched bleibt, der Oedipus' Fehler darin erblickte, dass er sich nicht aller Totschläge enthalten habe, nachdem ihm das Orakel bekannt geworden sei. Freilich finden wir bei Nicolai eine zweckrationale Verkürzung, die in der Folge auf eine moralisch wertfreie Dramatik hinauslaufen konnte.

verkürzt ihn Nicolai zu einer Erregung heftiger Leidenschaften, aus der sich moralische Wirkungen höchstens als möglicher, aber nicht zwingender Nebeneffekt ergeben. Da der moralische Sinn nicht länger an der Fabel aufgefunden werden kann, verwirft ihn Nicolai kurzerhand und zieht die Konsequenz, dass Tragödien einen moralischen Sinn nicht haben. Lessing hatte aber durchaus nicht die Absicht, auf jenen Moralismus zu verzichten, den er mit Gottsched teilte; sein Anliegen war es vielmehr, nachdem er erkannt hatte, dass die alte exemplarische Verknüpfung von Tragödienfabel und optimistischer Weltdeutung nicht gelingen konnte, die Tragödie in anderer Weise an die Moral zu knüpfen. Amoralische, nur auf Erregung der Leidenschaften gerichtete Tragödien lehnte er ab; seine letzte ausführliche Diskussion des Mitleidsbegriffs wendet sich ausdrücklich gegen ein Stück, dessen Held ein »Ungeheuer« ist.[14]

Im November 1756 schreibt Lessing den entscheidenden Antwortbrief, an dessen grundsätzlichen Positionen er festhalten wird. Die Erregung der Leidenschaften sei nicht der Zweck des Trauerspiels, sondern das Mittel, womit es seine bessernde Wirkung erreiche. Eine einzige Leidenschaft nur könne der Dichter sein Publikum fühlen machen: das Mitleiden. Schrecken sei nur ein plötzlich auftretendes, Bewunderung ein entbehrlich gewordenes Mitleiden.

> Wenn es also wahr ist, daß die ganze Kunst des tragischen Dichters auf die sichere Erregung und Dauer des einzigen Mitleidens geht, so sage ich nunmehr, die Bestimmung der Tragödie ist diese: sie soll *unsre Fähigkeit, Mitleid zu fühlen*, erweitern. Sie soll uns nicht blos lehren, gegen diesen oder jenen Unglücklichen Mitleid zu fühlen, sondern sie soll uns so weit fühlbar machen, daß uns der Unglückliche zu allen Zeiten,

---

14 *Hamburgische Dramaturgie*, 73.–83. Stück; das kritisierte Drama ist Weißes *Richard der Dritte* (hrsg. von Daniel Jacoby und August Sauer, Berlin 1904).

Das Hamburger Theater am Gänsemarkt, Schauplatz des ersten deutschen Nationaltheaters, für das Lessing die *Hamburgische Dramaturgie* verfasste. Zeichnung (1827)

und unter allen Gestalten, rühren und für sich einnehmen muß. [...] *Der mitleidigste Mensch ist der beste Mensch*, zu allen gesellschaftlichsten Tugenden, zu allen Arten der Großmuth der aufgelegteste. Wer uns also mitleidig macht, macht uns besser und tugendhafter, und das Trauerspiel, das jenes thut, thut auch dieses, oder – es thut jenes, um dieses thun zu können.

(Zit. nach: Eibl, »Gotthold Ephraim Lessing«, 209)

Unter dieser Voraussetzung wird einerseits eine genaue Analyse der »vermischten Empfindung« des Mitleids erforderlich und andererseits eine genaue Bestimmung der Mittel, mit deren Hilfe sich Mitleid auf dem Theater erzeugen lässt.

Nicolais Empfehlung des Mitleidens, »welches wir bei dem unglücklichen Schicksal solcher Personen, die es nicht verdienen, empfinden«, wird von Lessing entscheidend modifiziert: Der Dichter dürfe keinen »von allem Guten entblößten Bösewicht« und keinen Helden vorstellen, der, »gleich einem Gotte, seine Tugenden ruhig und ungekränkt« vorführe (ebd., 210). Eine wichtige Einschränkung betrifft den Stückschluss:

> Merken Sie aber wohl, daß ich hier nicht von dem Ausgange rede, denn das stelle ich in des Dichters Gutbefinden, ob er lieber die Tugend durch einen glücklichen Ausgang krönen, oder durch einen unglücklichen uns noch interessanter machen will. Ich verlange nur, daß die Personen, die mich am meisten für sich einnehmen, *während der Dauer des Stücks*, die unglücklichsten seyn sollen. Zu dieser Dauer aber gehöret nicht der Ausgang. (Ebd.)

Diese Einschränkung verdeutlicht, dass Lessing jede Missdeutung der Tragödienfabel als Weltanalogie ausschließen will. Der Zuschauer, dessen Fähigkeit, Mitleid zu fühlen, durch das Drama erweitert werden soll, wird auf der Bühne in einen Kreis zwischenmenschlicher Verhaltensweisen gebannt, die er mitempfindend nachvollzieht und an denen er eigene Verhaltensweisen überprüfen kann. An keiner Stelle steht für Lessing im Trauerspiel das Theodizeeproblem zur Debatte, denn die Tragödie ist für ihn ihrem Wesen nach kein »mythisches Analogon« (Lugowski) zur Weltordnung.[15] Seine Adaption der Tragödie fügt sich somit in eine entmythologisierende Lektüre ein, wie sie insgesamt die Rezeption des Aufklärungszeitalters bestimmt. Anders als für Gottsched aber sind für Lessing die antiken Fabeln grundsätzlich nicht rationalisierbar. Angesichts der Mythen

---

15 Genau das Gegenteil behauptet eine im Banne von Tragikkonzeptionen stehende Forschung, vgl. etwa Benno von Wiese (B 4a: 1955). Zur Interpretation der *Emilia Galotti* vgl. unten S. 127 ff. im vorliegenden Band.

von Medea, Iphigenie oder Virginia bleiben nur zwei diskutable Alternativen: Sie entweder zu theodizeekritischen Parabeln auszubauen und das mythische Element, das schon am Namen haftet, festzuhalten (Goethe, Klinger),[16] oder aber sie aufs rein Stoffliche zu reduzieren und sie im modernen Gewand als Mittel immanenter Kritik und gesellschaftlicher Verbesserung einzusetzen.[17]

Miss Sara Sampson[18]

Im Februar 1755 zog sich Lessing völlig aus der Öffentlichkeit und von seinen Freunden zurück und verbrachte mehrere Wochen inkognito in Potsdam. Während dieser Zeit schloss er das bürgerliche Trauerspiel *Miss Sara Sampson* ab, das noch im gleichen Jahr im sechsten Teil seiner Schriften erschien.

In einem Wirtshaus treffen die handelnden Personen zusammen: der Adlige Mellefont, der Sara Sampson, die Tochter des Sir William Sampson, zur gemeinsamen Flucht über-

---

16 Dass Lessing diesen Weg niemals beschritt, darf wohl als Zeichen von Verdrängung untergründiger Glaubenszweifel gedeutet werden.
17 Gisbert Ter-Nedden (B 2b: 1986,6) ist deswegen voll zuzustimmen, wenn er Lessings Trauerspiele ausdrücklich auf die Gattung Tragödie, nicht auf die »Pseudo-Gattung« bürgerliches Trauerspiel bezieht.
18 Gotthold Ephraim Lessing, *Miß Sara Sampson. Ein Trauerspiel in fünf Aufzügen*, hrsg. von Erwin Leibfried, Stuttgart 1980. Die Ausgabe in Reclams Universal-Bibliothek folgt dem Text von 1772, dessen wesentlicher Unterschied zur Erstfassung darin besteht, dass das Epitheton »bürgerlich« bei der Gattungsbezeichnung fortgelassen ist. Die erste Fassung ist mit einer Dokumentation der zeitgenössischen Kritiken greifbar in: Karl Eibl (Hrsg.), »Gotthold Ephraim Lessing. Miss Sara Sampson. Ein bürgerliches Trauerspiel«, Frankfurt a. M. 1971.

redet hat, der verlassene Vater, sowie Marwood, die ehemalige Geliebte Mellefonts, mit der er eine Tochter hat. Sara möchte die Verzeihung ihres Vaters erlangen und Mellefont zur schnellen Heirat drängen. Mellefont will zuerst eine Erbschaftsangelegenheit regeln, die ihm Ehehindernis bedeutet. Sir William ist bereit, seiner Tochter zu verzeihen, ja will ihre Verzeihung erbitten, weil er zuerst Strenge gezeigt hatte. Marwood hatte Sir William den Aufenthaltsort der Flüchtigen verraten, weil sie irrtümlicherweise hoffte, dass jener die Verbindung des Liebespaars hintertreiben würde. In einer Auseinandersetzung mit Mellefont, der ihr auch die gemeinsame Tochter Arabella verweigert, fügt sie sich scheinbar in ihr Schicksal der verlassenen Geliebten, verlangt aber, Sara unter falschem Namen kennen zu lernen. In der Konfrontation beider Frauen muss Sara Ähnlichkeiten ihrer Geschichte mit der Marwoods erkennen, sie erfährt zudem von der Existenz der Tochter. Als die vorgebliche Lady Solmes Sara mit der Marwood gleichsetzt, wehrt Sara diesen Vergleich affektiv ab. Die darob in Wut versetzte Marwood gibt sich ihrer Nebenbuhlerin zu erkennen; Sara fällt in Ohnmacht und Marwood vertauscht das Riechsalz gegen Gift. Anschließend flieht sie und nimmt Arabella als Geisel mit, um unbehelligt entkommen zu können. Die sterbende Sara bittet ihren Vater um Vergebung: er möge Mellefont und dessen Tochter als seine Kinder annehmen. Mellefont, der kurz zuvor in einem Monolog seine Unlust zur Heirat kundgetan hatte, ist erschüttert und ersticht sich im Affekt. Sir William lässt Arabella, die von der Marwood zurückgelassen wurde, abholen, um sie an Kindes statt anzunehmen.

Am 10. Juli 1755 wurde das Stück mit großem Erfolg in Frankfurt an der Oder uraufgeführt und gelangte schnell in das Repertoire der Theater. Bis etwa 1770 blieb es beliebt; danach wurde es als tränenselig und langweilig empfunden. Für die Literaturwissenschaft des 19. und frühen 20. Jahrhunderts war *Miss Sara Sampson* im höchsten Grad unattraktiv, weil dieses Drama sich in eine Entwicklungs- und Fortschrittsgeschichte der Literatur, die ihr Ziel in der Tragödie der deutschen Klassik hatte, nicht recht einpassen lassen konnte. Und auch für die Folgezeit wird man Ter-Neddens polemisch zugespitzter Aussage zustimmen müssen: »Die Geschichte der Lessing-Interpretation ist zunächst und vor allem die Geschichte einer stark nivellierenden und rekonventionalisierenden Unterinterpretation« (B 2b: 1986, 3).

Selbst für Fritz Brüggemann, der in den zwanziger Jahren einen ersten richtungweisenden Interpretationsansatz lieferte (B 4a: 1926),[19] lag das Hauptproblem noch darin, das Drama als eine Zwischenstation zwischen dem *Kaufmann von London* und der *Emilia Galotti* zu begreifen. Für Brüggemann zeigten sich in den Personen des Trauerspiels verschiedene entwicklungsgeschichtliche Typen: Während Sara das abstrakte Tugendideal der Zeit verkörpere, zeige Marwood den vorbürgerlich egoistischen, gewissenlos ›politischen‹ und Mellefont den späteren, subjektivistischen Menschentyp. Der Nachteil dieser klugen Interpretation liegt darin, dass dabei dem Drama als Vorgang zu wenig Beachtung geschenkt wird, der Verknüpfung der Personen im Drama, die dort zur gleichen Zeit und am gleichen Ort agieren. Die zeitgenössischen Kritiken sind zwar nicht zahlreich, doch lässt immerhin eine sehr kluge Rezension des Lessing-Feindes Johann Jakob Dusch erkennen, dass die These einer eindeutigen moralischen Bewertung der Hauptfiguren durch die Zeitgenossen nicht zutrifft.

Marwood und *Sara* intereßiren uns gleich stark; beyde haben ein gleiches Recht an den *Mellefont*; und, zum Unglück, die erste noch ein größeres, als die letzte.

---

19 Prononciert auch in der Einleitung der von ihm herausgegebenen wichtigen Edition »Die Anfänge des bürgerlichen Trauerspiels in den fünfziger Jahren«, 5–17.

Warum? – Warum? sie war die erste Geliebte: und was noch mehr, sie war von ihm *eine Mutter*! Unstreitig größere Rechte, als Sara hatte! Wer dieses bedenket, der muß sich der *Marwood* gegen den *Mellefont* wahrhaftig annehmen; und doch soll *Sara* uns allein interessieren! Ein ansenlicher Fehler, der der Wirkung des Trauerspiels dadurch, daß er die Sara uns gleichgültiger macht, sehr schwächen und theilen muß!·

(Zit. nach: Eibl, »Gotthold Ephraim Lessing«, 225)

Dusch unterstellt gewiss in seiner Kritik einen Tragödienbegriff, der Lessings Ansicht widerspricht. Aber er beobachtet genau. Denn der Zwiespalt in der moralischen Bewertung der beiden weiblichen Hauptfiguren liegt tatsächlich vor, und in ihm liegt wahrscheinlich auch die eigentliche Qualität dieses Dramas. Eine große Schwierigkeit für die Interpretation der *Miss Sara Sampson* besteht darin, dass sich Lessing selbst über den ›Sinn‹ seines Dramas niemals ausgesprochen hat. Zwar können die im vorigen Kapitel zitierten Äußerungen über das Mitleid auf *Miss Sara Sampson* bezogen werden, und es wäre widersinnig anzunehmen, dass Lessing bei der Formulierung seines Mitleidskonzepts nicht ganz entscheidend von der Schreiberfahrung seines jüngsten und bislang wichtigsten Stücks beeinflusst worden sei. Trotzdem vermeidet er jede konkrete Anknüpfung und Ausdeutung.

Eine ethische Schwarzweißmalerei jedenfalls war offenbar nicht beabsichtigt, gleichwohl argumentieren die Figuren ständig mit moralischen Bewertungen. In der Lessing'schen Dramaturgie spielt die Schuld überhaupt keine Rolle: »Alles, was Lessing fordert, ist eine Verbindung von Tugend und Leiden, es ist nicht einmal notwendig, daß das Leiden aus der Tugend erwächst – die Reihenfolge kann sich umkehren, Ursache kann Wirkung werden, immer wird dasselbe Mitleid hervorgerufen« (George, B 3a: 1972, 272). Damit aber ist es unmöglich, aus der dramatischen Handlung selbst einen Bewertungsmaßstab zu gewinnen. Bürgerlich ist *Miss Sara Sampson* nur insofern, als die Tugendanforderungen in die Innerlichkeit der einzelnen Personen verlegt werden. Indem die Figuren in der dramatischen Interaktion zu einem Handeln gelangen, das diesen internalisierten Verhaltensmaßstäben entspricht, oder indem sie an dieser Aufgabe versagen, werden aber auch ihre Verhaltensmaßstäbe kritisierbar:

> SARA. Meiner Tugend? Nennen Sie mir dieses Wort nicht! – Sonst klang es mir süße, aber itzt schallt mir ein schrecklicher Donner darin!
> MELLEFONT. Wie? muß der, welcher tugendhaft sein soll, keinen Fehler begangen haben? Hat ein einziger so unselige Wirkungen, daß er eine ganze Reihe unsträflicher Jahre vernichten kann? So ist kein Mensch tugendhaft; so ist die Tugend ein Gespenst, das in der Luft zerfließet [...].
>
> (Lessing, *Miss Sara Sampson*, 14 f.)

Die beispielhaft herausgegriffene Stelle (I,7) zeigt, dass Lessings Dramatik, weil sie nicht exemplarisch gebunden ist, deutlich die Ebene des Gefühls und der rationalen Argumentation unterscheidet. Sara empfindet sich als verworfen, Mellefont möchte sie von dieser Überspanntheit des Tugendbegriffs abbringen, die ihr zugleich aber das empfindsame Mitleid der Zuschauer sichert. Das rigide Tugendgebot kann eine stabile Lebenshaltung offenbar nicht gewährleisten, denn Sara weiß sich schuldig geworden: hat sie doch ihren Vater verlassen und sich ihrem Geliebten Mellefont hingegeben. Mellefont andererseits dient seine Argumentation zur bequemen Rechtfertigung für die Tatsache, dass er seine ehemalige Geliebte Marwood verlassen hat. Ihm fehlt es deutlich an Mitleiden, der Fähigkeit, sich in andere hineinzuversetzen und Verantwortung für andere zu übernehmen. Auf die religiöse Komponente des Dramas wies Heinrich Bornkamm hin (B 4a: 1957). Für ihn behandelt das Stück die fünfte Bitte des Vaterunsers, die Bitte um die Schuldvergebung. Sara erlangt im Verlauf des Stücks die Fähigkeit, Verständnis und Mitgefühl auch für ihre Gegenspielerin zu entwickeln. Im Kontrast dazu verharrt Marwood in ihrer Racheethik, die schließlich den Tod Saras herbeiführt. So verstanden wird *Miss Sara Sampson* zu einem Läuterungsdrama, in dem von den Hauptfiguren einzig Sara zur vollen Einsicht geführt wird. Dieser Einschätzung ist sicher zuzustimmen, sie schöpft aber den Gehalt des Dramas noch keineswegs aus, vor allem nicht hinsichtlich ihrer Gegenspielerin. Duschs Einschätzung belegte, dass schon die Zeitgenossen deren Begehren an Mellefont, zu ihr und der gemeinsamen Tochter zurückzukehren, als berechtigt und ihre moralische Verurteilung als »Schande ihres Geschlechts« vor allem aus dem Munde Mellefonts als haltlos empfanden. Bewusst verstieß Lessing gegen die Forderung nach einer starken moralischen Kontrastierung: auch die Marwood verdient Mitleid, da sie als Vereinzelte einer feindlichen, verständnislosen Umwelt gegenübersteht.[20] Sie, die von Mellefont böswillig Verlassene, besitzt alle rechtlichen Ansprüche, wie ihr sowohl Mellefont (II,4)[21] als auch Sara (IV,8) zugestehen müssen. Und sie bietet Sara einen Lösungsvorschlag an, der das Recht auf seiner Seite hat:

> [...] Ihr eigner Vorteil sowohl als der Vorteil einer andern, die Klugheit sowohl als die Billigkeit können und sollen Miß Sampson bewegen, ihre Ansprüche auf einen Mann aufzugeben, auf den Marwood die ersten

---

20 Vgl. Rolf-Peter Janz (B 4a: 1979).
21 Schon Dusch bemerkte, daß die Szene II,5, in der sich Marwood als Heuchlerin zu erkennen gab, einen starken Widerspruch zur vorhergehenden Szene bildet. Während die Marwood bis zu ihrem ersten Auftreten moralisch diskreditiert wurde, bildet II,4 eine Rehabilitierung, die durch ihr Zwiegespräch mit ihrer Dienerin wieder in Frage gestellt wird. Dabei sollte aber nicht vergessen werden, dass nicht ihr Rechtsanspruch, sondern ihre Unfähigkeit zur Vergebung Thema dieser dramaturgisch gewaltsamen Szene ist.

und stärksten hat. Noch stehen Sie, Miß, mit ihm so,
daß Sie, ich will nicht sagen, mit vieler Ehre, aber doch
ohne öffentliche Schande von ihm ablassen können.
[...] Wenn Marwood in diesen Umständen wäre und
sie brauchte weder für ihre im Abzuge begriffene
Reize einen Gemahl noch für ihre hilflose Tochter einen Vater, so weiß ich gewiß, Marwood würde gegen
Miß Sampson großmütiger handeln, als Miß Sampson
gegen die Marwood zu handeln schimpfliche Schwierigkeiten macht.   (Lessing, *Miß Sara Sampson*, 75 f.)

Freilich muss bedacht werden, dass zum Zeitpunkt dieser
Rede (IV,8) Marwood sich noch als eine Verwandte Mellefonts ausgibt, sie also nicht in Person ihren Anspruch gel-
tend macht. Deshalb wittert Sara hier Heuchelei und einen
Verrat an Mellefont. Zu einer Auseinandersetzung um diesen Lösungsvorschlag kommt es nicht. Mellefont wiederum
hatte der Marwood lediglich eine auskömmliche Versor-
gung zugesagt, wollte sie aber von ihrer Tochter trennen,
zu der übrigens beide Eltern keine große Zuneigung zeigen. Merkwürdig unmotiviert ist das unbedingte Verlangen
Marwoods, ihren alten Liebhaber zurückzugewinnen. Ein
mythisches Relikt ist ihre Wut: »Sieh in mir eine neue Medea!« (II,7), ruft sie aus, als sie Mellefont mit der Ermordung Arabellas droht. Keineswegs aber ist ihre Wut Ausdruck der Wahrheit. Zwar verzichtet Marwood nicht auf die
Mittel von Heuchelei und Verstellung, dadurch wird sie
aber noch nicht zur Intrigantin. Die Ermordung Saras, das
einzige Verbrechen, das ihr zur Last fällt, geschieht im Affekt (IV,8).[22] Ter-Nedden behauptet: »Lessing geht es um
die Rückgewinnung der moralisch-politischen Dimension
der attischen Tragödie, der Thematisierung der Konflikt-

---

[22] Alle ihre Verstöße gegen die bürgerliche Sexualmoral – die in Wirklichkeit
ein Konstrukt erst des späten 18. Jahrhunderts ist – werden von Lessing
ausdrücklich motiviert (IV,7) und als Vorurteile der übrigen Personen entlarvt.

lösungsmuster, die in der Tradition des heroischen Trauerspiels durch eine Ästhetik der Macht ersetzt worden war« (B 2b: 1986, 24). Allerdings ist das Stück nach Ausweis der zeitgenössischen Kritiken nicht als ›modernisierte‹ Medea gelesen und der zitierte Ausspruch nur als Metapher verstanden worden. Eine Neufassung des Medea-Stoffs hätte auch nur zu einem Vergleich der antiken und der modernen Fabel geführt; das Stück wäre damit wiederum exemplarisch geworden. Lessing modernisiert nicht die Fabel, er versetzt sie als bloßen Stoff in eine moderne Situation. Aus Lieblosigkeiten, Leidenschaften, Irrtümern und Zufällen entwickelt sich ein Ablauf, der dem Medea-Drama vergleichbar ist. Dabei stellt sich die Frage, ob auf diese Weise eine Art innerweltlicher Tragik entsteht, ein nur durch die Katastrophe zu lösender Nexus.[23] Zweifellos macht sich Lessing – wie schon Kommerell erkannte – das Potential der antiken Irrtumstragödie zunutze (vgl. Mann, B 4a: 1961). Alle Figuren handeln mal übereilt, mal unbegreiflich langsam, und stets in partieller Blindheit gegenüber den eigenen Motiven und Zwecken. Eine konsequente Entwicklung macht einzig Sara durch; Mellefont folgt stets seinen Gefühlsimpulsen und stirbt schließlich als bedauerter Selbstmörder; Marwood muss als Mörderin aus dem Lande fliehen. Sir William Sampson erfüllt als letzter Überlebender den Wunsch seiner sterbenden Tochter. »In allen Fällen erweisen sich die ›wahren‹ Väter als Sprecher und Vollstrecker jener moralischen Güte und praktischen Vernunft, die Lessing befördern möchte, indem sie auf exemplarische Weise jene Tugendliebe, die um moralischer, politischer oder religiöser Prinzipien willen notfalls über Leichen geht, und sei's auch über die des eigenen Kindes, durch ihr Handeln widerrufen« (Ter-Nedden, B 2b: 1986, 11). *Miss Sara Sampson* ist keine Tragödie, sondern die Dramatisierung

---

23 Tragik als Ausdruck des Aufeinandertreffens unterschiedlicher Prinzipien ist ausgeschlossen, da das Stück keine Aussage über den Weltzustand sein will.

einer traurigen, durch menschliche Fehler und unglückliche Zufälle zu Stande gekommenen Begebenheit. Das Mitleiden, welches allen Beteiligten zugute kommt, lässt die Verurteilung einer einzelnen Figur nicht zu, wohl aber ein Nachdenken über menschliches Verhalten: »Die Bergpredigt-Moral ist keine inhaltliche Festschreibung der Tugend- und Lasterkatalogs, sondern eine moralkritische Reflexion auf das Funktionieren konventioneller Moral« (ebd., 39). Das mitleidende Zuschauersubjekt wird gebessert, indem es zu einer Reflexion seines eigenen Verhaltens gebracht wird. Das Trauerspiel bietet jenseits der pragmatischen Handlungsverknüpfung die Möglichkeit, eine Situation von allen Seiten auszuleuchten (etwa II,4). Es entsteht eine Struktur, die als eine säkularisierte Form der protestantischen ›Betrachtung‹, der Meditation, angesehen werden kann.[24] Alle Personen haben den paradiesischen Zustand der Unschuld verloren (eine Säkularisierung des Erbsünde-Topos): aus diesem Bewusstsein heraus müssen sie den Versuch wagen, als gesellschaftliche Wesen verantwortlich zu existieren. Gegen das ›soziale‹ Mitleid stehen die alten, ›asozialen‹ Affekte, zu denen neben Wut, Stolz und Übereilung auch die übersteigerte Einschätzung des eigenen Rechtsanspruchs (Marwood) gehört.

---

24 *Miss Sara Sampson* besitzt in dieser Hinsicht große Ähnlichkeit mit Klopstocks erstem, fast gleichzeitigem Bibeldrama *Der Tod Adams*, das freilich für das bürgerliche Trauerspiel nicht sinnvoll reklamiert werden kann.

5
Theorie und Praxis des bürgerlichen Trauerspiels neben Lessing

George Lillo und seine deutsche Rezeption

Obwohl *Miss Sara Sampson* ein sehr erfolgreiches Stück war und seine Einflüsse sich in den Werken der Zeitgenossen durchaus nachweisen lassen, war es doch keineswegs das Maßstäbe setzende Vorbild. Lessings Mitleidsdramaturgie blieb im Kern unverstanden (vgl. Mönch, B 2a: 1993), wie schon die oben zitierte Kritik Duschs belegt. Lessings Stück und seine essayistische dramaturgische Theorie bilden partiell diskulturale Phänomene, deren ausführliche Darstellung wir vorgezogen haben, weil ohne *Miss Sara Sampson* wahrscheinlich kein Anlass bestehen würde, sich mit dem bürgerlichen Trauerspiel überhaupt auseinander zu setzen.

George Lillos *The London Merchant* (1731) gehört nicht in die Vorgeschichte der Lessing'schen Dramatik, auch wenn das Stück bereits 1752 (in der Übersetzung Henning Adam von Bassewitz') auf Deutsch erschienen war.[1]

George Barnwell, ein Gehilfe des Kaufmanns Thorowgood, wird von der Abenteurerin Milwood verführt, zu-

---

1 George Lillo, *Der Kaufmann von London oder Begebenheiten Georg Barnwells. Ein bürgerliches Trauerspiel*, übers. von Henning Adam von Bassewitz (1752), hrsg. von Klaus-Detlef Müller, Tübingen 1981. Ebenfalls in: Brüggemann, »Die Anfänge des bürgerlichen Trauerspiels in den fünfziger Jahren«, 19–89 (die Übersetzung ist dort fälschlich auf 1757 datiert). Angaben zum englischen Text und zur Sekundärliteratur finden sich in der Bibliographie (B 5a).

nächst seinen Dienstherrn zu bestehlen und schließlich seinen eigenen Vetter zu ermorden. Damit er sie in seiner Verzweiflung über die Mordtat nicht verrät, liefert Milwood ihren Geliebten den Behörden aus, wird aber selbst von ihren Dienern als Anstifterin des Verbrechens entlarvt. Beide werden zum Tode verurteilt und hingerichtet.

In vieler Hinsicht knüpft Lillos Tragödie an Dramen an, wie wir sie am Beispiel Georg Wickrams (s. oben S. 16 f.) kennen gelernt haben. Die englische Dramatik der elisabethanischen Zeit kannte die *Domestic Tragedy*, doch lehnte das puritanische Bürgertum das Theater grundsätzlich ab: 1642 wurden öffentliche Theateraufführungen verboten, und erst 1660 wurde mit der Restoration ein höfisch orientiertes Theater etabliert, das sich an Frankreich ausrichtete. George Lillos Drama bedeutet also mit seiner dezidiert bürgerlichen Moral einen Neuansatz. Neben der didaktischen Funktion und unverbunden mit ihr findet in diesem Drama das Bürgertum zu einem neuen, unerhörten Selbstbewusstsein: Das in die elisabethanische Zeit verlegte Stück berichtet in der ersten Szene, dass es den englischen Kaufleuten gelungen ist, die Genueser Bankiers von dem Vorhaben abzubringen, dem König von Spanien große Kredite zu gewähren. Zum ersten Mal wird hier ein Nexus von Politik und kapitalistischer Wirtschaft sichtbar, der das Bürgertum als politisch handelndes Subjekt berücksichtigt. Darin liegt jedoch nicht der Zweck dieses in vielfacher Hinsicht archaischen Dramas. Lillos Moralität arbeitet mit harten Kontrasten: Der verführbaren Tugend Barnwells steht die ungebrochene seines Kollegen und Freundes Trueman gegenüber; der Verführerin Milwood die aufrichtig liebende Maria, die Tochter Thorowgoods; der bußfertigen Reue Barnwells die zur Reue unfähige Verzweiflung Milwoods. Lillos Zweck ist die exemplarische Abschreckung, wie er im Vorwort formuliert:

> If Tragick Poetry be [...] the most excellent and most useful kind of writing, the more extensively useful the Moral of any Tragedy is, the more excellent that piece must be of its kind.
>
> (Zit. nach: »Eighteenth Century Tragedy«, 3)

Wenn die tragische Poesie die ausgezeichnetste und nützlichste Gattung ist, dann wird eine Tragödie umso ausgezeichneter sein, je umfassender die Nützlichkeit ihrer Moral ist.[2]

Als Zweck der Tragödie bestimmt Lillo »the exciting of the Passions, in order to the correcting such of them as are criminal, either in their nature, or through their excess« (›die Erregung der Leidenschaften [und zwar], um jene zu korrigieren, die entweder ihrer Natur nach oder auf Grund von Übertreibung, verbrecherisch sind‹). Die Tragödie verliere nichts von ihrer Würde, wenn sie die »circumstances of the generality of Mankind« (›die Umstände der allgemeinen Menschheit‹) zu Grunde lege, weil sie dann größeren Einfluss haben könnte, als wenn sie sich nur an die höchsten Stände wende, da alle Stände Schwächen und Lastern unterworfen seien.

> Plays, founded on moral Tales in private life, may be of admirable use, by carrying conviction to the mind, with such irresistible force, as to engage all the faculties & powers of the soul in the cause of Virtue, by stifling Vice in its first principles.
>
> (Zit. nach: »Eighteenth Century Tragedy«, 4)

Stücke, die auf moralischen Erzählungen aus dem Privatleben beruhen, können von ausgezeichnetem Nutzen sein, indem sie mit unwiderstehlicher Gewalt dem Geist die Einsicht vermitteln, alle Fähigkeiten und

---

2 Hier und in der Folge, wenn nicht anders genannt, meine Übersetzung.

Kräfte der Seele für die Sache der Tugend einzusetzen, indem sie das Laster schon in seinen ersten Ursprüngen ersticken.

Lillos eher primitive Theorie geht also von einer direkten abschreckenden Wirkung der Fabel aus. Die Tragödie steht im Dienst einer Moraldidaktik, für die der lasterhafte Held Voraussetzung ist. George Barnwell selber weiß, dass seine Hinrichtung ebenso lehrreich ist wie seine bezeugte Reue.

Justice and Mercy are in Heaven the same: Its utmost severity is Mercy to the whole, – thereby to cure Man's folly & presumption, which else wou'd render even infinite mercy vain and ineffectual. – Thus Justice, in compassion to Mankind, cuts off a Wretch like me, by one such example to secure thousands from future ruin. (Zit. nach: »Eighteenth Century Tragedy«, 64)

Gerechtigkeit und Barmherzigkeit sind beim Himmel das gleiche: seine äußerste Strenge [gegen mich] ist Barmherzigkeit gegen das Ganze – um durch sie die Eitelkeit und Anmaßung der Menschen zu heilen, die sonst selbst die unbegrenzte Barmherzigkeit unnütz und wirkungslos machen würden. – Also verwirft die Gerechtigkeit aus Mitleid mit der Menschheit einen Schurken wie mich, um durch ein derartiges Beispiel Tausende vor künftigem Verderben zu retten.[3]

---

3 Meine Übersetzung; bei Bassewitz, der einer französischen Übersetzung folgt, charakteristischerweise stark verändert: »Auf diese Weise läßt die Gerechtigkeit des Himmels einen Unglückseligen umkommen, um durch ein so erschreckliches Exempel ein ganzes Volk dem Verderben zu entreissen. Die Gerechtigkeit und Güte sind zwar in dem höchsten Wesen gleich vollkommene Eigenschaften. Sein strenges Verfahren gegen mich ist ein Kennzeichen seiner Liebe für andere Menschen« (Lillo, *Der Kaufmann von London*, 73).

Die Leidenschaften werden nur zu dem Zweck erregt, um ihre verderblichen Auswirkungen zu zeigen. Zwar kennt auch Lillos Dramatik das Mitleid, es löst sich aber nicht von der abschreckenden Wirkung und ersetzt auch die Strafe nicht. In den Prosadialog sind gereimte Verse eingestreut, welche die Lehre direkt verkünden. So auch am Schluss: der gute Kaufmannsgehilfe verkündet eine Moral, die der Lessings stracks zuwiderläuft:

> In vain,
>   With bleeding hearts, and weeping eyes we show
>   A human gen'rous sense of others woe;
>   Unless we mark what drew their ruin on,
>   And by avoiding that, prevent our own.
>   (Zit. nach: »Eighteenth Century Tragedy«, 65)

Umsonst bekunden wir blutenden Herzens und weinenden Auges / unser menschliches Mitgefühl mit anderer Leid, / wenn wir nicht zugleich erkennen, was ihren Ruin bewirkte, / und indem wir dieses vermeiden, unseren eigenen Ruin verhüten.

George Lillos Stück war in London sehr erfolgreich. Erst zwanzig Jahre nach seiner Uraufführung gelangte es auch auf den Kontinent. Bassewitz benutzte für seine Fassung eine französische Übersetzung. Die moralisierenden Verse werden in die Prosa eingeebnet, die strenge Dialektik zwischen Verführung, Schuld, Reue und Strafe wird aufgeweicht, aber im Wesentlichen festgehalten.[4]

---

4 Beide deutsche Textausgaben (Lillo, *Der Kaufmann von Londen*; Brüggemann, »Die Anfänge des bürgerlichen Trauerspiels«) drucken in Ergänzung die Übersetzung der Schlussszene ab, die bei Bassewitz nur referiert wird. Sie zeigt in der Ferne den Galgen; die tugendhaften Personen berichten, wie die beiden Übeltäter sich bei der Hinrichtung betrugen. Diese Szene fehlt übrigens auch in der englischen Erstausgabe. Hingedeutet ist hier auf das sich im 18. Jahrhundert wandelnde Verständnis von Gerechtigkeit. Zu diesem Komplex vgl. Michel Foucault, »Überwachen und Strafen. Die Geburt des Gefängnisses«, Frankfurt a. M. 1994.

Bassewitz streicht zwar das Vorwort, fügt aber ein eigenes ein,[5] in dem er Barnwell als ein Muster des Schreckens und des Abscheues, Trueman hingegen als ein Muster zur Nachahmung empfiehlt »allen jungen Leuten, die sich der Handlung widmen«. Die rigide, puritanische Moralpredigt machte für das Publikum der fünfziger Jahre des 18. Jahrhunderts bestimmt nicht den Reiz dieses Stückes aus. Lessing jedenfalls interpretiert das Stück gar nicht; er löst einzig das Moment der Rührung heraus. Er erwähnt Lillos Drama nur zwei Mal (vgl. S. 53 im vorliegenden Band), was andeutet, dass es ihm als dramaturgisches Konstrukt überhaupt nicht diskussionswürdig erscheint. In einem Brief an Mendelssohn erwähnt er den Tod des alten Barnwell als Beispiel für ein Mitleiden, dem keine Schuld vorausgehe. Der Mord entsetze nur, weil er keine Ursache im Charakter des Ermordeten habe.

> Sobald man ihn aber für seinen Mörder und Vetter noch zu Gott beten hört, verwandelt sich das Entsetzen in ein recht entzückendes Mitleiden, und zwar ganz natürlich, weil diese großmütige Tat aus seinem Unglücke fließet und ihren Grund in demselben hat.
> (Zit. nach: Szondi, B 5a: 1973, 158 f.)

Lessing zitiert hier falsch, denn der Vetter weiß nicht, wer sein Mörder ist. Er bittet um Gottes Segen für seinen Neffen und um Vergebung für seinen Mörder. Peter Szondi (B 5a: 1973, 158 f.) meint zu Recht, dass der Kern dieser Episode gerade in der tragischen Ironie liegt, dass der Ermordete unwissend seinem Mörder nicht nur verzeiht, sondern ihn auch noch segnet.

---

5 Lillo, *Der Kaufmann von London*, 3 f.

Die Theorie des »Privat-Trauerspiels«

Im Juli 1755 erscheint, fast gleichzeitig mit *Miss Sara Sampson*, in den *Neuen Erweiterungen der Erkenntnis und des Vergnügens* eine anonyme Abhandlung *Vom bürgerlichen Trauerspiele*,[6] die Johann Gottlob Benjamin Pfeil (1732–1800) zugeschrieben wird, einem Autor, der schon 1756 ein bürgerliches Trauerspiel *Lucie Woodvil* erscheinen ließ.

Erst Nadia Metwally erkannte, dass Pfeils Haltung grundsätzlich von der Lessing'schen Mitleidsdramaturgie differiert. Cornelia Mönch (B 2a: 1993, 296) konnte davon ausgehend nachweisen, dass die »exemplarische Abschreckung« das dominierende moraldidaktische Konzept des bürgerlichen Trauerspiels bleibt.[7]

Pfeils Tragödienbegriff ist deutlich anders akzentuiert als Lessings:

> Die Hauptabsicht des Trauerspiels ist, Schrecken und Mitleiden zu erwecken, oder wenn man lieber will, die Tugend auch ohngeachtet ihres Unglücks liebenswürdig und das Laster allezeit verabscheuungswürdig vorzustellen.
>
> (Zit. nach: Eibl, »Gotthold Ephraim Lessing«, 173)

Zaghaft versteckt sich hinter dem »oder wenn man lieber will« eine Unterscheidung zwischen Mittel und Zweck. Dieser Zweck ist insofern gegenüber Lillo modifiziert, als nicht mehr die Bestrafung des Lasters vorgeführt werden soll, vielmehr soll es durch seine Vorstellung den Abscheu der Zuschauer hervorrufen. Tugend und Laster seien allen

---

6 Wiederabgedr. in: Eibl, »Gotthold Ephraim Lessing«, 173–189.
7 Allerdings überschätzt Mönch die Bedeutsamkeit der poetischen Gerechtigkeit. Auch für die Durchschnittsproduktion der Zeit ist die entscheidende Frage nicht, ob das Laster bestraft und die Tugend belohnt werde, wohl aber, dass das Laster Abscheu und die Tugend Bewunderung hervorrufen soll. Vorausgesetzt ist dabei immer (anders als bei Lessing) ein feststehendes, allgemein akzeptiertes moralisches Wertegefüge.

Menschen gemeinsam, argumentiert Pfeil mit Lillo. Das Theater solle die Tugend verehrenswert und das Laster abscheulich darstellen:

> Die Schaubühne würde alsdenn wenigstens einer Schule der Sitten[8] noch ähnlicher seyn, als wenn sie bloß zur Absicht hat, zu erschrecken, oder zum Mitleiden zu erregen [...]. Der unglückliche aber tugendhafte Bürger in dem bürgerlichen Trauerspiele suchet unsere Thränen mit eben dem Eifer und erhält sie vielleicht eher [als der Held eines heroischen Trauerspiels], weil sein Stand eine größere Gleichheit mit uns hat. Der lasterhafte Held verdient unsern Abscheu und unsern Haß und wir sind damit nicht gelinder gegen den lasterhaften Bürger; ja wir sind vielleicht noch strenger, weil sein Laster von keiner Krone beschützt wird, und weil unsere Eigenliebe einen der uns an Stande gleich ist, in ihm zu verdammen hat.
>
> (Zit. nach: Eibl, »Gotthold Ephraim Lessing«, 177f.)

Pfeil schreibt der Moraldidaxe einen höheren Wert zu als der Erregung von Furcht und Mitleid: ihre bessere Vermittlung ist der eigentliche Grund für den Vorzug des bürgerlichen Trauerspiels. Den Tränen der Rührung aus Mitleid und Bewunderung entspricht der Abscheu für das Laster. Beide stehen zueinander in einem scharfen Kontrast, der – anders als bei Lessing – nicht abgeschwächt und vermittelt, sondern zum eigentlichen strukturierenden Element des dramatischen Vorgangs wird. Dieser Unterschied ist in der Tat entscheidend. Zwar sind auch Dramen des Pfeil-Typus keine Weltexempla, sie bestätigen aber in der Rezeption des einzelnen Zuschauers grundsätzlich das bestehende moralische, bürgerliche Wertegefüge, das in diesem Rahmen nicht kritisierbar ist. Weniger noch als bei Lessing ist übrigens die

---

8 Pfeil meint hier das sittliche Verhalten, nicht die standesspezifischen Verhaltensnormen.

Möglichkeit gegeben, die Klassenauseinandersetzung zum Thema zu machen, weil das im Abscheu einverständige Kollektiv Voraussetzung des schrecklichen Ausnahmefalls ist. Genauso wie beim heroischen gibt es auch für das bürgerliche Trauerspiel eine Ständeklausel:

> [...] das bürgerliche schränket sich bloß in die Schranken des bürgerlichen Standes ein; doch so, daß es diese Schranken zugleich auf den gemeinen Adel mit ausdehnet, von dem Pöbel aber sich durch dieselben absondert.
>
> (Zit. nach: Eibl, »Gotthold Ephraim Lessing«, 179)

Diese Ständeklausel hat ihre Berechtigung in der moraldidaktischen Wirkung: Die Verbrechen der Großen seien derart, dass wir nicht befürchten müssten, sie zu begehen; ihre Tugenden könnten wir nur bewundern, nicht aber – wie die von Menschen unseres Standes – nachahmen. Auch die Ablehnung von Personen der unteren Schichten (vom Zunftbürgertum abwärts) hat in der mangelnden moraldidaktischen Wirkung ihren Grund:

> Der Mangel der Erziehung und des Umgangs machen, daß uns seine Handlungen niemals gefallen werden, und wir würden in das Unwahrscheinliche fallen, wenn wir ihm diese Mängel wegnehmen wollten. Kein Schneider, kein Schuster ist einer tragischen Denkungsart fähig. (Ebd., 187)

Privattrauerspiele der Abschreckung

Pfeils *Lucie Woodvil*[9] folgte in Jahresfrist auf *Miss Sara Sampson*. Nach seiner Uraufführung im August 1756 in Danzig konnte sich das Stück einige Jahre gegen Lessing behaupten; noch 1786 wurde es nachgedruckt – allerdings gegen den Willen des Autors, der es bei dieser Gelegenheit als ein unreifes, längst verdientermaßen vermodertes Produkt seiner Jugendjahre bezeichnete.

Sir Karl Southwell hat ein Verhältnis mit Lucie Woodvil, einer jungen Frau, deren Eltern unbekannt sind und die im Haus seines Vaters, Sir Wilhelm, lebt. Sir Wilhelm, der von Gewissensbissen geplagt wird, widersetzt sich einer Verbindung des Paars und versucht stattdessen, seinen Sohn mit Amalie, der Tochter seines alten Freundes Robert, zu verheiraten. Karl scheint sich zunächst in das Verlangen seines Vaters zu fügen und möchte daneben die schwangere Lucie als Geliebte behalten, doch Amalie bewegt ihn zur Umkehr. Sir Wilhelm weigert sich aber unerbittlich, in die Ehe seines Sohnes mit Lucie einzuwilligen und trennt das Paar sogar dann noch, als sie heimlich geheiratet haben. Lucie, die zunächst meint, dass Wilhelm sie wegen ihrer unehelichen Herkunft als Schwiegertochter ablehnt und schließlich glaubt, Sir Wilhelm begehre sie selbst, vergiftet ihn. Schließlich wird offenbar, dass Lucie Sir Wilhelm Southwells Tochter ist. In Verzweiflung erstickt Lucie zuerst Betty, ihre Zofe, die sie zu ihren Untaten verleitet hat, und dann sich selbst, während der verzweifelte Karl von Robert unter Beobachtung gestellt wird.

Wie für Lessing ist auch für Pfeil das Strukturmodell der Tragödie konstitutiv (Inzestmotiv). Der tragische Nexus

---

[9] Wiederabgedr. in: Fritz Brüggemann, »Die Anfänge des bürgerlichen Trauerspiels in den fünfziger Jahren«, 191–271.

kommt dadurch zustande, dass alle Personen nur einen Teil der Geschichte kennen (Wilhelm und Robert wissen, dass Lucie Karls Schwester ist; Karl, Lucie, Betty und Amalie wissen, dass es ein Verhältnis zwischen Karl und Lucie gibt und dass Lucie schwanger ist). Das Verschweigen führt zur Katastrophe, ist aber in den Lastern der Personen motiviert: in Lucies Stolz, die nicht zugeben will, ihre jungfräuliche Ehre verloren zu haben; in Bettys Lasterhaftigkeit, die Lucie zu ihrem Verhältnis angestiftet hat und sie schließlich zum Mord an Wilhelm überredet, sowie vor allem in Sir Wilhelms Scham wegen seines Fehltritts, aus dem Lucie hervorging. Hinter dieser Scham verbirgt sich sein Hochmut, der ihn verleitet, nicht auf den Schein seiner Tugendhaftigkeit und die Liebe und Achtung seiner Kinder verzichten zu wollen. In dem moralischen Bewertungssystem des Stücks erfahren alle Beteiligten ihre Strafe zu Recht. Robert verkündet die rigide Schlussmoral:

> Komm, meine Amalia, laß uns mit einer stillen Ehrfurcht vor dieser Gerechtigkeit zittern, die auch die geringsten Verbrechen nicht ungerochen läßt. Laß uns aus Karls und Luciens unglücklichem Beispiele lernen, daß demjenigen das größte Laster nicht weiter zu abscheulich ist, der sich nicht scheut, das allergeringste auszuüben. (Pfeil, *Lucie Woodvil*, 271)[10]

Dass Pfeil gerade auf die Inzestkonstellation der antiken Tragödie zurückgreift, könnte vermuten lassen, dass er eine Anklage gegen die Weltordnung beabsichtige. Karls Schlussworte beispielsweise scheinen diesen Verdacht zu bestätigen:

> Barbarischer Vater! [...] Deine Verbrechen zu strafen, sind wir geboren worden. Karl ist unschuldig. Er lei-

---

10 Roberts Aussage ist schwerlich mit Brüggemann, »Die Anfänge des bürgerlichen Trauerspiels in den fünfziger Jahren«, 14, als »verlogen« zu bezeichnen.

det, ohne es zu verdienen. Du, Himmel! erröte, daß du
ihn gezwungen hast, lasterhaft zu sein.   (Ebd.)

Alle derartigen Äußerungen werden aber ausdrücklich dementiert: Sie sind aus der Situation erklärbar und Ausdruck einer mangelnden Vernunft. Zwar spricht Sir Wilhelm (I,1) davon, dass der Himmel sein Laster strafen werde, doch widerlegt das Drama ausdrücklich, dass eine böswillige Schicksalsverkettung vorliegt, denn alle Verbrechen sind ausdrücklich in den Lastern der einzelnen Personen begründet. Anders als bei Lessing spricht sich bei Pfeil eine rigide bürgerliche Sexualmoral aus.

Im Zusammenhang des von Friedrich Nicolai veranstalteten Trauerspielwettbewerbs entstand Joachim Wilhelm von Brawes (1738–58) Trauerspiel *Der Freigeist*[11].

Clerdon hat durch ein liederliches Leben sein Vermögen verloren und seinen Vater in den Tod getrieben. Sein Freund Granville und seine ehemalige Freundin Amalia, die Schwester Granvilles, versuchen, ihn zur Umkehr zu bewegen. Henley ist der Verführer, der Clerdon zu Atheismus und Ausschweifungen verführt hat. Dieser vorgebliche Freund überzeugt Clerdon mit einem gefälschten Brief, dass Granville seine Schwester nur mitgebracht hat, um sie mit ihm, Henley, zu verheiraten und Clerdon zu demütigen. Im Affekt ersticht Clerdon seinen Freund und erfährt dann von Henley die Wahrheit: Dieser hatte sich vorgenommen, Clerdon, den er um seine Tugenden und seine Aussichten bei Amalia beneidete, ins Unglück zu stürzen. Clerdon tötet Henley und begeht anschließend Selbstmord.

Das nicht ausgereifte, auch dramaturgisch missratene Drama (allzu viele Expositionsszenen) verwertet Anregungen aus Edward Moores *The Gamester* (1753), dem zweiten

---

11 Wiederabgedr. in: Brüggemann, »Die Anfänge des bürgerlichen Trauerspiels in den fünfziger Jahren«, 272–332.

englischen bürgerlichen Trauerspiel, das in Deutschland breiter rezipiert wurde. Ideologisch auch für die Aufklärungszeit fragwürdig ist die Gleichsetzung von Atheismus und Lasterhaftigkeit, die es Brawe aber gestattet, das ungefährdete Christentum des Dieners Trueworth gegen die vorgebliche Philosophie seines Herrn auszuspielen. Henley bezeichnet die Denkungsart Clerdons als »frei, groß, unpöbelhaft« (Brawe, *Der Freigeist*, 290). Zu einer klaren Gegenüberstellung der Stände kommt es aber damit nicht, weil das Bürgertum in dieser Konstellation zwischen Kleinadel und »Pöbel« (die Dienerschaft gehört sozial nicht dem Bürgertum an) keine Rolle spielt.[12]

Aus der Fülle der empfindsamen bürgerlichen Trauerspiele sei ein letztes Beispiel herausgegriffen: *Julie* von Helfrich Peter Sturz.[13]

Herr von Wohlau hat einem Freund auf dem Totenbett versprochen, dessen Sohn Woldemar mit seiner Tochter Julie zu verheiraten. Julie verweigert die Zustimmung, weil sie Belmont, einen armen Verwandten, liebt, der deswegen aus dem Haushalt Wohlaus verstoßen wird. In einer Unterredung kann Julie Woldemar überreden, auf ihre Hand zu verzichten. Der erboste Vater lässt daraufhin seine Tochter von seinem Halbbruder, dem »Capitain«, einsperren und ihr mit der Verstoßung ins Elend drohen. Julie gelingt es, mit Woldemars Hilfe zu entfliehen. Der verkleidet anwesende Belmont hält das für einen Beweis von Julies Untreue. Durch Woldemars Vermittlung kommt es zur Aussöhnung von Vater und Tochter. Der Vater ist bereit, in die Ehe seiner Tochter mit Belmont zu willigen. Belmont, der von diesen Veränderungen nichts weiß, fordert Woldemar

---

12 Trueworth entspricht dramaturgisch der Rolle des Vertrauten in der heroischen Tragödie. Diderot wandte sich gegen die Dienerfiguren, weil er sie als konventionell und unrealistisch empfand, da kein Herr und keine Dame von Stand ihre Diener zu Vertrauten machen würden (vgl. unten S. 86 f.).
13 In: Sturz, *Schriften*, [Bd. 2], 200.

zum Zweikampf und wird von diesem in Notwehr erstochen. Angesichts des sterbenden Bräutigams verfällt Julie in Wahnsinn.

Das 1767 entstandene, in der Vorrede als bürgerliches Trauerspiel bezeichnete Drama zeigt deutlich die Konstruktion des auf die bürgerliche Familie zentrierten Privattrauerspiels mit der Konzentration auf die Vater-Kind-Thematik und das Problem der erzwungenen oder verweigerten Ehe, die für die ›Familiengemälde‹ der siebziger und achtziger Jahre entscheidend werden sollten. Julies subjektivistische Liebesauffassung wird gegen die Heiratsforderung Wohlaus verteidigt. Er ist ein unvernünftiger, inkonsequenter und schwacher Vater, der sich von seinem Halbbruder zu Misshandlungen seiner Tochter verleiten lässt. Dieser »Capitain« ist Sturz' wichtigste, vermutlich schon von der Shakespeare-Rezeption herrührende Neuerung: Er bedient sich einer brutalen Soldatensprache, die dem Trauerspiel ein Moment des Komischen gibt. Freilich ist dieser »Capitain« noch stark der Tradition des Miles Gloriosus verpflichtet, also einer Figur der vorbürgerlichen Komödie. Wir erfahren im Laufe des Stücks, dass er ein wegen seiner Liederlichkeit abgedankter Hauptmann ist. Gleichwohl sind hier Momente einer Kritik am Soldatenstand und indirekt am System des Feudalabsolutismus enthalten, wie sie dann bei Lenz und Wagner weiter ausgeführt werden, so wenn er Wohlau die möglichen Zukunftsaussichten Belmonts ausmalt:

> [Er] könnte vielleicht auf den einzigen klugen Gedanken gerathen, dem Kalbfell zu folgen und ein braver Kerl zu werden. Du siehst Bruder, daß ich es so schlimm nicht mit dem Jungen meyne, unter der Fuchtel wird ihm der Kitzel schon vergehn, wenn man es recht mit ihm angreift, so kann noch etwas aus ihm heraus gefuchtelt werden. (Sturz, *Schriften*, [Bd. 2], 200)

Sturz verteidigt die komische Figur mit dem von Diderot beeinflussten Satz, dass der Dichter eines bürgerlichen Trauerspiels »nicht allein rühren, sondern auch mahlen« solle (ebd., 183). Der komische Charakter dürfe allerdings nicht kontrastierend eingesetzt, sondern müsse in den dramatischen Nexus verwoben werden. Sturz' Trauerspiel steht schon in starker Nähe zu den späteren ›Familiengemälden‹ eines Gemmingen oder Iffland, nur fehlt es ihm noch an einer Ausmalung des ständischen Milieus und damit auch an einer Artikulation des ständischen Selbstbewusstseins. Die Störung der familiären Ordnung (hier durch den schwachen Vater und den brutalen Soldaten) ist prinzipiell behebbar. Der traurige Ausgang ist anekdotisch; ein struktureller Einfluss der antiken Tragödie liegt nicht vor. Er erfolgt durch Zufall und Übereilung und verrät den Einfluss des zeitgenössischen Romans. Der Weg zu einem Drama, das die Klassenauseinandersetzung auf dem Boden der bürgerlichen Familie dramatisiert, ist hier nicht gegeben. Gleichwohl blieben empfindsame Privattrauerspiele zum Teil bis nach 1780 populär. In den spätesten Beispielen findet sich eine Tendenz zur Bearbeitung eines spezifischen Themas anhand eines anekdotischen Ereignisses, so in Goethes *Clavigo* und *Stella* oder in Moritz' *Blunt oder der Gast*. (Ebenfalls dieser Gattung zuzuordnen sind die frühesten Shakespeare-Adaptionen, so Christian Felix Weißes »bürgerliches Trauerspiel« *Romeo und Julie* von 1767, das den Familienkonflikt auf einen Ort zusammendrängt und die Personenzahl des Shakespear'schen Stücks auf acht einschränkt.[14]) Auch die Dramatik Kotzebues, die in der Regel meist (ganz zu Unrecht) in die Nachfolge des Ifflandschen ›Familiengemäldes‹ gestellt wird, hat hier ihren Anknüpfungspunkt (etwa in *Menschenhaß und Reue*). Wieland war voreilig, als er 1784 im *Teutschen Merkur* schrieb:

---

14 Wiederabgedr. in: Brüggemann, »Die Aufnahme Shakespeares auf der Bühne der Aufklärung«, 234–306.

Unsre Schaubühne wurde mit einer solchen Sündfluth
von dramatisirten Romanen und dialogierten Alltags-
begebenheiten überschwemmt: daß man endlich auch
dieser Waare herzlich überdrüßig zu werden anfing.

(Zit. nach: Guthke, B 2a: 1993, 57)

Diderot, Mercier und die Anfänge des bürgerlichen Familiengemäldes

In Sturz' *Julie*, mehr noch in seinen theoretischen Äußerungen, wird bereits der Einfluss der Dramaturgie Diderots sichtbar. In der Personenkonstellation sind die Ähnlichkeiten mit dessen *Le Père de famille* (*Der Hausvater*) unverkennbar. 1760 war in Berlin *Das Theater des Herrn Diderot* erschienen, eine anonyme Übersetzung aus der Feder Lessings. Immer auf der Suche nach dramentheoretischen Schriften, die seine eigenen theoretischen Überzeugungen ausbauen, unterstützen oder modifizieren konnten, fasste er hier zwei Dramen, einen Prosadialog und eine theoretische Abhandlung zusammen, die 1757 und 1758 in Frankreich veröffentlicht worden waren. In diesen Schriften (vor allem in der dritten der *Unterredungen über den »Natürlichen Sohn«*) setzte sich Diderot für eine neue Mittelgattung zwischen Tragödie und Komödie ein, die er deutlich von der Tragikomödie unterscheidet.[15] Auch für diese neue, ernsthafte Gattung gelten eine Reihe von Regeln:

---

15 Die Tragikomödie ist bei Diderot eine Vermischung der extremen Gegensätze (des Burlesken und des Wunderbaren), während die ernsthafte Gattung nur Schattierungen des Komischen und Tragischen enthält; s. Diderot, TD 143.

> Der Inhalt muß wichtig, und die Verwicklung muß
> einfach und häuslich sein, und dem gemeinen Leben so
> nahe als möglich kommen. [...] Die Moral muß allgemein und stark sein.   (Diderot, TD 144)

Diese Gattung soll ein »Gemälde der Unglücksfälle, die uns umgeben« (ebd., 154), bieten. Dann könnte sie größeres Interesse hervorrufen als die heroische Tragödie und dem Zweck aller dramatischen Werke, »Liebe zur Tugend und Abscheu vor dem Laster einzuflößen« (ebd., 157), besser entsprechen (das übliche Standardelement in allen Apologien des bürgerlichen Trauerspiels).

Mit zwei Überlegungen wirkte Diderot auf die weitere Entwicklung besonders ein: mit seiner Forderung, die Stände in den Mittelpunkt zu stellen, und mit der Empfehlung des Tableaus. Während die komische Gattung Typen und die tragische Individuen auf der Bühne zeigt, sollten in Zukunft die Stände dargestellt werden:

> Künftig muß der Stand, müssen die Pflichten, die Vorteile, die Unbequemlichkeiten desselben zur Grundlage des Werks dienen. [...] War der Charakter nur ein wenig übertrieben, so konnte der Zuschauer zu sich selbst sagen: das bin ich nicht. Das aber kann er unmöglich leugnen, daß der Stand, den man spielt, sein Stand ist; seine Pflichten kann er unmöglich verkennen. Er muß das, was er hört, notwendig auf sich anwenden.   (Diderot, TD 158)

Auch wenn der Dialogpartner (»ich«) diese Anmerkung auf verschiedene Stände (Kaufmann, Richter, Sachwalter usw.) bezieht, liegt Dorvals Interesse dabei vor allem auf den Verwandtschaften, das heißt auf den Beziehungen innerhalb der bürgerlichen Familie:

> Setzen Sie hierzu noch alle Verwandtschaften: den Hausvater, den Ehemann, die Schwester, die Brüder. Den Hausvater! Welch ein Stoff zu unsern itzigen Zei-

ten, wo man kaum die geringste Idee mehr hat, was ein Hausvater ist! (Ebd., 159)

Diderot scheint den Widerspruch zwischen den verschiedenen Definitionen des Standes nicht erkannt zu haben. Einerseits heißt es:

> So mag auch der, der den Menschen in den Übungen der ernsthaften Gattung lange gnug studieret hat, nach seinem Genie, entweder den Kothurn oder die Sokken anlegen; er mag seinen Personen einen königlichen Mantel oder den Rock einer Gerichtsperson umwerfen: nur daß der Mensch niemals unter der Kleidung verschwindet!
> Wenn die ernsthafte Gattung die leichteste von allen ist, so ist sie auch dafür den Veränderungen der Zeit und des Orts am wenigsten unterworfen. Man bringe das Nackte [d. h. das unverstellt Natürliche; C. R.] an einen Ort der Welt, an welchen man will: es wird überall die Aufmerksamkeit an sich ziehen, wenn es gut gezeichnet ist. (Ebd., 142 f.)

Andererseits erklärt er:

> Bedenken Sie, daß täglich neue Stände entstehen. Bedenken Sie, daß uns vielleicht nichts unbekannter ist als die Stände, und daß nichts stärker interessieren sollte als sie. [...]
> Die Stände! Wie viel wichtige Ausführungen, wie viel öffentliche und häusliche Verrichtungen, wie viel unbekannte Wahrheiten, wie viele neue Situationen sind aus dieser Quelle zu schöpfen. Und gibt es unter den Ständen nicht ebenso wohl einen Kontrast als unter den Charakteren? Kann sie der Dichter einander nicht ebenso wohl entgegensetzen? (Ebd., 159)

Der Widerspruch zwischen der Veränderlichkeit der sozialen Stände und dem behaupteten immergleichen Interesse des Publikums lässt sich nur auf dem Boden einer bürgerlichen Ideologie beheben, für die die Kleinfamilie mit ihren Rollen (»Ständen«) unverstellte Natur ist. Die sozialen Stände müssten in der dramatischen Darstellung auf dieses Allgemeine hin durchsichtig werden. Bezeichnend ist die Argumentation, den »Hausvater«, das Oberhaupt der Kleinfamilie, als einen Stand darzustellen, der nicht mehr recht bekannt sei: Die feudale Sozialisation (ohne subjektiv gefühlsmäßige Bindung) wird als ›neu‹ und ›unnatürlich‹ gegenüber der angeblich ›alt hergebrachten‹ und ›natürlichen‹ bürgerlichen Sozialisation denunziert, während tatsächlich Letztere gerade erst entsteht. Die Differenz der Stände als Triebfeder des Dramas legitimiert deshalb bei Diderot keineswegs ein klassenkämpferisches Tendenzdrama. Gerade auf Grund der Fiktion einer ›natürlichen‹ familiären Situation wird die Standesklausel nach unten in aller Rigidität gefordert:

> Ich will keine Bediente darin [im Schauspiel; C. R.] haben. Denn ehrbare Leute halten ihre Angelegenheiten vor ihnen verborgen, und wenn alle Auftritte nur unter der Herrschaft vorgehen, so werden sie um so viel interessanter sein. Spricht ein Bedienter auf der Bühne so, wie er wirklich im gemeinen Leben spricht, so ist er plump; spricht er anders, so ist er falsch.
>
> (Diderot, TD 144)

Diderot schließt also Personen des ›vierten Standes‹ nicht nur als Protagonisten eines Dramas, sondern ganz grundsätzlich aus – eine Regel, der in Deutschland niemand gefolgt ist. Zwar waren die traditionellen Bedientenrollen des bürgerlichen Trauerspiels genetisch aus den Vertrauten (*confidents*) der heroischen Tragödie hervorgegangen, gleichwohl konnten sie schon bei Lessing oder Brawe Träger einer bürgerlichen Kritik an der ›unmoralischen‹ Haltung ihrer Herren werden, die Stimme der bürgerlichen ›Natur‹ gegenüber der feudalen Kultur und ihrer Lebensweise artikulieren. Diderots Einwand, der diese Praxis als unrealistisch verurteilt, gibt uns nicht nur einen Einblick in die tatsächliche Struktur seiner Gesellschaft, sondern zeigt auch auf, in welcher Weise sich das bürgerliche Subjekt in seiner Imagination zum allgemein menschlichen totalisierte.

In diesem Zusammenhang stehen auch die Ablehnung der Theaterstreiche (*coups de théâtre*) und die Empfehlung der Gemälde (*tableaux*). Im Tableau wird auf sprachlose Weise die ›natürliche‹ Wahrheit einer gesellschaftlichen Situation anschaulich, während der Theaterstreich eine aufgesetzte, aus Gründen der Überraschung eintretende Schicksalswendung enthält, die ihrem Wesen nach gerade nicht aus der gegebenen Situation hervorgeht. Der *coup de théâtre* entsprach der Lebenswelt des Höflings, der auf alle Launen seines Souveräns reagieren können musste; das Tableau entspricht der Berechenbarkeit, die im bürgerlichen Handelsleben – gerade angesichts des im Frühkapitalismus immer drohenden Bankrotts – geboten ist. Überspitzt gesagt: die moralische Vertrauenswürdigkeit macht sich in der Form der Kreditwürdigkeit bezahlt (siehe dazu auch unten die Bemerkungen zu Mercier).

Realistisch erscheint zunächst Diderots Forderung, dem stummen Spiel, der Pantomime, größere Beachtung zu schenken. In der klassischen Tragödie muss prinzipiell alles sprachlich verhandelbar sein; bei Diderot kommt dem Moment der Sichtbarkeit demgegenüber die größere Bedeutung zu, denn in ihm käme die ›Natur‹ stärker zur sinnenfälligen Evidenz als in der Sprache, mit der sich lügen lässt.

Der Einfluss der dramaturgischen Neuerungen Diderots ist in Deutschland unmittelbar spürbar und lässt sich bis an den Beginn des 19. Jahrhunderts beobachten. Allerdings betrifft er nicht in erster Linie das bürgerliche Trauerspiel, sondern vor allem das neu entstehende ›Familiengemälde‹ oder Rührstück. (Auch Dramen, die einzelne Stände schildern, wie etwa Johann Jakob Duschs *Der Bankerot* von

1763, sind hier zu erwähnen.) Insofern wird Diderot zum Urvater des deutschen Trivialdramas (siehe unten), das ab etwa 1780 die deutschen Bühnen fast ausschließlich beherrscht. Diderots zweites Drama, das im französischen Original als *comédie* bezeichnete Schauspiel *Der Hausvater*, bildete den stofflichen Ausgangspunkt für diese Dramatik, auf die wir später zurückkommen werden.

Das Drama beginnt mit einem Tableau: Es ist Nacht. Im Gesellschaftssaal sitzen der Komtur und seine Nichte Cäcilia bei einem Brettspiel; Germeuil, ein junger Freund der Familie, liest in einem Buch, während der Hausvater, Herr d'Orbesson, unruhig hin und her geht. Die Ordnung des Familienlebens ist gestört, weil Saint-Albin, der Sohn des Hausvaters, wieder einmal nicht nach Hause gekommen ist. Saint-Albin hat sich in eine arme Unbekannte namens Sophia verliebt. Um ihr nahe sein zu können, hat er sich unter falschem Namen als armer Handwerker in einem Vorstadthaus eingemietet. Auch Germeuil und Cäcilia, die Tochter des Hausvaters, lieben sich, wagen aber nicht, sich ihre Liebe zu gestehen, da Germeuil arm ist. Gegen die Verbindung der Paare agiert in erster Linie der Komtur, ein Bruder der verstorbenen Frau des Hausvaters, doch auch der Hausvater will zunächst nicht in die Verbindung seines Sohnes mit der armen Unbekannten willigen. Der Konflikt erreicht seinen Höhepunkt, als der Komtur einen Haftbefehl gegen Sophia erwirkt und Cäcilia jene bei sich versteckt. Als Gerichtsdiener bei d'Orbesson erscheinen, kommt es zur glücklichen Auflösung: Sophia wird als Nichte des Komturs erkannt; d'Orbesson wirft den Gerichtsdiener hinaus, der geglaubt hatte, der Komtur habe das Hausrecht. Einer Versöhnung der Familie, das heißt der Wiederherstellung der gefühlsmäßigen Beziehungen, steht nun nichts mehr im Wege als der grämliche und bösartige Komtur, der denn auch wutentbrannt die Familie verlässt.

Diderot wollte mit seinem Stück die Leiden und Freuden eines Hausvaters darstellen. Eine Auseinandersetzung über verschiedene, gar von der Klassenzugehörigkeit bedingte Werte findet schon deshalb nicht statt, weil das Innenleben einer kleinadlig/großbürgerlichen Familie abgeschildert wird. Die Auseinandersetzung zwischen Hausvater und Sohn (II,6) scheint zwar den Verdacht nahe zu legen, dass hier zwei verschiedene gesellschaftliche Konzeptionen von Zusammenleben aufeinander prallen, tatsächlich kommt es hier jedoch nur zu einer Konfrontation, die aus den verschiedenen familiären Rollen der beiden hervorgeht. Der Hausvater hält seinem Sohn vor:

> Ich sollte, durch eine schimpfliche Schwachheit, die Verwirrung der Gesellschaft, die Vermischung des Bluts und der Stände, die Erniedrigung der Familien gut heißen? (Diderot, TD 217)

Das Argument von der Unbedingtheit der Liebe, das ihm sein Sohn entgegenhält, weist er mit dem Hinweis auf das abschätzige Urteil der Welt zurück, ebenso seinen weiteren Einwand, sich dann eben der Welt entziehen zu wollen. Nun verweist Saint-Albin auf seine Mutter, die der Hausvater einst gegen den Willen seiner Eltern geheiratet hatte. Zwar besaß auch sie kein Vermögen, aber, entgegnet der Hausvater: »Ich wußte, wie ich mir helfen konnte, und deine Mutter war von Stande« (Diderot, TD 220). Die Szene endet zwar zunächst unversöhnlich, weil Saint-Albin seinen Vater als Tyrann tituliert und dieser ihn daraufhin verflucht, doch schließt der Auftritt mit den Vorboten der Versöhnung: »Entferne dich. Verbirg mir deine Tränen. Du zerreißest mein Herz, und doch kann ich dich nicht daraus vertreiben« (Diderot, TD 221).

Der Hausvater handelt aus Verantwortung, nicht aus Machtwillen; die beiderseitige Beschimpfung ist eine aus der Konfliktsituation hervorgegangene Übereilung. Keineswegs ergreift Diderot hier gegen den Hausvater Partei, denn dessen Einwendungen sind berechtigt, er nimmt nur seine Pflicht wahr. Eine wie immer begründete Asozialität – der Wunsch, aus der Gesellschaft auszutreten – ist allezeit verderblich. Das eigentlich gesellschaftsfeindliche Element, der Komtur, scheidet denn auch am Schluss folgerichtig aus der Gesellschaft aus, während sich die Familie unter Beachtung der Vernunft- und der Tugendforderungen wieder findet.

Neben Diderot wurde in den siebziger Jahren in Deutschland ein zweiter, ungleich radikaler, aber auch schablonenhafter argumentierender Autor rezipiert: Louis Sébastien Mercier. Bezeichnenderweise gehören aber die wichtigen Werke Merciers zur Gattung der Komödie; selbst seine Bearbeitung des *Kaufmanns von London* erhält einen versöhnlichen Schluss. Mit zwei Werken vor allem machte Mercier in Deutschland Epoche: mit seiner theoretischen Schrift *Du Théatre ou Nouvel Essai sur l'Art Dramatique* (Amsterdam 1773), die außer von Diderot auch von Beaumarchais beeinflusst ist,[16] sowie mit seiner Komödie *La Brouette du vinaigrier* (1775).[17] Beide Werke erscheinen 1775 beziehungsweise 1776 in der deutschen Übersetzung des Straßburger Autors Heinrich Leopold Wagner (1747–1779),[18] der zugleich in seinen beiden bürgerlichen Dramen, dem Schauspiel *Die Reue nach der That* (1775) und dem Trauerspiel *Die Kindermörderin* (1776), der treueste Schüler Merciers im deutschen Sprachbereich ist.

16 Beaumarchais wurde mit seinen Werken, darunter dem ernsthaften Drama *Eugénie*, in Deutschland ebenfalls früh rezipiert. Es fällt allerdings – anders als bei seinen Komödien *Figaros Hochzeit* und *Der Barbier von Sevilla* – schwer, seinen Einfluss auf das bürgerliche Schauspiel im Einzelnen nachzuzeichnen.

17 Die Komödie ist leicht greifbar in der Schulausgabe: Louis Sébastien Mercier, *La brouette du vinaigrier*, hrsg. von Robert Aggéri, Paris 1972.

18 [Louis Sébastien Mercier / Heinrich Leopold Wagner,] *Neuer Versuch über die Schauspielkunst*, aus dem Frz., mit einem Anh. ›Aus Goethes Brieftasche‹, reprogr. Nachdr. der Ausgabe von 1776, Nachw. von Peter Pfaff, Heidelberg 1967. *Der Schubkarn des Eßighändlers* in: Heinrich Leopold Wagner, GW 185–277.

Theoretisch ist Mercier nicht originell, allerdings fällt zunächst einmal die Radikalisierung des Tonfalls auf:

> Aber werden Könige [...] dich nicht mehr interessiren, als simple Privatpersonen? [...] Als Menschen werden sie mich interessiren, nicht aber als Könige. Wenn sie Zepter und Krone niederlegen, werden sie mir nur um so viel lieber seyn.
>
> [Mercier/Wagner, *Neuer Versuch*, 56]

Auch Mercier will die Tugend nachahmenswert und das Laster verabscheuungswürdig zeigen, doch erhalten diese Begriffe bei ihm eine neue, sozial angereicherte Bedeutung:

> [...] lade dich freundschaftlich beym ehrlichen Bürgersmann zu Gast, dessen unschuldige und bescheidene Tochter voll Freude deiner Ankunft entgegenlächelt. Hier wirst du ungeschminkte, sanfte, offne, mannichfaltige Sitten erblicken; hier siehst du das Gemälde des bürgerlichen Lebens, so wie Richardson und Fielding es sahn; hier siehst du vielleicht diese Stutzerchen en chenille als feine Betrüger in der Absicht erscheinen, den guten Alten zu prellen oder seine Tochter zu verführen. Dies ist der Augenblick, nimm deine Palette und laß jedem sein Recht widerfahren.
>
> (Ebd., 110)

Gegen das vorbildliche bürgerliche Leben steht die Abscheu erregende Schilderung des absolutistischen Beamtenapparats:

> Wenn es dem Dichter obliegt, einen jeden, der sich durch eine entehrende Niederträchtigkeit verächtlich macht, zu brandmarken, was könnte ihn wohl hindern, dem im Amt stehenden Manne, der sein Ansehn einem öffentlichen Räuber verkauft, der die Früchte seiner treulosen Verwaltung mit ihm theilt, und ihn von der Strenge des Gesetzes befreyt, welches verge-

bens über beleidigte Gerechtigkeit seufzet, sein Recht
zu thun? (Ebd., 154)

Merciers Tugendvorstellung ist nicht nur bürgerlich geprägt, sie besitzt auch einen anklagenden politischen Charakter, der sich gegen die in Frankreich herrschenden Zustände mit aller Schärfe wendet:

> Er [der Dichter; C. R.] wird alle Hülfsquellen seiner
> Kunst aufbieten das, was gut, gerecht, und redlich ist,
> mit Wärme zu beschreiben; er wird sich bemühen,
> nicht etwa jene geschminkte, von der großen Welt angenommene, sondern diese ächte Tugend [...], welche
> den Menschen in seinen eignen Augen adelt, und ihm
> jede Niederträchtigkeit verbietet, einzuflößen.
>
> (Ebd., 169)

Damit erhält auch der Dichter eine neue Funktion, die eines
öffentlichen Anklägers:

> Ich werde mir einbilden, es hörten mir Menschen aus
> allen Jahrhunderten zu; mich erinnern, daß der Dichter
> der Dollmetscher der Unglücklichen, der öffentliche
> Vertheidiger aller Unterdrückten ist; daß es ihm obliegt, ihr Wehklagen den Stolzen zu Ohren zu bringen,
> die, so verhärtet sie auch sind, den Donner der Wahrheit doch vernehmen, von ihm betäubt, oder gerührt
> seyn werden: Denn selbst der Böswicht ist gezwungen
> zu kämpfen, um die Natur und das Mitleiden zu besiegen. (Ebd., 178 f.)

Das durchaus traditionelle Theorieversatzstück, dass auf der
Bühne auch Könige und Fürsten die Wahrheit hören müssten, wird von Mercier folgerichtig weiterentwickelt hin zu
einer explizit politischen Funktion des Theaters:

> Jeder Zuschauer urtheilt als ein öffentlicher Mann,
> nicht als eine Privatperson: er vergißt sein Interesse
> und seine Vorurtheile; er ist gerecht auch gegen sich

selbst; und die Erfahrung lehrt uns, daß am Ende das Volk immer der unbescholtenste Richter ist.

(Ebd., 269 f.)

Der entscheidende theoretische Einwand im Zusammenhang mit einer theatralischen Abschreckungstheorie, die von einem identifizierenden Vergleich zwischen einem Bühnenhelden und dem Publikum ausgeht, war stets, dass beispielsweise ein Geiziger auf der Bühne zwar auch von einem Geizigen aus dem Publikum verlacht oder gehasst werden würde, ohne dass Letzterer aber daraus Konsequenzen für seine Lebensführung ziehen müsste. Mercier überspielt diesen Einwand: Zwar richtet sich das identifikatorische Theater an den einzelnen Zuschauer, seine Wirksamkeit liegt aber darin, dass es eine öffentliche Meinung erzeugt und damit zur Bildung, Umgestaltung und Durchsetzung eines bestimmten gesellschaftlichen Tugendbegriffs beiträgt.

Der höchste Grad der Politik würde darinn bestehn, die Vergnügungen lehrreich zu machen, und für weniges Geld der mittelmäßig reichen Klasse der Bürger unschuldige und ergözende Schauspiele zu verschaffen, welche seine Sitten verfeinern, seine Leiden vermindern, das Gefühl von Tugend in seinem Herzen unterhalten, und die Gesellschaft vielleicht von Tag zu Tag sanfter, ruhiger und glücklicher machen würden.

(Ebd., 272)

Mercier steht deutlich unter dem Einfluss der Kulturtheorie Rousseaus: die gesellschaftliche Verfassung der Gegenwart verstellt das ursprüngliche, ›natürliche‹, im Kern gute Wesen des Menschen. Wenn das Theater wirksam sein soll, muss es sich deswegen ganz besonders an eine genaue Wiedergabe der dargestellten Vorfälle halten, weil nur in ihr die eigentliche ›Natur‹ des Menschen den gesellschaftlichen Verblendungszusammenhang durchbrechen kann:

Jedes Drama, das die Natur nicht schildert, ist der Aufmerksamkeit eines vernünftigen Mannes unwürdig: Es ist ein Porträt, das keine Aehnlichkeit hat. Je treuer der Dichter die Vorfälle, so wie sie sich unter einander verketten, malen wird, je mehr kann er sich schmeicheln eine gute Aufnahme zu verdienen.

(Ebd., 165)

Während Merciers Theorie einem moralisch getönten Realismus verpflichtet scheint, verwendet seine Dramatik die drastischen Mittel der alten Verlachkomödie. *Der Schubkarn des Eßighändlers* wirkt vor allem durch das im Titel genannte Requisit: ein Symbol, das alle Anstandsregeln des Theaters außer Kraft setzt.

Die Tochter des reichen Kaufmanns Delomer und der Sohn des Essighändlers Dominik, ein Mitarbeiter Delomers, lieben sich. Wegen des Vermögens- und Standesunterschiedes glaubt Dominik, die Einwilligung Delomers nicht erhalten zu können, zumal ein adliger Nebenbuhler, Herr Jüllefort, erscheint. Doch Vater Dominik erklärt seinem Sohn, dessen Bewerbung dem Kaufmann vortragen zu wollen. Ein zufälliges Ereignis löst den Konflikt auf: Durch den Bankrott eines Geschäftsfreunds gerät Delomer in finanzielle Not. Der Mitgiftjäger Jüllefort zieht sich sofort zurück. Delomer will zunächst durch ungedeckte Wechsel den drohenden Zusammenbruch seiner Firma verhindern, doch Dominik und seine Tochter fordern ihn auf, seine Schulden ehrlich zu bezahlen. Delomer kehrt auf den Pfad der Tugend zurück. Da erscheint Dominiks Vater im bürgerlichen Salon: Angetan mit seiner Arbeitskleidung schiebt er ein Essigfass mit einer Schubkarre auf die Bühne und bittet Delomer um die Einwilligung in die Heirat seines Sohnes. Das Fass enthält die Ersparnisse des alten Dominik – ausreichende Mittel, um die Firma Delomers zu retten.

Merciers Komödie fiel in Paris durch, wurde aber in der Provinz und auch in Deutschland mit Erfolg gespielt. Die krude Komödie ist vor allem unter sozialen Aspekten interessant, treten sich doch hier zwei Konzeptionen des Bürgers, der Citoyen und der Bourgeois, erstmals gegenüber. Delomer ist am gesellschaftlichen Aufstieg interessiert; er lehnt den adligen Bewerber Jüllefort nicht unmittelbar ab. Gleichwohl ist er ein guter Vater, der von Jüllefort fordert, sich um das ›Herz‹ der präsumptiven Braut zu bemühen. Diese wiederum wäre bereit, Jüllefort zu heiraten, wenn sich dadurch das Geschäft ihres Vaters retten ließe. Dass dem unbedingten Gehorsam gegenüber väterlichen Geboten und Wünschen Priorität zukommt, zeigt sich auch beim jungen Dominik. Als gehorsamer Sohn verrät er seinem Vater seine scheinbar hoffnungslose Liebe. Als sein Vater daraufhin bei Delomer die Bewerbung vorbringen will, bittet er ihn, davon abzustehen:

> Er könnte es für einen Schimpf aufnehmen – und mit gleicher Verachtung – Ich würde darüber sterben – [...] Reichthum, Stand, Vorurtheile, alles steht zwischen ihnen und uns. In diesem habsüchtigen Jahrhundert, was fragt man darnach, ob die Liebe zwey Herzen vereinige? (Wagner, GW 220)

Schließlich aber fügt er sich in das väterliche Gebot, im Haus seines Brotgebers zu bleiben und seinen Vater handeln zu lassen. Mit karikaturistischen Zügen ist der Erbschleicher Jüllefort gezeichnet – in der Gegenüberstellung dieses adligen Taugenichts mit dem bürgerlichen Kaufmann parodiert Mercier die Konstellation mancher Komödien Molières, in denen bürgerliches Aufstiegsstreben dem Adel zum Verlachen preisgegeben worden war (*Le bourgeois gentilhomme*; *George Dandin*). Als zu Beginn des 3. Aufzuges der alte Dominik mit seiner Schubkarre im bürgerlichen Salon erscheint, wird er von seinem Sohn getadelt:

> Seh' er, welcher Gefahr er mich aussetzt, da er seinen Stand so öffentlich zeigt. Er macht die Ungleichheit desselben noch merklicher: [...] die Welt lacht: sie hat ihre Vorurtheile, die Welt ist grausam, sie verzeiht das Lächerliche nicht. – Hat er nicht gesehn, daß sogar der Bediente die Achseln zuckte, als er wegging?
>
> (Ebd., 252)

Doch der alte Dominik bemerkt nur: »Nu? und hernach? Ist denn das so wunderlich, wenn ein Bedienter lacht? – Was thut das?« (ebd.). Der alte Dominik ist sich seines bürgerlichen Standes bewusst; nach unten hin – gegenüber den Bedienten, herrscht eine strenge Absonderung, nicht aber unter Bürgern. Als Dominik seinen Antrag vorbringt, entgegnet Delomer:

> Es ist wahr, euer Antrag beleidigte mich anfänglich: Ich hatte diese Schwachheit [...], denn, wenn ich alles wohl überlege, kann ich in euch nichts anders als meines gleichen sehen. Euer Stand unterscheidet sich nur durch mindere äussere Pracht von dem meinigen; im Grunde, und von der wesentlichen Seite betrachtet, kömmt alles auf eins heraus. Man verkauft, um zu gewinnen. (Ebd., 262)

Auf der Basis des Kapitalismus und einer einverständigen Moral solidarisieren sich die Bürger gegen oben und unten. In den personenhaften Beziehungen dominiert die väterliche Autorität über die Liebe der Kinder, der aber gleichwohl auf Grund der einverständigen Gesinnung der Väter nichts im Wege steht. Die Harmonie der handelsbürgerlichen Familie wird durch die Moral, vor allem durch das Prinzip der gerechten Bezahlung garantiert; auch ein Vater, der wie Delomer in einer Krisensituation zum Mittel des Betrugs greifen will, ist dann nicht vor der Kritik seiner Familie und Freunde gefeit.

Die abstruse Geschichte von den Spartalerchen des guten

Alten zeigt allerdings nur zu deutlich, dass das angestrebte Bündnis des in sich bereits differenzierten Bürgertums illusionär ist: Delomer gerät in Schwierigkeiten, weil er als Kaufmann auf Kredit angewiesen ist und mit anderen Kaufleuten handelt, die ihrerseits auf Kredit angewiesen sind. Handelsgeschäfte sind Risikogeschäfte, versprechen aber einen hohen Profit. Das Sparen des alten Dominik stellt demgegenüber eine frühere, eigentlich noch feudalistische Form der Kapitalakkumulation, die Schatzbildung, dar – eine ökonomisch völlig inadäquate Antwort auf das gestellte Problem, die gleichwohl bezeichnend ist für die bürgerliche Ideologie, die sich stets darüber hinwegtäuschen muss, dass die Akkumulation von Mehrwert grundsätzlich Ausbeutung voraussetzt. In Merciers Drama legen alle positiven Figuren stets Wert darauf, Rechnungen sofort und ehrlich zu bezahlen:

> DOMINIK V. Ich bringe ihnen, wie gewöhnlich, die kleine Jahresrechnung [...].
> DELOMER. Wenn es mir nun aber einfiele, euch kein Geld zu geben?
> DOMINIK V. So würden sie's machen, wie viele andre; denn man bezahlt izt nicht mehr. [...] Wahrhaftig, es sind kaum 5 oder 6 von meinen ältesten Kundschaften, die, ohne die Gesichter zu verziehen, zahlen, wenn ich mein Geld fodre: die übrigen, groß oder klein, nehmen die Waaren, und wenn ich mit der Rechnung komme – Da sehen sie nur! Was da für Lücken sind! (Wagner, GW 206)

Der bürgerliche Handelskapitalist muss Kredite aufnehmen, um spekulieren zu können, gleichzeitig aber ist die Bezahlung offener Rechnungen (eine Art von Kleinkredit) ein Ausweis seiner Kreditwürdigkeit – diese absurde Konstruktion erklärt sich nur durch den Umstand, dass die bürgerliche Gesellschaft nicht weiß, wie der Mehrwert produziert wird, sondern sich ihre Handelsgeschäfte mythisch und unzutreffend als gerechten Äquivalententausch imaginiert. Auch der alte Dominik betont, er habe seinen Schatz durch ehrliche Arbeit erworben – er sei früher aufgestanden als andere und habe seine Gewinne für seinen Sohn zurückgelegt.

Mercier bietet seinem bürgerlichen Publikum also einen Handelsmann als Identifikationsobjekt an, dessen Kaufmannsgeschäfte als die eines freien Kleinproduzenten dargestellt werden: Dominik liefert selbst aus, von Angestellten hören wir nichts, ebenso wenig von den Geschäftsbedingungen im Essighandel, also von den Umständen, wo Dominik sein Produkt zu welchen Konditionen produziert oder kauft. Der scheinbare Realismus des Dramas verbirgt also handgreifliche Illusionen, Ideologie als einen notwendigen Verblendungszusammenhang. Während sich der Bürger zum Kleinproduzenten imaginiert, erscheint der Adel hier in der Rolle des verschuldeten Erbschleichers, als parasitäre Existenzform am Rande des kapitalistischen Geldwirtschaft, die zudem durch die Verweigerung der Zahlung ihrer Schulden den bürgerlichen Händler auch direkt noch schädigt.

Wenn sich ein Drama dieser Art auch leicht als politisches Kampfinstrument nutzen lässt, wenn es auch eine Arbeitsideologie predigt, die später die organisierte Arbeiterklasse vom Bürgertum erben sollte, fehlen doch alle Ansätze zu einer Dramatisierung sozialer Fragen, zu einer fruchtbaren Darstellung der inhärenten Widersprüche innerhalb der bürgerlichen Ideologie und Gesellschaft.

1802 veröffentlichte August Wilhelm Iffland, der von der Forschung leichtfertig als Trivialautor verketzerte eigentliche Vollender der bürgerlichen Dramatik in Deutschland, eine sehr seltsame Fortsetzung des französischen Dramas: *Das Erbtheil des Vaters*.[19] Dieses Drama gehört nicht zu den besten des Schauspielers und Dramatikers, verdient

19 Wiederabgedr. in: August Wilhelm Iffland, TW 131–256.

aber gleichwohl Interesse, weil es versucht, Delomer und den beiden Dominiques einen Ort in der veränderten politischen Geographie des Jahres 1802 anzuweisen. Sicherlich spielt bei Ifflands Versuch auch sein Wissen um die politische Haltung des französischen Kollegen eine Rolle: Iffland hatte Mercier persönlich kennen gelernt, als dieser wegen seiner oppositionellen Haltung gegen das Ancien Régime in die Schweiz hatte flüchten müssen. 1792 wurde Mercier zum Abgeordneten gewählt, stimmte als Girondist gegen die Hinrichtung des Königs und wurde danach von den Jakobinern verfolgt. Unter dem Direktorium und dem Konsulat bekleidete er den Posten eines staatlichen Lotteriedirektors. Iffland teilte Merciers zwiespältige Haltung zur Revolution, er setzte sich für eine evolutionäre, vom Geist der Aufklärung inspirierte Politik ein und lehnte den Jakobinismus entschieden ab.

1802 waren die ersten Revolutionskriege vorüber, und dem deutschen Bürgertum konnte es erscheinen, als ob sich ein Modus Vivendi zwischen der Republik jenseits des Rheins und dem alten, in sich zerrissenen Reich abzeichnete, der zugleich die Chance zu einschneidenden Veränderungen bieten konnte. 1803 kommt es zur letzten Reichsreform, dem Reichsdeputationshauptschluss mit der Säkularisierung der geistlichen Fürstentümer, 1804 zur Gründung des separatistischen Rheinbunds. Mit der Katastrophe von 1806/07, der Auflösung des Reichs und (entscheidender) dem Zusammenbruch der preußischen Kriegsmaschinerie im Kampf gegen die Heere Napoleons, geht die evolutionäre Phase aufgeklärt-bürgerlicher Opposition innerhalb des Koordinatensystems der alten absolutistischen Staaten zu Ende.

Ifflands Stück steht am zeitlichen Ende einer Dramatik, die auf das bürgerliche Trauerspiel zu beziehen ist. Und es spielt an absurder Stelle: an der Ostsee, vermutlich also in Mecklenburg oder Pommern.

Delomer und der jüngere Dominique sind vor dem Terreur nach Deutschland geflohen, während der alte Dominique in Frankreich geblieben ist. Delomer hat vom Grafen Warbing ein Rittergut gekauft, das nun von der Familie bewirtschaftet wird. Der jüngere Dominique leidet unter der Abwesenheit seines Vaters, außerdem ist es ihm zuwider, dass er von seinen Bediensteten für einen Adligen gehalten wird. Das Erscheinen des alten Dominique in Begleitung des Marquis de la Valiere führt zu einer krisenhaften Zuspitzung: Delomer hatte für seine Geschäfte das Vermögen seines für tot gehaltenen Freundes de la Valiere eingesetzt. Und diese Geschäfte sind dubios genug: Delomer kaufte einen Adelstitel und zahlte für das Rittergut einen überhöhten Preis, weil er in einem Zusatzartikel den Grafen verpflichtete, dessen schon erwachsene Tochter mit seinem erst sechs Jahre alten Enkel Peter zu verheiraten. Graf und Gräfin Warbing bezweifeln die Ebenbürtigkeit der Dominiques und sind gesonnen, den faulen Handel zu hintertreiben, ohne auf ihren Profit zu verzichten. Auch der alte Dominique ist für die sofortige Aufhebung des Kodizills – Delomer solle Schwiegersohn und Tochter nichts von diesem Rechtsgeschäft verraten, weil er sonst unweigerlich deren Achtung verlieren würde. Delomers prekäre Situation spitzt sich zu, als Dominique auf die Rückzahlung des Vermögens drängt, das dem Marquis de la Valiere zusteht. Das Stück hat aber einen für alle Seiten befriedigenden Ausgang: Der alte Dominique wollte ohnehin nach Frankreich zurückkehren; nun schließt sich die Familie ihm an, um in der Heimat wiederum dem vertrauten Gewerbe nachzugehen. Der Marquis de la Valiere erhält zum Ersatz seines Vermögens das von seinem Geld gekaufte Rittergut, muss sich aber verpflichten, alle Leibeigenen freizulassen, wie er ohnehin beabsichtigte. Dem Grafenpaar bleibt die Mesalliance mit dem Haus Dominique erspart.

Auf merkwürdige Weise gehen in diesem Drama konservative und progressive Tendenzen Seit an Seit: Der ständische Stolz des Handelsbürgers lehnt sich gegen den Adelsstolz auf und empfindet eine Verbindung mit diesem als entwürdigend. Deutlich kritisiert wird die Haltung eines Teils der Bourgeoisie, der sich durch Kauf Adelsdiplome verschafft.[20] Zwar kritisiert Iffland das 1802 ohnehin nicht mehr aktuelle Jakobinertum, gleichwohl wird die Republik nicht ohne Sympathien gesehen: Der alte Dominique, der auch in der Zeit der Schreckensherrschaft in Paris geblieben war, berichtet unter Zustimmung, dass er sich, als man ihn denunzierte, dem Vaterland zur Verteidigung gegen die ausländische Intervention als Nationalgardist angeboten hatte. Die Rückkehr in das republikanische Vaterland gilt als lobenswerte Tat. Ausgeschlossen bleibt nur der Marquis de la Valiere, aber aus persönlichen Gründen: Weil er unter dem Terreur alle Verwandten verloren hat, zieht ihn nichts mehr nach Frankreich. In seiner Gesinnung ist er gleichwohl dem neuen, bürgerlichen Lebensideal verpflichtet: er nimmt das Gut nur unter der Bedingung in Besitz, dass er auf die feudalen Vorrechte der Leibeigenschaft verzichtet. Das deutsche Grafenpaar ist hingegen ein Objekt der Verachtung: Es hat seine Untertanen ausgeplündert und sich dennoch in Schulden gestürzt. Zum ehrlichen Handel sind diese Adligen unfähig, was sich daran erweist, dass sie zwar den überhöhten Kaufpreis für das Gut gerne akzeptieren, die daran geknüpfte Bedingung aber zurückweisen. Eigentliches Thema dieses Dramas ist die Rückführung des Bourgeois Delomer in die Normen einer moralisch abgestützten, durch den Kontakt mit dem Feudalismus nicht kompromittierten Bürgerlichkeit. Noch einmal versucht Iffland auf eine evolutionäre,

---

20 Dieses Phänomen hält bekanntlich bis 1914 an und ist ein Merkmal für die typisch deutsche Allianz zwischen Großbourgeoisie und Feudalstaat. Bezeichnend für Ifflands Scharfblick ist, dass Delomer ausgerechnet in die politische Machtbasis des absolutistischen Staates, das Junkertum, hineinkommen will.

bürgerliche Veränderung einer Gesellschaft hinzuwirken, die zu dieser Veränderung nicht fähig war. Und er warnt zugleich vor der Allianz, die Deutschland nach 1815 seinen verhängnisvollen ›Sonderweg‹ bescheren sollte.

Von diesem letzten Ausläufer des Mercier-Einflusses in Deutschland fällt der Übergang zu Heinrich Leopold Wagner, dem eigentlichen deutschen Mercier-Epigonen, nicht ganz leicht. Der Grund liegt in der literaturgeschichtlichen Zuordnung: Während August Wilhelm Iffland als Trivialdramatiker gilt, wurde Wagner – auf Grund seiner persönlichen Bekanntschaft mit Goethe und auf Grund seiner Dramatisierung des Kindsmords – als Stürmer und Dränger kategorisiert, wenn auch als der ›Sudermann‹ dieser literarischen Bewegung (Karl Freye).

Nun ist Sturm und Drang als Epochenbegriff ohnehin fragwürdig, weil ein Element, das stilistische, in ganz ungebührlicher Weise überbewertet wird. Wenn man jedoch Sturm und Drang lediglich als eine literarische Gruppenbildung begreift, verliert diese Zuordnung wesentlich an Gewicht. Und in diesem Sinn gehört Heinrich Leopold Wagner dem Sturm und Drang am Rande an und fordert vor allem zum Vergleich mit Jakob Michael Reinhold Lenz heraus, dem anderen explizit bürgerlichen Dramatiker dieses Kreises.

Wagner war Jurist. Schon als Hofmeister engagierte er sich dermaßen heftig für seinen in Ungnade gefallenen Herrn, den Präsidenten von Günderode, dass er des Landes verwiesen wurde. Nach seiner Promotion heiratete er – gut bürgerlich – eine wesentlich ältere Witwe und starb, erst 32 Jahre alt, in Frankfurt am Main. Mit zwei Dramen gehört Wagner in die unmittelbare Mercier-Rezeption: mit dem Schauspiel *Die Reue nach der Tat*[21] und dem Trauerspiel *Die Kindermörderin*[22].

21 In: GW 67–184; »Sturm und Drang. Dramatische Schriften«, Bd. 2, 467–534.
22 Vgl. Bibliographie (1. Ausgaben) und: »Sturm und Drang. Dramatische Schriften«, Bd. 2, 535–605.

Die Reue nach der Tat (1775) genießt in der Forschung keinen guten Ruf, lässt sich doch bei diesem Drama die Tendenz zum Melodram nicht verkennen.

Der Assessor Langen unterhält ein Liebesverhältnis mit der Kutscherstochter Fridericke Walz. Der Verbindung widersetzt sich seine Mutter, die Justizrätin. Als sie sieht, dass sie dem Eheverlangen ihres Sohnes nichts Vernünftiges entgegensetzen kann, tut sie einen Fußfall vor der Kaiserin Maria Theresia und verleumdet Fridericke. Die Kaiserin untersagt daraufhin dem Assessor den Kontakt mit der Kutscherstochter. Fridericke wird in ein Kloster gesperrt, der Assessor verfällt in eine Depression. Durch die Hilfe wohlmeinender Freunde, vor allem des stellungslosen Intellektuellen Werner, gelingt es, die Kaiserin vom wahren Sachverhalt zu überzeugen. Der ursprüngliche Befehl wird widerrufen, ja der Justizrätin bei Androhung kaiserlicher Ungnade die Einwilligung in die Heirat ihres Sohnes befohlen. Den harmonischen Ausgang verhindert der Zufall: Zwar hat sich die Justizrätin angesichts des gefährlichen Zustands ihres Sohnes schon vor Erhalt des kaiserlichen Befehls eines Besseren besonnen, doch Fridericke hat sich zwischenzeitlich im Kloster vergiftet. Die Ankunft der Sterbenden beeindruckt Langen so stark, dass er sich in seinem Kabinett den Hals abschneidet. Die Justizrätin verfällt in Wahnsinn.

Wagners Moritat, die sich noch dazu gelegentlich im Wiener Dialekt gefällt, liest sich stellenweise wie eine unfreiwillige Parodie eines bürgerlichen Trauerspiels, ist aber ganz ernst gemeint. Mit grellen und rohen Mitteln wird die Justizrätin als unvernünftige Person gezeichnet, deren Handlungen einzig von Standesvorurteil und Eigennutz geleitet sind. Hingegen herrscht eitel Harmonie zwischen dem Kaiserhaus, das sich für Aufklärung einsetzt, den Intellektuellen und dem einfachen Volk, für das der Kutscher Walz steht. (Obwohl die Kaiserin nicht auf der Bühne erscheint, rechnete Wagner offenbar naiverweise damit, dass durch das Lob Maria Theresias sein Stück in Wien Erfolg haben könnte. Selbstverständlich verbot die Zensur eine Aufführung.)

In Wagners Drama kommt der Standeskonflikt nicht rein zum Austrag, in erster Linie, weil der Adel überhaupt nicht auftritt. Am Hofe, so möchte das Drama glauben machen, ist der Ausgleich zwischen ihm und der Schicht der bürgerlichen Intellektuellen längst vollzogen, und zwar auf dem Boden einer bürgerlichen Verdienstideologie. Die Justizrätin wiederum ist keine Adlige: sie verweist zwar auf adlige Ahnen, doch dieses Renommieren ändert nichts daran, dass sie dem Bürgertum angehört. Und die Unbürgerlichkeit des Kutschers Walz wird auch nicht zum Thema, vielmehr wird dieser als freier Unternehmer vorgeführt, der Mitarbeiter einstellt oder entlässt. Als Nebenthema greift Wagner die Erziehungsproblematik auf, wobei sein Drama dabei an ältere Komödien wie die *Hausfranzösinn* der Gottschedin erinnert. Drastisch wird die Ungerechtigkeit und Parteilichkeit der Justizrätin in der Erziehung ihrer beiden jüngeren Kinder deutlich gemacht: Während sie den gutmütigen Christian immer wieder bestraft und demütigt, gibt sie der verzogenen Caroline in allen Stücken nach. Die vernünftige französische Gouvernante (eine Innovation, mit der Wagner seine Originalität beweisen wollte) wird von ihr aus dem Haus getrieben. Walz, der Kutscher, ist nicht nur ein gerechter Arbeitgeber, der einen Angestellten hinauswirft, weil er Passanten gefährdete, er erweist sich auch als mitfühlender Mensch: Als ein alter Jude verletzt auf die Bühne gebracht wird, den ein adliger Rohling einem Kettenhund in die Fänge geliefert hatte, lässt er ihn versorgen, und die Töchter stecken ihm ein Almosen zu. Der alte Jude berichtet von dem Unglück, das er erleiden musste, seit ihn sein Vater wegen einer von ihm nicht gewünschten Ehe verfluchte. Diese Erzählung beeindruckt den anwesenden Assessor so, dass er auf seinen ursprünglichen Plan, Fridericke auch ohne Einwilligung seiner Mutter zu heiraten, verzichtet. In solchen Momenten – vor allem auch in den Wahnsinnsszenen – ist Wagner deutlich dem Modell der heroischen Tragödie verpflichtet. Doch wirken diese Elemente lediglich als eher beliebige Applikationen auf einer aufklärerischen Sittendramatik, der alle auftretenden Konflikte als prinzipiell lösbar erscheinen. Der Subjektivismus, wie er die Dramatik Goethes oder Klingers bestimmt, spielt in Wagners Stücken keine wesentliche Rolle neben einem zur Einverständigkeit tendierenden Diskurs.

Die dramaturgischen Ansätze, die in der *Reue nach der Tat* noch recht unverbunden nebeneinander standen, vermag Wagner in der *Kindermörderin* (1776) auf eine durchaus überzeugende Weise zu bündeln. Trotz des skandalträchtigen 1. Aktes und trotz der Zeitangabe von »neun Monat« als Dauer der Handlung verstößt Wagner gegen die Regelanforderungen des aufklärerischen Theaters in den wesentlichen Punkten nicht. Die Einheit der Handlung wird genauso berücksichtigt wie die Einheit des Schauplatzes; die Dialogführung ist psychologisch durchdacht und auf ein – wiewohl realistisch abgetöntes – moralisches Einverständnis ausgerichtet.

Nach einem Ball, auf den er Evchen Humbrecht mit ihrer Mutter ausgeführt hat, vergewaltigt der Lieutenant von Gröningseck die Metzgerstochter in einem Bordell, nachdem er der Mutter einen Schlaftrunk hatte verabreichen lassen. Später dann gelobt er, Evchen zu heiraten. Die Geschwängerte verschweigt ihrem Vater den Vorfall, der gerade erst einer unverheirateten Mutter aus seinem Miethaus gekündigt hat. Gröningseck ist gezwungen, in seine Heimat zu reisen, verspricht aber, noch rechtzeitig vor der Niederkunft zurückzukehren, um Evchen zu heiraten. Auf Grund gefälschter Briefe, die Lieutenant von Hasenpoth im Namen seines Regimentskameraden schreibt, glaubt sie sich schließlich betrogen und flieht aus ihrem Elternhaus. In dürftigsten Verhältnissen bringt sie ein Kind zur Welt. Währenddessen ist Evchens Mutter aus Kummer über das von ihr verursachte Unheil gestorben. Als schließlich der Vater und Gröningseck die Entflohene aufspüren, um sie zu beruhigen und ihr mitzuteilen, dass sich alles aufgeklärt hat, ist es zu spät: Die Verzweifelte hat ihr Kind ermordet. Gröningseck beschließt, nach Versailles zu fahren, um beim König um Gnade für die Kindsmörderin zu flehen.

1779 ließ Wagner eine Umarbeitung *Evchen Humbrecht oder Ihr Mütter merkts Euch!* erscheinen, bei der die Eltern – die Mutter war hier nur gefährlich erkrankt – noch rechtzeitig eintreffen, um den Kindsmord zu verhindern. Diese Bearbeitung sollte vor allem eine andere, die Karl Gotthelf Lessing, der Bruder Gotthold Ephraims, angefertigt hatte, von den Theatern verdrängen. In ironischen Worten dankt Wagner der Berliner Polizei, dass sie eine Aufführung der Lessing'schen Bearbeitung verboten habe. Über seine Abänderung des Schlusses bemerkt Wagner:

> Da es nur denenjenigen neueren Trauerspiel-Dichtern erlaubt ist traurige Katastrophen anzubringen, denen man es bey jeder Scene ansieht, daß es ihr Ernst nicht ist, und daß die Leute auf dem Theater nur so zum Spaß sterben, so hab ich um allen meinen Zuschauern eine schlaflose Nacht zu ersparhen auch die Mühe über mich genommen dem Ding am Ende eine andre Wendung zu geben [...]. (Wagner, *Die Kindermörderin*, 123)

Die Aussage ist recht verklausuliert: Offensichtlich haben die Veränderungen – am wichtigsten ist die Fortlassung des schockierenden, im Bordell spielenden 1. Aktes – zur Hauptabsicht, dem Drama eine Wirkungsmöglichkeit auf dem Theater zu eröffnen. Den zeitgenössischen Tragödien hält Wagner ihren Unernst vor, während sein Trauerspiel in der Urfassung geeignet sei, schlaflose Nächte zu bereiten.

Die Umarbeitung könnte also von Wagner selber für eine Abmilderung, eine Anpassung an den Bühnengeschmack gehalten worden sein. Die halbe Distanzierung, die darin besteht, dass Wagner die Urfassung durch die Umarbeitung verleugnet und zugleich sich von Letzterer wieder distanziert, deutet auf das ästhetische Dilemma einer fehlenden Wirkungstheorie.

Lessing hatte es in das Belieben des Dramatikers gestellt, ob die Tugend am Ende ins Recht gesetzt werden oder untergehen solle (s. oben S. 58), doch bezog sich seine Bemerkung auf die Privattrauerspiele, deren Konflikte nicht ausschließlich als gesellschaftlich determinierte kenntlich gemacht wurden. Das Familiengemälde Diderotscher Prägung musste, so weit es ein Sittenbild gesellschaftlicher Natürlichkeit geben wollte, einen tragischen Ausgang als zufällig vermeiden. Die politisch radikalere Theaterpraxis Merciers bevorzugt ebenfalls den Komödienschluss, wohl auch, weil ihm eine stärker aktivierende Funktion auf das Publikum zuzutrauen ist.

Wagners Unentschiedenheit entspricht seiner Zwischenposition: Sein Bild der bürgerlichen Gesellschaft ist weniger idealisiert als das Diderots und Merciers, weil er sich – ein plebejischer Lessing – an zwischenmenschliche Konfliktsituationen hält. Gesellschaftliche Determination und abstrakt-allgemeinmenschliche Tugendanforderungen geraten in einen Konflikt, den Wagner nicht auflösen kann. Wagners Theater ist kein moralisches Experimentierfeld mehr, aber auch noch kein Labor gesellschaftlich bedingter Verhaltensweisen (wie bei Lenz). Martin Humbrecht, der Vater, ist durch Jähzorn und Bürgerstolz bestimmt, verschließt sich aber ganz abstrakten Humanitätsforderungen nicht: Er verprügelt einen Polizeibüttel, weil dieser einen armen Betteljungen totgeschlagen hat; obwohl er androht, er werde seine Tochter verstoßen, wenn sie ein uneheliches Kind bekomme, verhält er sich weit menschlicher, als dieses Problem konkret an ihn herantritt. Doch seine drohenden

Worte nötigen Evchen ihr Schweigen auf und tragen zu ihrer ausweglosen Situation bei.

Schwer nachzuvollziehen ist das Verhältnis zwischen Gröningseck und Evchen, weil es die Frage aufwirft, wie Virginität und Vergewaltigung in der damaligen Gesellschaft bewertet wurden. Sehr häufig wird in Literaturgeschichten die Vergewaltigung Evchens zur ›Verführung‹ bagatellisiert – doch trotz Goethes gegenteiliger Ansicht handelt es sich bei der *Kindermörderin* nicht um eine Gretchentragödie als bürgerliches Trauerspiel. Andererseits jedoch thematisiert Wagner auch nicht klar die Vergewaltigungsproblematik. Um Vergewaltigung handelt es sich zweifellos, und Evchen hätte angesichts des Tatorts keine Möglichkeit, nachzuweisen, dass sie um den Charakter jenes Hauses nicht gewusst hatte und der Beischlaf ohne ihre Einwilligung erfolgte. Aber weder daraus erwachsende Konflikte noch auch die Schwierigkeiten eines Bürgers, von einem Soldaten des Königs Genugtuung zu erhalten, macht Wagner zum Thema. Der gerührte Gröningseck bereut sogleich sein Verbrechen (das in einem Dialog mit dem Magister als Folge falscher Erziehung dargestellt wird), und Evchen akzeptiert ihn als zukünftigen Gemahl. Später sagt sie zu dem Offizier:

> [...] ich liebte sie, so wie ich sie kennen lernte, jetzt kann ichs ihnen sagen – sonst hätten sie mich nicht so schwach gefunden, – und kann sie auch noch nicht hassen, wenn ich auch nie die Hoffnung hätte, die ihrige zu werden: – aber den Gewissenswurm, der mir am Herzen nagt, zu ersticken, hab ich noch nicht gelernt! – wenn ichs könnte, würde ich doppelt vor mir erröthen. (Wagner, *Die Kindermörderin*, 51)

Evchen, das Muster weiblicher Passivität innerhalb einer patriarchalischen Gesellschaft, internalisiert die an ihr verübte Notzucht und macht sich das Verbrechen zu eigen. Aber wenn diese Vergewaltigung nur eine Form der Verführung wäre, warum hat Wagner nicht überhaupt auf sie verzichtet? In einer konservativen Abschreckungsdramaturgie könnte Evchen das gerechte Opfer eigener Verfehlungen sein, und das hat Wagner offenkundig nicht im Sinn. Gleichwohl werden auch die patriarchalischen Tugendvorschriften nicht direkt angegriffen, denn diese sind gegenüber adligen Verführern/Vergewaltigern das einzige Hilfsmittel eines Bürgertums, dem die politische Macht fehlt, sich wirksam zu schützen. Dass Evchens Passivität die Chance zu ihrer Vergewaltigung geboten hat, ist nicht klar dramaturgisch entwickelt – eher wäre schon die puritanische Freudlosigkeit von Vater Humbrecht, der seine Frau im Hause halten möchte, hier heranzuziehen. Überall dort, wo Wagner von konkreter Milieuzeichnung abgeht und nur seinen ideologischen Überzeugungen folgt, verfällt er unweigerlich ins Anekdotische, wie sich am deutlichsten an der Figur des Lieutenants Gröningsck zeigt. Dessen Verhalten spricht allen Gesetzen seines Standes Hohn. Zu plötzlicher Einsicht über sein Verbrechen gekommen, verlässt er seinen Dienst und seinen adligen Stand. Der Konflikt, der darin besteht, dass er nunmehr weder die Chance auf eine Karriere als Militär hat noch sein Ansehen innerhalb der adligen Gesellschaft wird behaupten können, existiert für ihn gar nicht. Durch ihn spricht urplötzlich die Stimme einer abstrakt-allgemeinmenschlichen Tugendnatur, deren Ertönen umso unwahrscheinlicher ist, als Wagners Dramaturgie durchaus realistische Züge besitzt. Aber die Anforderungen des Standes werden hier nur dem Intriganten Hasenpoth überantwortet, der mit seinen Briefen das so wenig weltkluge Verhalten seines Kameraden hintertreiben will. Das aber drückt die Momente gesellschaftlicher Determination in den Rang beliebiger Zufälligkeit herab, während die Momente individueller Entscheidung zu fraglos natürlichen werden. Die Struktur des Dramas und der aufklärerische Tugend- und Naturbegriff erzwingen diese Ersetzung des gesellschaftlich Wahrscheinlichen und des individuell Möglichen durch das Widernatürlich-Lasterhafte und Tugendhaft-Natürliche.

Das heißt natürlich nicht, dass Wagner an das letztgenannte, simplistische Modell glaubt. Nur operiert der bürgerlich-aufklärerische emanzipatorische Diskurs stets an diesem Modell entlang, weil ›Tugend‹ und ›Natur‹ seine beiden unverzichtbaren Bezugsgrößen sind. Ihre mangelnde Tragfähigkeit erweist sich hier in der Unmöglichkeit, der anekdotischen Fallgeschichte gesellschaftliche Exemplarität zu geben. Sehr richtig hat Wagner erkannt, dass der Tod Evchens und ihres Kindes in der Tat exemplarisch sind und exemplarisch sein müssten. In der Dramaturgie seiner *Kindermörderin* aber sind sie es nicht. Alle Konflikte sind (auch in der Erstfassung) mit dem Auftreten des Vaters und des Lieutenants gelöst; ein einverständiges und tragfähiges Gesellschaftsmodell, in dem weder die Hasenpoths noch die unmenschlichen Polizeibüttel einen Platz hätten, ist erreicht, die Ermordung des Kindes ist ein trauriger Zufall, der hätte verhindert werden können. Seine von Wagner gefühlte Notwendigkeit ist keine ästhetische Einsicht, sondern die halb bewusste Erinnerung an eine gesellschaftliche Wahrheit, die die aufklärerische Ideologie sprengt.

In der Tat war Wagner der Erste, der das Wagnis unternahm, das Lessing'sche Konzept des bürgerlichen Trauerspiels konkret mit direkter sozialer Erfahrung, wie sie in der Nachfolge Diderots und Merciers dramatisch darstellbar geworden war, zu verknüpfen. Seine *Kindermörderin* radikalisiert und widerlegt die Utopie der *Miss Sara Sampson* in ähnlicher Weise wie Schillers *Kabale und Liebe* Lessings *Emilia Galotti* in Frage stellt. Allerdings erweist sich in Wagners Schauspiel, dass ein soziales Drama von gesellschaftlicher Exemplarität aus dem bürgerlichen Trauerspiel nicht zu entwickeln ist. Die Überwindung dieser Dramaturgie vollzieht sich im Werk von Jakob Michael Reinhold Lenz.

Jakob Michael Reinhold Lenz
Bleistiftzeichnung von Johann Heinrich Pfenninger

Für den Rang der Lenzschen Dramatik hatte die Literaturwissenschaft bis weit in das 20. Jahrhundert kein Sensorium; erst die Arbeiten von Höllerer (B 5e: 1958) und Klotz (B 5e: 1972, zuerst 1960) brachten tragfähige Ansätze zu ihrem Verständnis. Vom bestimmenden Fixpunkt der Weimarer Klassik geblendet, übersah die Literaturgeschichte, dass mit Lenz eine neue, wirkungsmächtige Traditionslinie anhob, die in scharfer Opposition zur Weimarer Klassik stand und die – anders als das bürgerliche Trauerspiel – heute noch lebendig ist: jene Traditionslinie, die man mit Brechts eigentlich unzutreffendem Ausdruck als episches Theater bezeichnet. Lenz' erstes wichtiges Stück, die von Brecht in den fünfziger Jahren aufgegriffene Komödie *Der Hofmeister oder Vorteile der Privaterziehung* (1774) verwirklicht die neue Dramaturgie noch nicht rein; auf eine Analyse muss hier verzichtet werden, weil das Drama nicht zur Geschichte des bürgerlichen Trauerspiels gehört. Immerhin sprengt das Symbol des sich ob der herrschenden Verhältnisse selber kastrierenden Hofmeisters den Diskurs der auf geselliges Einverständnis abzielenden, moralisch argumentierenden Ausgleichsdramaturgie.

Rein entwickelt zeigt sich der neue theatrale Ansatz dann in der zwei Jahre später anonym veröffentlichten Komödie *Die Soldaten*.

Marie Wesener, die Tochter eines Galanteriewarenhändlers aus Lille, wird von dem Edelmann und Offizier Desportes verführt. Marie kündigt ihrem Versprochenen, dem Tuchhändler Stolzius, die Beziehung auf, weil sie hofft, von dem Adligen geheiratet zu werden. Nach seinem Verschwinden bezahlt Vater Wesener dessen Schulden, um einen Skandal zu verhindern, und gerät darüber selbst in finanzielle Schwierigkeiten. Ein anderer Offizier namens Mary trägt sich als Zwischenträger zu Desportes an und bemüht sich um Marie, die seine Anträge nicht abweist, weil er die einzige Verbindung zu dem ungetreuen Liebhaber ist.

Der als Nebenbuhler hinzukommende Graf de la Roche wird von seiner Mutter in die Schranken gewiesen: Sie beschließt, sich Maries anzunehmen. Stolzius ist unterdessen als Soldat in die Dienste Marys getreten und vergiftet Desportes bei einem Gelage. Marie flieht nach Armantieres, um Desportes aufzusuchen. Ihr Vater, der ihr nachgereist ist, trifft sie dort als Bettlerin. In der Schlussszene beklagen die Gräfin de la Roche und der Regimentskommandant Oberst Graf von Spannheim die Ereignisse. Die Gräfin verspricht, den Weseners zu helfen, wenn irgend möglich. Schuld an den traurigen Ereignissen wäre der ehelose Stand der Soldaten.

Die Inhaltsangabe verwischt die tief greifenden Unterschiede, die zwischen diesem Drama und Wagners *Kindermörderin* bestehen. Obwohl Lenz' Drama wesentlich realistischer ist und sich bemüht, einen wahrscheinlichen traurigen Fall darzustellen,[23] nennt er sein Stück eine Komödie. Schon in den *Anmerkungen übers Theater* (1774),[24] einer Schrift, die vor allem Shakespeare und das Geniedrama des Sturm und Drang verteidigt, erklärte er, im Mittelpunkt einer Tragödie stehe eine Person, im Mittelpunkt einer Komödie eine Sache. Wichtiger aber für die gewonnene ästhetische Position ist die *Rezension des Neuen Menoza von dem Verfasser selbst aufgesetzt*, die am 11. Juli 1775 in den *Frankfurter Gelehrten Anzeigen* veröffentlicht wurde.

Ich nenne durchaus Komödie nicht eine Vorstellung die bloß Lachen erregt, sondern eine Vorstellung die für jedermann ist. Tragödie ist nur für den ernsthaften Teil des Publikums [...]. Die Komödien jener [der

---

[23] Die Handlung beruht auf einem tatsächlichen Vorkommnis, bei dem Lenz beteiligt war: Er begleitete einen kurländischen Baron Friedrich Georg von Kleist nach Straßburg, der sich dort mit der Juwelierstochter Cleophe Fibich verlobte, sie aber trotz eines schriftlichen Heiratsversprechens verließ. Zu den biographischen Einzelheiten s. Johann Froitzheim (B 5e: 1891).
[24] Ausg. Schwarz, v. a. S. 38.

> Griechen und Engländer; C.R.] aber waren für das Volk, und der Unterschied zwischen Lachen und Weinen war nur eine Erfindung späterer Kunstrichter [...]. (Lenz, WB 2,703 f.)

Lenz entwickelt also das alte Argument zur Verteidigung des bürgerlichen Trauerspiels, dass dessen Held die Anteilnahme des gesamten Publikums finde, entscheidend weiter. Er ersetzt die gesamte menschliche Gesellschaft durch das »Volk«, einen Begriff, der ganz ausdrücklich die nicht gebildeten Kreise einschließt, ja sie zum eigentlichen Träger der Rezeption macht. »Volk« schließt den ›Pöbel‹ ein, geht also über eine Konfrontation Adel-Bürgertum weit hinaus. Mit steigender Gesittung, argumentiert Lenz, werde aber das grob Komische zurückgedrängt:

> Daher der Unterschied unter der alten und neuen Komödie, daher die Notwendigkeit der französischen weinerlichen Dramen, die alle Spöttereien nicht hinwegräsonnieren können, und die nur mit totalem Verderbnis der Sitten der Nation ganz fallen werden. Komödie ist Gemälde der menschlichen Gesellschaft, und wenn die ernsthaft wird, kann das Gemälde nicht lachend werden. [...] Daher müssen unsere deutschen Komödienschreiber komisch und tragisch zugleich schreiben, weil das Volk, für das sie schreiben, oder doch wenigstens schreiben sollten, ein solcher Mischmasch von Kultur und Rohigkeit, Sittigkeit und Wildheit ist. (Lenz, WB 2,703 f.)

Lenz radikalisiert die Diderot'sche Dramaturgie zu einem Totalgemälde der menschlichen Gesellschaft. Auffällig ist, dass der Begriff des bürgerlichen Trauerspiels in der Herleitung seiner neuen Komödienkonzeption keine Rolle spielt, wohl aber jener der alten weinerlichen Komödie. Die Konzentration auf das Schicksal eines Helden bedingt offenbar allemal eine Abweichung von einem realistischen, problemorientierten Porträt der Gesellschaft, wie andererseits ein ›Sittengemälde‹, das sich nicht als Komödie begreift, zu Sentimentalität und rühreliger Verfälschung tendiert. Mit seiner Komödientheorie verlässt Lenz zugleich die Argumentationslinien des Sturm und Drang[25] und einer subjektivistischen Genieästhetik. Weder mit seiner dramaturgischen Praxis noch auch mit seinem theoretischen Konzept fand der Livländer Pfarrerssohn zu seiner Zeit Anklang, so dass er selbst – wenn auch nicht ganz ernsthaft, sondern von seinem Minderwertigkeitsgefühl veranlasst – in einem Brief darum bat, »den barokken Titel Komödie, der in einigen individuellen Grillen seinen Grund hatte« (zit. nach: »Erläuterungen und Dokumente«, B 5e: 1974), durch den Ausdruck ›Schauspiel‹ zu ersetzen.

Dennoch hat jener Begriff seine Berechtigung, weil Lenz eine ganz neue Form der Zuschauerlenkung inaugurierte, die ein beobachtendes und aus der Beobachtung urteilendes und sich engagierendes Publikum schaffen wollte. Lenz entwickelt den dramatischen Vorgang in kurzen, einzelne Wirklichkeitsbereiche herausgreifenden und kontrastierenden Szenen, die gleichwohl streng auf die soziale Zeichnung von Bürgertum und Soldatenstand bezogen sind. In Diskussionsszenen wird versucht, die gesellschaftliche Bedeutung des Fallbeispiels zu enträtseln. Nicht voll entwickelte Persönlichkeiten, sondern Sozialcharaktere werden von Lenz auf die Bühne gebracht, Figuren, denen die Beschädigung durch die Verhältnisse eingeschrieben ist: Die Soldaten sind als beschäftigungslose, vergnügungssüchtige Existenzen gezeichnet, Täter und Opfer einer sinnlosen Mechanik. Auch Wesener und Marie sind vollständig vom Eigennutz getrieben: die angestrebte Verbindung mit Desportes wird als Chance eines sozialen Aufstiegs gesehen. Wenn Vater Wesener seine Tochter anhält, keine Präsente anzunehmen,

---

25 Die privaten Gründe für diese Entscheidung sind hier nicht relevant, vgl. dazu vor allem Albrecht Schöne, »Säkularisation als sprachbildende Kraft. Studien zur Dichtung deutscher Pfarrerssöhne«, Göttingen ²1968.

dann nur, damit sie nicht ins Gerede kommt und ihr Warenwert nicht sinkt. Der Prediger Eisenhardt bringt den Vorgang auf den Begriff: Als der Offizier Haudy erklärt, »Eine Hure wird immer eine Hure« (Lenz, *Die Soldaten*, 12) entgegnet er:

> [...] eine Hure wird niemals eine Hure, wenn sie nicht dazu gemacht wird. Der Trieb ist in allen Menschen, aber jedes Frauenzimmer weiß, daß sie dem Triebe ihre ganze künftige Glückseligkeit zu danken hat, und wird sie die aufopfern, wenn man sie nicht drum betrügt?
> (Ebd., 13)

Der Geschlechtstrieb bildet den Eheanreiz, die Virginität ist das Gut, welches in der bürgerlichen Gesellschaft an den zahlungskräftigsten Käufer verhandelt wird. Dabei gilt es Regeln zu beachten: Vorzeitige, auch kleine Gunsterweise (gemeinsames Auftreten in der Öffentlichkeit, Annahme von Geschenken) können die Ware verdächtig machen, auch stellen sich Standesschranken einem möglichen Geschäft hinderlich in den Weg. All diese Punkte beachten die Weseners nicht und werden dafür bestraft. Lenz' Drama ist darin soziologisch, dass es eine individuelle Lösung für ein allgemeines, gesellschaftliches Problem ausschließt. Das Eingreifen der aufgeklärten Gräfin vermag vielleicht, den Weseners eine gewisse Hilfe zu bringen, die Wiederholung ähnlicher Schicksale wäre aber nur von einer Änderung der gesellschaftlichen Verfassung zu verhindern, die das Drama auch folgerichtig in der Schlussdiskussion einfordert.[26] Hebbel vermisste in dem Stück »die höhere Bedeutung der verführten Marie« (zit. nach: »Erläuterungen und Dokumente«, B 5e: 1974, 57), womit er die Funktion dieser Figur genau

---

[26] Dass Lenz' Vorschlag, eine Art Amazonenstand als gesellschaftliche Institution zu schaffen, eine sozialreformerische Wahnidee ist – an die er selbst allen Ernstes glaubte –, entwertet nicht die Erkenntnis, dass in der Tat einzig eine Veränderung in der Gesellschaftsstruktur dem dargestellten Übelstand abhelfen könnte.

verkannte. Gerade ihre Nicht-Individualität, die Reduktion der Person auf den einzigen Wert, den sie in ihrer Gesellschaft besitzt, macht sie typisch. Nicht ihre persönlichen Eigenschaften, sondern ihr kreatürliches Leiden sind die Grundlage für ein Erbarmen, das sich nicht im ästhetischen Genuss, sondern im politischen Handeln zu Gunsten aller ihrer Leidensgenossinnen verwirklichen müsste. Die Unangemessenheit eines nur individuellen Handelns angesichts des tatsächlich gesellschaftlichen Problems zeigt sich an der Figur des bürgerlichen Tuchhändlers Stolzius. Als er von Maries Untreue erfährt, gibt er seine Existenz auf und geht unter die Soldaten. Er scheidet aus der Gesellschaft aus, verliert seinen Status als Bürger, ja als Person. Der Bediente, als der er den Desportes vergiftet, wird von seinen Herren überhaupt nicht mehr als Person wahrgenommen. Damit verfällt auch seine Rache – eine Tat, die nur einer Person gleichen Ranges zusteht, einer Person, die von der Gesellschaft als solche wahrgenommen wird – der Sinnlosigkeit. Seine Bedientenlivree decouvriert die heroische Geste als hilfloses, freilich mörderisches Klischee.

An einer Nebenfigur, dem Hauptmann Pirzel, stößt Lenz zu einer neuen Form karikaturistischer Figurenzeichnung vor. Die Folgen einer entfremdeten Existenz zeigen sich bei ihm, anders als bei den übrigen Offizieren, nicht in Form einer Reduktion auf brutale Sexualität, sondern in einer leer laufenden Mechanik des Denkens:

EISENHARDT. Aber hindert Sie das Denken nicht zuweilen im Exerzieren?
PIRZEL. Ganz und gar nicht, das geht so mechanisch. Haben doch die andern auch nicht die Gedanken beisammen, sondern schweben ihnen alleweile die schönen Mädchen vor den Augen. [...] Das geht alles mechanisch.
EISENHARDT. Ja, aber Sie laufen auch mechanisch.
(Lenz, *Die Soldaten*, 33 f.)

Die groteske Übersteigerung einer Verhaltensweise – des Exerzierens –, die hier sowohl die Körperlichkeit wie die Gedankenarbeit des Hauptmanns erfasst, bleibt sozial bezogen. In ihr kommt nicht die persönliche Narrheit Pirzels, sondern die gesellschaftliche Verkehrtheit seiner Lage, seine Entfremdung, zum Ausdruck. Während die anderen Offiziere sich klaglos-anpasserisch in die von ihnen geforderte Bestialität fügen, zeigt sich in Pirzels Marotte die entstellte und hilflose Notwehr gegen einen Zustand der Entwürdigung. An dieser grotesken Figur wird das wahre Bild der Gesellschaft ebenso kenntlich wie an Vater und Tochter Wesener, die halb tot auf der Erde kriechend sich auf dem harten Boden vorgesellschaftlicher Kreatürlichkeit wieder finden. Wichtige Neuerung ist ebenfalls das Symbol des Liedes, das von der Großmutter gesungen wird, ein Volkslied vom »Rösel aus Hennegau«. In seinen Einzelheiten schwer deutbar, berichtet das mit rauer Stimme gesungene Lied aus plebejischer Perspektive von der allgemeinen Erfahrung eines vernichtenden gesellschaftlichen Kreislaufs. Georg Büchner wird, wenn er seinen *Woyzeck* (1837) schreibt, an genau diese dramaturgischen Mittel anknüpfen. Die Erfahrungen der Unterschicht, des einfachen Volkes, vermitteln sich nicht in den Ausnahmefällen, sondern in solchen ungesteuerten und auch (solange es keine Manipulation durch die Massenmedien gab) unsteuerbaren, weil vorliteraten Kommunikationsformen.

Ein Darstellungsmittel wie das die Vorgänge kommentierende Volkslied könnte den Verdacht nahe legen, Lenz nehme Partei für den Fatalismus. Das Gegenteil ist der Fall. Das gesellschaftliche Immergleich, wovon das Lied kündet, die Verzerrung der Menschengestalt in der grotesken Figur des Hauptmanns Pirzel, das Reihen an sich bedeutungsloser, aber insgesamt den Vorgang, wie ein bürgerliches Mädchen zur Hure gemacht wird, enthüllender Kurzszenen, wollen keineswegs die Unveränderbarkeit der Gesellschaft aussagen, sonst hätte die – freilich gehaltlich unbefriedigende – Schlussdiskussion keinen Sinn. Das Schicksal der Marie Weseners dieser Gesellschaft wird dort folgendermaßen kommentiert:

> Ich habe allezeit eine besondere Idee gehabt, wenn ich die Geschichte der Andromeda gelesen. Ich sehe die Soldaten an, wie das Ungeheuer, dem schon von Zeit zu Zeit ein unglückliches Frauenzimmer freiwillig aufgeopfert werden muß, damit die übrigen Gattinnen und Töchter verschont bleiben. (Lenz, *Die Soldaten*, 56)

Der Obrist – und mit ihm Lenz – erkennt die Notwendigkeit eines mythischen Kreislaufs innerhalb der Gesellschaft an, aber ohne ihn zu schätzen. Der Vorschlag, Pflanzschulen für Soldatenweiber anzulegen, ist der logisch folgerichtige Versuch, das mythische, zur Wiederholung tendierende Schicksalsmoment wenn schon nicht zu beseitigen, so doch einzugrenzen.

Das gleiche Verfahren gilt insgesamt für die Lenz'sche Dramaturgie: Indem der Dichter die mythisch-heroische Exemplarität durch eine soziale ersetzt, werden die dargestellten Geschehnisse typisch und damit eingrenzbar; das Theater wird zu einem Laboratorium nicht mehr individueller Verhaltensweisen wie im bürgerlichen Trauerspiel, sondern gesellschaftlicher Verkehrsformen. Dass Lenz damit weit über die Grenzen der Möglichkeiten des aufklärerischen Diskurses hinausgriff, erklärt die extreme Wirkungslosigkeit seines Dramas in seiner Zeit. Die Tatsache, dass damit dem bürgerlichen Trauerspiel, so weit es ›Sittengemälde‹ sein wollte, der Boden entzogen war, blieb von den Zeitgenossen unbemerkt und konnte erst unter neuen gesellschaftlichen Konstellationen, nämlich nach dem Scheitern der Französischen Revolution, wieder aufgegriffen werden. Vorerst allerdings ergriff der Bürger das Wort gegen den Adel. Den Vorreiter machte einmal mehr der Autor, ohne den das bürgerliche Trauerspiel als Gegenstand literaturwissenschaftlichen Interesses fast bedeutungslos wäre: Gotthold Ephraim Lessing.

6
Adel und Bürgertum in direkter Konfrontation

Emilia Galotti, die bürgerliche Virginia

Lessings letztes Trauerspiel[1] hat die Rezipienten allezeit vor die Frage gestellt, was Lessing mit diesem Stück eigentlich aussagen wollte. Schon 1757 begann er mit der Ausarbeitung des Dramas, welches erst 1772 der Öffentlichkeit vorgelegt wurde. Aus einem Brief an Friedrich Nicolai vom 21. Januar 1758 lässt sich ersehen, dass Lessing 1757 offenbar beabsichtigte, das Drama für den Trauerspielwettbewerb (s. oben S. 79) einzureichen. Er erzählt dem Freund, ein ihm bekannter Dichter arbeite an einem neuen Stück:

> Sein jetziges Sujet ist eine bürgerliche Virginia, der er den Titel Emilia Galotti gegeben. Er hat nehmlich die Geschichte der römischen Virginia von allem dem abgesondert, was sie für den ganzen Staat interessant macht; er hat geglaubt, daß das Schicksal einer Tochter, die von ihrem Vater umgebracht wird, dem ihre Tugend werther ist, als ihr Leben, für sich schon tragisch genug, und fähig genug sey, die ganze Seele zu erschüttern, wenn auch gleich kein Umsturz der gesamten Staatsverfassung darauf folgte.
>
> (Zit. nach: »Erläuterungen und Dokumente«, B 6b: 1993, 45)

---

1 Hans Henning (Hrsg.), »Lessings *Emilia Galotti* in der zeitgenössischen Rezeption«, Leipzig 1981, enthält neben einem reprographischen Nachdruck der Erstausgabe auch wichtige frühe Rezeptionszeugnisse.

1771 suchte er das Manuskript wieder hervor, an dem er auch in der Hamburger Zeit gearbeitet hatte, um den Wunsch der Herzoginmutter von Braunschweig zu erfüllen, »die mich, so oft sie mich noch gesehen, um eine neue Tragödie gequält hat« (ebd., 46).[2] Die *Emilia Galotti* wurde denn auch zum Geburtstag der Fürstin in Braunschweig uraufgeführt. Biographisch gesehen besteht also für eine sozialpolitische Interpretation des Dramas kaum eine Möglichkeit. Der gleiche Herzog, der seinem Bibliothekar später die Fortsetzung des Streits mit dem Pastor Goeze verbieten ließ, hatte keine Bedenken, die *Emilia Galotti* anlässlich eines Hoffestes aufführen zu lassen, während sie allerdings an anderen kleineren Höfen (etwa in Gotha) nicht gespielt werden konnte. In seiner grundsätzlichen Konzeption dürfte das Stück zudem schon 1758 durchdacht gewesen sein,[3] was die Vermutung zulässt, dass Lessings dramaturgische Grundprinzipien sich gegenüber der *Miss Sara Sampson* nicht entscheidend gewandelt haben dürften. Wohl aber die Form der Dialoge: Der 1., im Kabinett des Prinzen spielende Akt ist zweifellos ein Tableau nach Diderotschem Rezept, das anhand der Reaktionen auf die auftretenden Personen (Conti, Marinelli, Camillo Rota) und verhandelten Forderungen (die Bittschrift, das Todesurteil) die Pflichten und das Versagen eines Herrschers darstellen soll. Dieser Akt bietet demnach eine sehr offene Exposition der Handlung.

Hettore Gonzaga, der Fürst von Guastalla, hat sich bei einem flüchtigen Zusammentreffen in Emilia Galotti, die Tochter des Bürgers (oder Kleinadligen?) Odoardo Galotti, verliebt. Der Fürst, der gerade mit der Prinzessin eines benachbarten Fürstentums eine Vernunftehe eingehen will, erfährt von seinem Kammerherrn Marinelli, dass Emilia am

---

[2] Brief vom 24. Dezember 1771 an Christian Friedrich Voß.
[3] Nach Aussage Friedrich Nicolais war lediglich die Figur der Orsina noch nicht voll ausgebildet.

Zeitgenössischer Kupferstich zu
Lessings *Emilia Galotti*
von Johann Heinrich Meil

selben Tage noch den Grafen Appiani heiraten und mit ihm auf dessen Güter nach Piemont reisen will. Der 2. Akt spielt im Haus der Galotti. Odoardo kritisiert seine Frau Claudia, weil diese die Tochter allein in die Messe gehen ließ, und kehrt dann auf sein Landgut zurück, wo die Vermählung gefeiert werden soll. Verstört kommt Emilia nach Hause und berichtet der Mutter, dass der Prinz sich ihr in der Messe mit unsittlichen Anträgen genähert habe. Der Straßenräuber Angelo unterrichtet Pirro, einen ihm verpflichteten Bedienten der Galottis, von einem bevorstehenden Überfall auf die Hochzeitsgesellschaft. Der angekommene Graf Appiani erzählt von trüben Vorahnungen. Dann erscheint Marinelli, um ihm einen fingierten Auftrag des Prinzen zu überbringen, dessen Absicht ist, Appiani aus Guastalla zu entfernen. Doch Appiani lehnt das Anerbieten ab. Auf eine Beleidigung Marinellis fordert Appiani ihn zum Duell, dem sich der feige Kammerherr entzieht. Der 3.–5. Akt spielen auf dem Lustschloss des Prinzen. Der Überfall hat stattgefunden: Graf Appiani ist erschossen worden, Bedienstete des Fürsten bringen Emilia in das Schloss. Der Prinz, der von der Aktion nichts gewusst hat, versucht Emilia, die vom Tod ihres Bräutigams noch nichts weiß, durch Überredung zu gewinnen, einstweilen aber erst einmal zu beruhigen. Dieser Plan scheitert, als Claudia Galotti auftritt. Als sie erfährt, wo sie ist, beschuldigt sie Marinelli des Mordes. Der 4. Akt beginnt mit einer Auseinandersetzung zwischen dem Prinzen und Marinelli, worin jener sich weigert, die Verantwortung für das Verbrechen zu teilen. Marinelli beteuert, den Tod des Grafen nicht beabsichtigt zu haben. Der Prinz verzeiht ihm, wirft ihm aber vor, seine Intrige sei ein kleines, aber kein heilsames Verbrechen gewesen, da er ja seinem Ziel, Emilia als Geliebte zu gewinnen, nicht näher gekommen wäre. Doch Marinelli zerstreut auch diese Kritik: Durch die unzeitige Offenbarung seiner Leidenschaft in der Kirche habe der Prinz selbst erst Schwierigkeiten geschaffen, die nicht vorhanden sein würden, falls Emilia von seiner Begierde nichts wüsste. Nun tritt die Gräfin Orsina auf, die Mätresse des Fürsten. Sie erkennt, dass sie seine Gunst verloren hat. Marinelli kann nicht verhindern, dass sie ein Gespräch mit Odoardo Galotti anfängt, der soeben eingetroffen ist. Orsina unterrichtet Odoardo Galotti davon, dass der Prinz Emilia zu seiner Mätresse machen will; sie steckt dem wütenden Vater einen Dolch zu. Claudia Galotti, die hinzukommt, bestätigt Orsinas Angaben. In der Unterredung des Vaters mit dem Prinzen vermag es jener, seinen Jähzorn zu bezwingen. Seine Absicht ist, seine Tochter so schnell wie möglich aus dem Schloss herauszubringen. Doch Marinelli erklärt, Emilia dürfe nicht mit ihrem Vater abreisen, weil der Verdacht bestehe, Appiani sei von einem Nebenbuhler ermordet worden; Emilia müsse vernommen werden, um zu ermitteln, ob sie von dem Anschlag gewusst hätte. Sie werde einstweilen im Haus des Kanzlers untergebracht. Odoardo bittet noch, von seiner Tochter Abschied nehmen zu dürfen. Im Gespräch überzeugt die Tochter ihren Vater von ihrer Unschuld und verweist ihn auf das Vorbild des Virginius. Selber zum Selbstmord bereit, bringt sie ihren Vater dazu, sie zu erstechen. Galotti wirft dem Prinzen den Dolch vor die Füße und liefert sich ins Gefängnis. Der Prinz ist erschüttert und verbannt Marinelli auf seine Güter.

Wenn wir dem ›Sinn‹ dieses Dramas näher kommen wollen, dürfen wir nicht vergessen, dass die Lessing'sche Trauerspieltheorie weder den tragischen Konflikt noch direkte Exemplarität kennt. *Emilia Galotti* ist ein Drama reiner gesellschaftlicher Immanenz, dem eine Kritik an der Theodizee gar nicht möglich ist. Nicht die Weltordnung steht zur Debatte, sondern das Verhalten des Menschen in der Welt. Allerdings ist die Lösbarkeit der Konflikte hier – anders als in der *Miss Sara Sampson* – keineswegs mehr garantiert. Die bürgerliche Familie, der in der *Sara* die Aufgabe zukam, Vernunft und Tugend in Übereinstimmung zu bringen, existiert hier nämlich schlicht nicht als ordnungsstiftende Bezugsgröße. Damit kehrt die Frage nach dem ›Sinn‹ der dargestellten Vorgänge zurück; sie ist aber eine metadramaturgische Frage, weil Lessing den Begriff tragischer ›Schuld‹ ablehnt.

Deshalb sind alle Fragen nach den ›Fehlern‹ der handelnden Figuren dann verfehlt, wenn sie aus den gewonnenen Feststellungen über Fehlhandlungen in dieser oder jener Situation den ›Sinn‹ des Dramas gewinnen wollen. Wir hatten oben gesehen, dass Lessing fordert, die Tugend solle leiden und alle Personen sollten durch ihre Eigenschaften Mitleid hervorrufen, deshalb dürfe es weder reine Tugendbolde noch reine Bösewichter auf dem Theater geben. Diese Bestimmungen sind – das muss ausdrücklich betont werden – rein formale Anforderungen. Anders als in einer Tragödie nach Hegel'schem Konzept steht das Leiden in der *Emilia Galotti* in keinem Verhältnis zu einer ›Schuld‹, sondern nur zu einem ›erforderlichen Anlass‹ in den Handlungen der jeweiligen Personen. Und selbst diese Forderung betrifft die dramatischen Figuren nur insoweit, als sie auf der Bühne anwesend sind. Die völlig ›fehlerfreie‹ Claudia Galotti, der völlig ›schuldlose‹ Appiani sind möglich, weil sie zu einem bestimmten Augenblick aus dem tragischen Vorgang ausscheiden. Nur für die Konstitution des ›metadramaturgischen Sinns‹ sind sie von – dann allerdings entscheidender – Bedeutung.

Deshalb auch ist die Frage, welchen ›Fehlern‹ Odoardo und Emilia ihr trauriges Schicksal verdanken, recht sinnlos: Die etwas naive Konzeption, die in Odoardo einen ›reinen‹ Kämpen bürgerlicher Sittlichkeit, in Emilia eine Märtyrerin erblicken möchte, verfehlt die Bedeutung dessen, was die mitwirkende Ursache des Charakters bei Lessing meint. Emilia besitzt eine schwärmerische Phantasie, Odoardo handelt jähzornig und übereilt und lässt sich von augenblicklichen Eingebungen mitreißen. Sehr genau analysierte ein anonymer Rezensent in der *Hamburgischen Neuen Zeitung* (22. Mai 1772) die Tötung Emilias:

Zunächst müsse sich der Vater davon überzeugen, dass seine Tochter nicht in das Komplott verwickelt war. Danach bekämpft in Odoardo der Vater den Obristen, der ihn zaudern lässt, den von der Tochter begehrten Mord auszuführen:

> Die Tochter bringt alles auf, was ihren Entschluß rechtfertigt: Verführung, Sinnlichkeit, Religion, Märtyrer und Heilige [...] Der Obriste muß aber durch eine ihm natürliche Schwärmerey dahin gebracht werden, wo ihn Herr L. hin haben will. Ungeachtet unser Obriste nicht ohne Religion ist, muß die Tochter erst sagen: »du noch hier? (zur Rose) herunter mit dir! Du gehörst nicht in das Haar Einer – wie mein Vater will, daß ich werden soll!« Der Vater versetzt: O meine Tochter! – Dieß o meine Tochter! studire der Acteur recht, denn es ist die Lunte, die die Kartaune, die nun ganz geladen, anzündet, und endlich los brennt, und uns durch den Knall betäubt.

Der Rezensent zitiert die Schlussrede Emilias mit der Anspielung auf Virginius und schließt seine Analyse:

> Was? schreyt der Obriste dem Vater zu, und antwortet sich selber Doch! [es gibt noch Väter wie Virginius; C. R.] der betäubte Vater sagt zwar meine Tochter – aber Doch! ist einmal gesagt und gethan also – doch! *** »Gott, was hab ich gethan!« – sagt nun der Vater nur, der feuervolle Obriste ist durch den tödlichen Stoß, den die geliebteste Tochter gekriegt, gleich einem Funken, der zuletzt unter der Asche nur glimmt; und der zärtlichste, gefühlvollste Vater sagt, Gott was hab ich gethan! Emilia bringt den Vater durch ihre Antwort »Eine Rose gebrochen, ehe der Sturm sie entblättert« dahin, daß sein beynahe erlöschter Obriste wieder auflebt, und seine tapfre Faust in die natürliche Hand legen kann, die sie um der Wohlthat willen zu küssen verlangt. (Zit. nach: Henning, B 6a: 1981, 222 f.)

Dieser trefflichen Analyse, die sich rein auf die Beschreibung der psychischen Situation beschränkt, ist nichts hinzuzufügen. Situation und Charakter der beiden Beteiligten allein machen diesen Ausgang möglich. Von einer strengen Determination kann dabei wiederum bloß als einer dramaturgischen Maßregel die Rede sein – es geht um die Beachtung des Wahrscheinlichkeitsgebots. Damit sind Zufälle überhaupt nicht ausgeschlossen, sie sind sogar notwendig, weil sonst die charakterlichen (und auch die sozial geprägten) Veranlagungen der Personen das Geschehen ausschließlich dominieren würden, was dann eben doch auf eine tragische Dimension hinausliefe. Die ist aber nicht gewollt. Das traurige Ereignis soll die Zuschauer ergreifen, sie sollen verstehen, dass die beteiligten Personen in der gegebenen Situation so handeln konnten, so handeln mussten. Am Zustandekommen dieser Situation tragen die gerade beteiligten Personen aber keinerlei Schuld. Hier herrscht nicht der Charakter, sondern eine Verkettung von Ursachen, die gleichwohl keine fatalistische Determination bedeutet, weil sie auf einem konkret benennbaren Verbrechen beruht. Dieses Verbrechen wird nicht auf der Bühne gezeigt, wohl aber seine Ursachen und Folgen. Der ›Sinn‹ des Dramas ergibt sich nicht aus dem Handlungsnexus; emotionaler Nachvollzug und rationales Verstehen treten auseinander. Deutlichstes Kennzeichen ist das hohe Spieltempo: alle Personen handeln eilig und flüchtig, ausführliche subjektive Seelenzergliederung findet nicht statt, jede Reflexion wird von den sich überstürzenden Vorgängen überrollt. Alle Personen handeln zudem ohne eine genaue Kenntnis der Lage – selbst der Intrigant Marinelli, der den Ablauf in Gang setzte, besitzt keine Kontrolle: Weder kann er voraussehen, dass der Prinz Emilia in der Kirche ansprechen, noch dass die Gräfin Orsina das Lustschloss aufsuchen wird.

Der Zwang zum übereilten Handeln, die mangelnde Durchschaubarkeit der Situation sind zweifellos Ergebnis der gegen Emilia gerichteten Intrige, die ein Element höfischer Politik ist. Die sozialpolitische Komponente der *Emilia Galotti* besteht in der Tat nicht darin, dass die bürgerliche Familie gegenüber der höfischen Welt wehrlos wäre. Das ist sie nicht. Gelingt es schon nicht, das bürgerliche Glück gegen fürstliche Willkür zu sichern, so ist es doch möglich, den Fürsten nicht zur Befriedigung seines Verlangens kommen zu lassen. Die Dissimulationstechniken des Hofes halten der bürgerlichen Solidarität nicht stand: Am Ende des 3. Aktes gelingt es Claudia Galotti, gegen den Widerstand Marinellis zu ihrer Tochter vorzudringen. Niemals vermag Marinelli, einen der Galottis von der Richtigkeit seiner Erklärungen zu überzeugen. Dass Emilia Galotti ihrem Vater in der Abschiedsszene erklärt, sie fürchte die Macht der Verführung, bedeutet, wie schon Engel erkannte, dem gegenüber nichts weiter als eine veranlassende Ursache für den Tod Emilias:

> Müssen nicht alle die Reden die sie führt, selbst ihre äusserste Furcht vor ihrem Falle, den Vater weniger besorgt, als sicher machen? [...] Muß ihm nicht der Dolch, den er im ersten Augenblicke der Wuth gezückt hatte, im zweyten Augenblicke der Ueberlegung wieder entsinken? (Engel, B 6b: 1810, 115)

Die ›Fehler‹ der Galottis sind zudem keine spezifisch bürgerlichen: Emilias religiös getönte Schwärmerei und ihre Übersteigerung des Werts der Virginität wirkte auf Lessings Zeitgenossen exotisch,[4] des Vaters Misstrauen in die Ehrenhaftigkeit seiner Tochter trägt zur Tötung gar nichts bei,

---

4 So schreibt Karl Gotthelf Lessing seinem Bruder nach Lektüre der ersten Akte am 3. Februar 1772: »Noch hast Du sie nur als fromm und gehorsam geschildert. Aber ihre Frömmigkeit macht sie mir – aufrichtig! – etwas verächtlich, oder, wenn das zu viel ist, zu klein [...]. Du wirst zwar sagen: so werden die Mädchen in Italien erzogen; so denken sie; so handeln sie [...]. Alles gut, lieber Bruder. Allein über das Locale sollte man nicht höhere Zwecke vergessen. Jede gute Person, die ein einnehmendes Muster für die Zuhörer seyn soll, könnte zwar ihre Mutterreligion haben; aber sie müßte

ebenfalls nichts ein bürgerlicher Ehrbegriff, der auf das Ansehen bedacht wäre, sondern letztlich nur die seiner Tochter vergleichbare Unfähigkeit, sich in einer bestimmten Situation gefasst zu verhalten.

Für den ›Sinn‹ des geschilderten Vorgangs ist die genaue Motivierung des Mords/Selbstmords vollständig unerheblich, sie hat nur den Zweck, eine dramaturgische Plausibilität herzustellen, was Lessing nach Aussage der klügsten seiner zeitgenössischen Kritiker nicht gelang.

Der Grund für dieses Misslingen ist denkbar einfach: Lessing, der die Tragödie als »mythisches Analogon« des (auch gesellschaftlichen) Weltzustandes nicht gelten lassen wollte, musste am Schluss der Tragödie ein mythisches Element zulassen, weil schlechterdings nicht abzusehen war, wie sich sonst die Handlung zu einem befriedigenden Abschluss führen ließ. Die höfische Intrige konnte nicht triumphieren, weil die Vernunft der Bürger sie durchschaute und durchschauen musste; der bürgerlichen Welt aber fehlten zur Durchsetzung ihrer Vorstellungen von Gerechtigkeit die politischen Machtmittel. Deshalb bleibt vom Gesichtspunkt einer poetischen Gerechtigkeit aus die Auflösung des bürgerlichen Trauerspiels unbefriedigend. Doch um poetische Gerechtigkeit geht es Lessing nicht: sie böte nur ein »mythisches Analogon« zur wirklichen Gerechtigkeit, also das ästhetische Surrogat einer Lösung. Anders als die dem »mythischen Analogon« verpflichtete heroische Virginia-Tragödie könnte die bürgerliche auch nur durch eine bürgerliche Lösung zu einem befriedigenden Ende geführt werden. Kritiker von Engel bis Ter-Nedden haben deshalb Odoardo und Emilia Galotti vorgehalten, sie müss-

nicht solche Punkte derselben äußern, die einen gar zu kleinen Verstand, gar zu wenig Selbstdenken verrathen [...] ein gar zu kleiner Verstand mit dem besten Herzen deucht mir für die edlen Personen des Trauerspiels unter der Würde sondern. Und nimmt man vollends Rücksicht auf die Zuschauer in Berlin, die unter den freyer denkenden Deutschen die freydenkendsten sind, so glaube ich – hätte ich Recht« (zit. nach: »Erläuterungen und Dokumente«, B 6b: 1993, 48).

ten mehr Vertrauen in ihre eigene Stärke haben, mehr Vertrauen auch auf die Öffentlichkeit setzen. Ter-Nedden geht so weit, in Odoardo Galottis und Appianis Absonderung von der Welt des Hofes ein Moment des Versagens zu erblicken. Der Vorwurf ist inhaltlich unberechtigt: Appiani hat seine Dienste angeboten, Galotti ist dem Fürsten in einer Rechtsfrage, also als politisch handelndes Subjekt entgegengetreten. Handlungspragmatisch argumentiert, könnte ein positiver Ausgang nur darin bestehen, dass der Prinz auf den Weg eines gerechten Verhaltens zurückgeführt würde. Selbst Engel scheint an diese Möglichkeit zu glauben, wenn er die Schuld an der Intrige dem Werkzeug Marinelli zuschreibt und nicht dem ›verführten‹ Prinzen. Diese Einwendung ist aber nicht stichhaltig: Der Prinz ist zügellos, seine Aussage, als er vom Tod Appianis erfährt: »Bey Gott! bey dem allgerechten Gott! ich bin unschuldig an diesem Blute« (zit. nach: Henning, B 6b: 1981, 124), reine Heuchelei, die Formulierung verweist auf Pilatus. Die Gleichgültigkeit, mit der er ein Todesurteil unterschreibt, die Gleichgültigkeit, mit der er die Bezahlung eines Bildes nicht vom Wert des Gemäldes, sondern vom dargestellten Gegenstand seiner Begierde abhängig macht, verraten ihn als maßlosen, unmoralischen Menschen, dem keine Schranken gesetzt sind. Die Lösungsmöglichkeit im Sinne bürgerlicher Aufklärung existiert in der bestehenden gesellschaftlichen Wirklichkeit schlicht nicht, sie zu fingieren, hieße die Wirklichkeit zu verfälschen.

Herders Beschreibung in den *Briefen zur Beförderung der Humanität* (1794) trifft den Sachverhalt und erklärt zugleich das Unbefriedigende des Schlusses:

> So auch das Übereilen des Plans, das Hineintappen des Prinzen, und vor Allem, seine unbescholtene Rechtfertigkeit, Alles veranlaßt, gebilligt, und am Ende doch, nachdem der Plan verunglückt, nichts befohlen, nichts gethan zu haben. In wenigen Tagen, fürchte ich, hat er

sich selbst ganz rein gefunden [...] Bei der Vermählung mit der Fürstin von Massa war Marinelli zugegen, vertrat als Kammerherr vielleicht gar des Prinzen Stelle, sie abzuholen. Appiani dagegen ist todt; Odoardo hat sich in seiner Emilie siebenfach das Herz durchbohrt, so daß es keines Bluturtheiles weiter bedarf. Schrecklich!

(Zit. nach: »Erläuterungen und Dokumente«, B 6b: 1993, 70)

Lessings Auflösung lässt allenfalls für den Augenblick den ästhetischen Schein aufkommen, die höfische Welt habe nicht triumphiert. Aber das Racheverlangen Orsinas bleibt unbefriedigt:

Kennen Sie mich? Ich bin Orsina, die betrogene, verlassene Orsina. – Zwar vielleicht nur um ihre Tochter verlassen. – Doch was kann ihre Tochter dafür? – Bald wird auch sie verlassen seyn. – Und dann wieder eine! – Und wieder eine! – Ha! [...] welch eine himmlische Phantasie! Wenn wir einmal alle, – wir, das ganze Heer der Verlassenen, – wir alle in Bacchantinnen, in Furien verwandelt, wenn wir alle ihn unter uns hätten, ihn unter uns zerrissen, zerfleischten. [...] Ha! das sollte ein Tanz werden! das sollte!

(Zit. nach: Henning, B 6b: 1981, 124)

Orsina benennt ausdrücklich das auch von Herder festgestellte gesellschaftliche Immergleich im absolutistischen Duodezfürstentum. Ihre Haltung ist heroisch, sie ist ein nachträglich in die »bürgerliche Virginia« eingefügter mythischer Fremdkörper. In der handlungspragmatischen Auflösung: erschrockener Fürst, verbannter Kammerherr, spielt sie keine Rolle. Aber sie denunziert aufs Deutlichste die dort gefundene Lösung als ästhetischen Schein, an dessen Stelle die politische Lösung treten müsste: Einschränkung der Willkürherrschaft durch Konstitution und bürgerliche Öffentlichkeit. Doch dafür fehlten zu Lessings Zeit alle gesellschaftlichen Voraussetzungen.

Die Schlussszene von Lessings *Emilia Galotti*
Holzstich nach einer Zeichnung von Ludwig Pietsch (1873)

Nun aber stellt sich die für die Gattung des bürgerlichen Trauerspiels, das hier in eine – ästhetische und politische – Aporie mündet, entscheidende Frage, ob und inwieweit sie tatsächlich in der Lage ist, die bürgerliche Emanzipation wirksam zu fördern, wirksamer als die heroische Tragödie. Frankreich geht, als das Land in seine revolutionäre Phase eintritt, sofort wieder zur heroischen Tragödie über. Damit ist aber die Behauptung, dass Lessings »bürgerliche Virginia« allein schon Ausdruck der Unmöglichkeit einer Revolution in Deutschland wäre, keineswegs schon bewiesen. Denn zwischen den beiden antiken Stoffen, die Lessing ›verbürgerlicht‹, herrscht ein ganz entscheidender Unterschied: Medea ist eine mythische, Virginia eine historische Thematik. Virginia ist der Stoff für ein ›republikanisches Trauerspiel‹. Und nur wenige Jahre später greift Vittorio Alfieri diesen Stoff auf in einer Tragödie, die entschieden zum Tyrannenmord aufruft – in einem Land, dessen Rückständigkeit mindestens ebenso groß war wie die deutsche. Johann Jakob Engel vergleicht im vierten Brief seiner Abhandlung die ›politische‹ Virginiahandlung mit der ›bürgerlichen‹ *Emilia Galotti*. Sein Urteil fällt zu Gunsten der römischen Fassung aus, weil der Tod Emilias schlecht motiviert sei, wie man ihn auch verstehen wolle. Schärfer noch urteilt 1782 in einem *Schreiben über Deutschlands Theaterwesen und Theater-Kunstrichterey* der Wiener Klassizist Cornelius von Ayrenhoff:

> Wenn er [Lessing; C. R.] aber weiter behauptet: macht ihr Stand (der Könige und Helden) schon öfters ihre Unfälle wichtiger, so macht er sie darum nicht interessanter: so sagt er einen offenbaren Widerspruch. Das Wichtigere, das, was ich selbst für wichtiger erkenne, wird und muß mich mehr interessiren, als das, was ich für minder wichtig erkenne. [...] Aller dieser Vortheile hat sich Lessing bey seinen tragischen Arbeiten selbst begeben. Wie unrecht er that, würde sich auf die ein-

leuchtendste Weise zeigen, wann ein eben so guter
Kopf als Lessing war, den Stoff der wahren römischen
Virginia bearbeitete, und anstatt des unbedeutenden
italienischen Principino, den Decemvir Appius, statt
des noch weniger bedeutenden Odoardo Galotti, den
verdienstvollen Helden Virginius [...] statt des frommen
Fräuleins Emilia, die Römerin Virginia, statt der
Domestiken, Maler und Assassini di strada, römische
Bürger und Tribunen des Volks [...] uns vor Augen
stellte – sie uns in einer Handlung vor Augen stellte,
welche das Schicksal Roms, durch eine der wichtigsten
Revolutionen dieses wichtigen Staates, entschieden hat.
Wie sehr würde nicht durch diese erhöhte Antheilnehmung
eben die Katastrophe, die am Odoardo Galotti
ein Abscheu erweckender Tochtermord ist, am Römer
Virginius bis zu einer großen, römisch erhabenen
Handlung veredelt werden!

(Ayrenhoff, *Sämmtliche Werke*, 116 f.)

Ayrenhoff ging noch weiter: 1790 brachte er sein vieraktiges
Blankverstrauerspiel *Virginia oder das abgeschaffte Decemvirat*
auf das Wiener Theater. Seine Fassung endete aber
nicht mit dem Tyrannenmord wie bei Alfieri, sondern mit
einem Ruf nach Gesetzlichkeit; als Appius flieht, von Soldaten
verfolgt, fallen die Worte:

> Nicht Römer! mäßiget
> der Rache Trieb! (*Zu den Soldaten*) Verhaftet ihn!
> Nicht morden,
> ihn richten müssen wir! Die Tyranney,
> nicht der Tyrann allein, muß untergehn,
> soll Rom sich euers Muthes lang erfreuen!

(Ayrenhoff, *Sämmtliche Werke*, 343)

Im grundsätzlichen Streit zwischen dem ›bürgerlichen‹
und dem ›republikanischen‹ Trauerspiel kann nicht die ästhetische
Qualität der Trauerspiele Lessings und Ayrenhoffs

entscheiden: hier ist Lessing ungleich überlegen. Denn ein Moment bleibt auffällig: Die politische Folgerung, dass nicht der Tyrann, sondern die Tyrannei untergehen müsse, kann einzig im republikanischen Trauerspiel angemeldet und deutlich ausgesprochen werden. Ob freilich das Publikum seine eigene Gesellschaft mit ihren Herrschaftsformen als überwundene oder bestehende Tyrannei begreift, ist eine andere Frage. Lessings »bürgerliche Virginia« formuliert einen gesellschaftlichen Ist-Zustand, der unfrei ist. Die mögliche politische Aktivistin (Orsina) ist keine politische, sondern eine mythische Figur (Furie, Bacchantin),[5] die ›reformistischen‹ Anstrengungen eines Camillo Rota bewirken nichts, im Falle Odoardo Galottis, der früher wohl versucht hatte, politisch zu wirken, haben sie nur seine Ausgrenzung zur Folge gehabt. Das ›republikanische Trauerspiel‹ ist kein ›mythisches‹, sondern ein ›politisches Analogon‹, das als abstraktes Modell in einer bestimmten politischen Situation aktualisiert werden kann und dann auch politisch zu aktivieren vermag: Im historischen Prozess ist das bürgerliche Trauerspiel mitsamt der Hoffnung der es tragenden politischen Schicht, dass eine staatsbürgerliche Emanzipation innerhalb des Absolutismus möglich wäre, an den gesellschaftlichen Verhältnissen gescheitert.

---

5 Darin kommt bereits die Furcht des deutschen Bürgertums vor der Revolution überhaupt zum Ausdruck: Selbst wenn der gesellschaftliche Ist-Zustand (wie in der *Emilia Galotti*) als Chaos begriffen wird, erscheint die Revolution unter den Vorzeichen einer weiteren Entfernung von der Ordnung und als ein Rückfall auf den Mythos.

Die Welt der Kabale

Obwohl es Lessing in der *Emilia Galotti* weder gelungen war, dem bürgerlichen Trauerspiel eine neue Funktion zuzuweisen, noch die alte – der Verbesserung der Menschheit durch das Mitleid – aufrecht erhalten zu können, machte sein Drama Epoche. Nicht freilich bei Lessing selber: Sein *Nathan der Weise* ist die Antwort auf eine als untauglich erkannte Gattung. Gleichwohl bedeutete *Emilia Galotti* die Erschließung eines neuen Themenfeldes für das bürgerliche Trauerspiel: Die Welt der Intrige, die Welt des Hofes ließ sich nunmehr auch mit den Mitteln des bürgerlichen Trauerspiels darstellen. Das alte Privattrauerspiel lebte, in die Welt der Kabale verlagert, weiter, hatte doch Lessing gerade gezeigt, dass zwischen höfischer und bürgerlicher Welt lediglich eine Aporie herrscht und beide voneinander unabhängig – da durch keine Öffentlichkeit vermittelt – existieren. Ein Trauerspiel wie Riebes *Gräfin von Wollberg*[6] unterscheidet sich darin von einer heroischen Tragödie, dass die Thematik vollständig säkularisiert ist, also gerade keine exemplarische Bedeutung besitzt.

Die Gräfin Caroline von Wollberg ist nach dem Verschwinden ihres Verlobten, des Barons Sternfels, vom Fürsten gefangen gesetzt worden, angeblich um ihren Ruf zu schützen, in Wahrheit aber, weil der Fürst sie begehrt. Nun soll Sternfels für tot erklärt werden, da ein Schreiben des Bischofs von Turin seinen Tod bestätigt. Das Schreiben ist jedoch eine Fälschung, deren Urheber der erste Minister des Fürsten, Graf von Weißensee, ist, dem das Erbe des Barons Sternfels zufällt. Er und seine Geliebte, die Frau von Hochberg, wollen das Verderben Carolines. Der Abt, sein alter

---

6 *Die Gräfin von Wollberg*, Berlin 1776 (Verfasser ist nach Auskunft Goedekes ein sonst nicht bekannter Unteroffizier namens Riebe).

Lehrer, versucht, den Fürsten zur Umkehr zu bewegen. Mit dem Tod Sternfels' fallen die Gründe weg, Caroline in Haft zu halten, doch ist der Fürst unentschieden, ob er sie freilassen soll. Bei einer Konfrontation mit der Gräfin lebt eine alte Liebe auf. Caroline hat sich in den Jahren der Gefangenschaft in den Herrn von Freudenberg verliebt, der sie heimlich im Gefängnis besucht. Ihn beauftragt der Fürst, Caroline seine Entscheidung zu überbringen, entweder in die Ehe einzuwilligen oder im Kerker zu bleiben. Weißensee, der weiß, dass Sternfels noch lebt, überzeugt Freudenberg, dass der Fürst Caroline wolle ermorden lassen, damit ihre Gefangenschaft nicht bekannt würde. Er verschafft Freudenberg die Möglichkeit, gemeinsam mit Caroline zu entfliehen. Nun erscheint Sternfels. Der Fürst ist währenddessen bei der Lektüre von *Werthers Leiden* zur Einsicht in die Strafwürdigkeit seines Verhaltens gekommen. In der Unterredung mit Sternfels überwindet er sich, dem Gramgebeugten, der seine Braut gestorben glaubte, die Wahrheit zu enthüllen. Als Sternfels nun Caroline aufsuchen will, ist sie mit Freudenberg entflohen. Der wütende Sternfels weiß nicht, ob Caroline freiwillig geflohen ist oder entführt wurde. Er setzt den Flüchtigen nach und ersticht Caroline, die er in ihrem Reisekleid für den Entführer hält. Die Sterbende verzeiht ihrem Mörder und bittet Freudenberg und Sternfels, einander zu lieben. Als der Fürst erscheint, bezichtigt Freudenberg den Kammerherrn von Weißensee der Urheberschaft an der Tat. Der Fürst verdammt ihn zu ewigem Gefängnis und lädt die beiden Liebhaber der Gräfin von Wollberg an seinen Hof.

Unter der Hand ist das bürgerliche Trauerspiel zu einem Fürstenspiegel geworden. In Dialogführung und Personenzeichnung ist Riebe deutlich von Lessing abhängig, allerdings mit entscheidenden Änderungen: Hier ist der Fürst tatsächlich besserungsfähig. Er liest im *Werther* und monologisiert:

> [...] bin ich ein Tyrann? lieb ich nicht die Gräfin? misgönn ich ihr ihr Vergnügen? – will ich es nicht vermehren? nein, guter Werther, mich kannst du gewiß nicht gemeint haben. – Aber doch, Liebe zu erzwingen, ist schon Gewalt – Grausamkeit – [...] Nein, ich will dich nicht zwingen, nicht grausam seyn; – soll ich leiden, soll ich alle Freuden, alle Glückseeligkeiten des geselligen Lebens entbehren, – gut, so soll doch dies Herz frey seyn von Vorwürfen in sich selbst.
>
> (Riebe, *Die Gräfin von Wollberg*, 103 f.)

Der bürgerliche internalisierte Tugendbegriff wird auf den Fürsten übertragen, er interessiert, wie es die konventionelle Theorie des bürgerlichen Trauerspiels will, als Mensch. Politischer Kritik kann diese Fürstengestalt deswegen unterzogen werden, weil, wie bei Hettore Gonzaga, seine Wankelmütigkeit Ergebnis seiner uneingeschränkten Handlungsfreiheit ist. Ein Gerüst, das der bürgerlichen Tugendforderung bei ihm Durchsetzung verschaffen könnte, gibt es nicht. Er muss all diese Forderungen, die er als gerecht anerkennt, aus eigenem Willen erfüllen: »Fürsten haben keine Freunde! – Trauriges Loos! und doch wahr, zu wahr!« (Ebd., 13.) Dieser Fürst ist ein wankelmütiger Untäter, dem es gelingt, seine schlechte Veranlagung zu überwinden, der auch in der Lage ist, gute Ratgeber zu erkennen. Von der bösartigen Intrige Weißensees kann er nichts wissen. Dieser ist vom Hass auf begünstigtere Höflinge wie Sternfels und Freudenberg getrieben:

> Alle sollen sie herunter – Einer soll den andern verderben, ohne daß sie's wissen, ohne daß sie's vermeiden können. O Fürsten, wenn ihr glücklich seyn wollt, nehmt nie Leute von Verstand zu Rathgebern, es sey denn, daß ihr gut mit ihnen umgehen wollt! Wie hätt' ich dir dienen wollen, Carl, wenn du besser gegen mich gesinnt gewesen wärest, wenn du mir nicht den weibischen Freudenberg vorgezogen hättest!
>
> (Ebd., 22)

Als Sternfels' Ankunft bekannt wird, fragt die Frau von Hochberg ihren Liebhaber, ob er Sternfels nicht einen Angelo entgegen geschickt habe. Weißensee antwortet: »Was Angelo? den haben nur Marinellis nötig« (ebd., 99).

Diese Bemerkung bedeutet eine deutliche Kritik an Lessings Konzeption des von seinem Fürsten völlig abhängigen Intriganten. Lessings Figur ist nur auf dem Boden einer Dramaturgie möglich, in der eine vollständige Interdependenz herrscht. Marinelli ist ein Werkzeug des Fürsten, weshalb die Schlussworte der *Emilia Galotti* reiner Hohn sind, auch wenn wir aus der Rezeption wissen, dass sich ein Großteil des Publikums den Fürsten nur als Verführten denken wollte. Weißensee ist kein jämmerliches, verächtliches Werkzeug, sondern ein Schurke alten Stils, vergleichbar dem Henley in Brawes *Freigeist* (s. oben S. 79). Offenbar meint Riebe, mit seiner Figurenkonstellation Fürst – Weißensee das Muster besser zu erreichen, das Lessing in der Paarung Hettore Gonzaga – Marinelli nur unvollkommen gestaltet hätte. Das sprachlich auf hohem Niveau stehende, effektsichere und von der Psychologie der Figuren her überzeugende Werk Riebes belegt, nach welchen Kriterien die *Emilia Galotti* rezipiert wurde. Die *Gräfin von Wollberg* ist dennoch kein besonders bedeutendes Drama: Dass Caroline die Vorsehung anklagt, ist kein Ausweis für das Aufdämmern einer Theodizeeproblematik, sondern bloß konventioneller Theatereffekt.

Wichtiger ist die *Eulalia* (1777) von Anton Mathias Sprickmann,[7] ein direktes Bindeglied zwischen *Emilia Galotti* und *Kabale und Liebe*.

---

7 Sprickmann wurde 1749 in Münster geboren und war zur Zeit der Abfassung des Trauerspiels dort Rat beim Revisions- und Hofratskollegium, 1779 wurde er Professor der Reichsgeschichte, 1791 Hofrat und 1803 preußischer Regierungsrat in Münster. In der napoleonischen Zeit verließ er seine Heimatprovinz, wurde 1814 Professor in Breslau, 1817 in Berlin. Sprickmann, der bis 1833 lebte, hat sich nur vor 1780 als Dichter betätigt. – Späteste verfügbare Ausgabe: Anton Mathias Sprickmann, *Eulalia. Trauerspiel in fünf Aufzügen*, Hildburghausen / New York 1831 (Miniatur-Bibliothek der Deutschen Classiker, 121).

Der Herzog hatte, nach der Heirat mit der Tochter eines benachbarten Fürsten, seine Geliebte, die Marquisin, mitsamt deren nominellem Gatten, dem Marquis d'Anvriers, zuerst verstoßen, dann aber wieder an den Hof zurückkehren lassen. Den früheren Ehemann der Marquisin hatte der Herzog durch den Marquis ermorden lassen. Die Marquisin empfindet Gewissensbisse, zumal sie erkennen muss, dass sich der Herzog jetzt in Eulalia, die Frau des Grafen Brünov und Tochter des Kanzlers, verliebt hat. Der Marquis gibt in einem Monolog zu verstehen, dass er eine Intrige gegen Brünov und gegen die Marquisin spinnen will, aber nicht mehr als bloßes Werkzeug des Herzogs zu handeln gedenkt, sondern diesen völlig in seine Abhängigkeit bringen will. Eulalia berichtet ihrem Vater, dass sie ein langes Gespräch mit dem Herzog geführt habe, in dem dieser versprochen habe, auf den Pfad der Tugend zurückzukehren. Der Kanzler tadelt sie: Der Herzog sei verderbt, und sie selbst werde durch ihr Handeln ins Gerede kommen. Und so geschieht es: Eulalia empfängt einen Brief von der Herzogin, in dem diese ihr vorwirft, sie sei die neue Mätresse ihres Mannes. Die Herzogin ist an den Hof ihres Vaters zurückgekehrt, um die Scheidung zu betreiben. Ein Brief meldet Brünovs Ankunft. Ihn hatten Herzog und Marquis mit einem diplomatischen Auftrag auf Reisen geschickt, um freie Hand zu haben. Doch Brünov hat der Herzogin zur Abreise geraten und sich zugleich dem herzoglichen Befehl widersetzt. Auf Betreiben des Marquis wird er bei seiner Ankunft am Hof verhaftet und wegen Hochverrats angeklagt. Der Herzog stellt Eulalia vor die Wahl, entweder seine Geliebte zu werden oder die Hinrichtung ihres Gatten in Kauf nehmen zu müssen. Eulalia beschließt, sich das Leben zu nehmen und schreibt dem Herzog einen Brief, in dem sie erklärt, sie sei bereit, in seine Forderungen zu willigen, wenn sie nur ihren Mann noch einmal sehen dürfte. Der Marquis sorgt dafür, dass die Marquisin diesen Brief erhält. Sie eilt damit in das Gefängnis Brünovs. Im gemeinsamen Wunsch nach Rache beschließen die beiden, den Herzog und Eulalia bei ihrem Stelldichein zu ermorden. Im letzten Gespräch mit ihrem Mann versucht Eulalia, ihn von ihrer Unschuld zu überzeugen. Vor dem Selbstmord zaudert sie, doch als der Herzog auch durch flehentliches Bitten nicht zu bewegen ist, von seinem ehebrecherischen Vorhaben abzustehen, vergiftet sie sich. Die mit mörderischer Absicht hereinstürmende Marquisin und Brünov werden überwältigt. Der zerknirschte Herzog lässt den Marquis verhaften und kündigt ihm eine grausame Hinrichtung an. Die sterbende Eulalia bittet ihren Mann und ihren Vater, den Herzog zu verschonen, ihm zu verzeihen und als Ratgeber zur Seite zu stehen. Der Herzog seinerseits möge der Marquisin gnädig sein.

Sprickmanns handlungsreiches Drama steht hinsichtlich seiner Dialogführung nicht in der Tradition Lessings, sondern besitzt Züge einer heroischen Märtyrertragödie, worin es einerseits der älteren Abschreckungstragödie verwandt ist, andererseits den Einfluss der Dramatik des Sturm und Drang verrät. Gleichzeitig zeichnet es sich durch einen spezifisch bürgerlichen Tugenddiskurs aus, der sich hier weniger an der Vater-Tochter- als an der ehelichen Beziehung konkretisiert. Sprickmann zeigt die höfische Welt im Zustand vollständiger moralischer Zerrüttung, wobei das moralische Versagen des Herzogs im Mittelpunkt steht. Der Kanzler erklärt seiner Tochter, eine Bekehrung des Herzogs sei nicht mehr möglich, denn auf seiner Kavalierstour sei er zu einem Wollüstling geworden. Der alte Mann formuliert das Dilemma des wohlmeinenden Politikers am Hof eines korrupten Duodezfürsten:

> Nein; dafür hat er gereist, und gesehn all die Herrlichkeit Frankreichs! Ha, das mußte dem Teufel eine Lust sein, zu sehen, wie ihn das kleine Jahr in Paris so mürbe gemacht hatte! Was sollt ich thun? reden? Ein

Wort hätte mich völlig gestürzt; also lieber in der Stille
fortgethan das bischen Gute, was ich noch thun kann,
als vollends nichts thun zu können, wenn ich mehr
hätte thun wollen. (Sprickmann, *Eulalia*, 34)

Angesichts der absolutistischen Willkür bleibt dem Politiker mit bürgerlicher Gesinnung nichts übrig als ein fauler Kompromiss, der Rückzug in die Innerlichkeit seiner eigenen Überzeugung (der Kanzler ist natürlich ein Adliger, aber der Standesunterschied ist deshalb nicht entscheidend, weil sich Sprickmann völlig innerhalb des bürgerlichen Tugenddiskurses bewegt, also kein ›Sittengemälde‹ schreibt). Auffällig sind die deutschtümelnden und antifranzösischen Äußerungen in diesem Drama, erste Vorzeichen eines kommenden Nationalismus. Mit großer Sympathie ist die Marquisin gezeichnet. In ihrem Racheverlangen ist sie der Gräfin Orsina vergleichbar, besitzt aber auch die Fähigkeit zu Mitgefühl und solidarischem Handeln. Den Grafen Brünov, der sie zunächst als »abgefeimtes Lustweib« (ebd., 54) beschimpft, weist sie würdevoll in die Schranken und gewinnt ihn zum Mittäter und Freund. Eine kleine Veränderung der Umstände, erklärt sie, hätte auch ihn fallen lassen können, denn sie, die Marquisin, habe den Herzog eben geliebt und zuvor in einer unglücklichen Ehe gelebt. Diese Rechtfertigung aus dem Gefühl hebt zwar die rigiden bürgerlichen Tugendforderungen nicht auf, nach denen sie eine ›Gefallene‹ ist, gleichwohl wird die Marquisin – sicher wegen ihres Besserungsvorhabens – eindeutig der Tugendpartei zugeschlagen; von der sterbenden Eulalia wird sie als ›Freundin‹ (ebd., 107) angesprochen. Als sie die Sterbende, die sie für die neue Mätresse gehalten hatte, erblickt, geht »die Wuth [...] in Bewunderung, diese nach einem Blick auf sich selbst, in Reue über« (ebd., 106).

Sehr negativ ist der Herzog dargestellt, vor allem in der Szene, als Eulalia ihn anfleht, auf seine Bedingung für die Freilassung Brünovs zu verzichten:

> Ich höre das nicht! Sehe nur die Reize alle, in jeder
> Thräne neue Schönheit, in jeder neuen Schönheit neue
> Liebe, mein ganzes Sein nur Sinn zur Liebe!
>
> (Ebd., 102)

Mit nackter Offenheit spricht sich die Brutalität dieses Fürsten aus, der hier eine legale Vergewaltigung durchführen will. Mit solcher Brutalität trat Hettore Gonzaga in *Emilia Galotti* niemals auf, so dass das Argument, nur sein Werkzeug Marinelli treffe die volle Schuld, hier im Verhältnis Herzog – Marquis erst recht nicht als Entschuldigung angeführt werden kann. Gonzaga verbannt, als er zur Einsicht kommt, seinen Helfershelfer, dieser Herzog hingegen lässt einer – von eigener Schuld ablenkenden – Bestrafungsphantasie gegenüber dem Marquis freien Lauf:

> Ha, es giebt noch Henker im Lande! faßt ihn! ins Gefängniß! ins schrecklichste, das ist! täglich ein kleines Glied von seinem Körper herunter, das neben ihm verfaule, bis seiner kein Gedanke mehr ist, als in der Hölle! (Ebd., 105)

Man könnte sich hier gewiss fragen, ob die Verschärfung der Bosheit gegenüber Lessing bloß ein stilistisches Darstellungsmittel sei, ein Reflex der Dramaturgie des Sturm und Drang. Diese Erklärung trägt aber nicht angesichts der Tatsache, dass hier zum ersten Mal in einem bürgerlichen Trauerspiel – auch wenn dieses im höfischen Milieu angesiedelt ist – der Morddolch gegen einen Fürsten gezückt wird. Dass das Drama diese Möglichkeit sogleich mit den Worten der sterbenden Eulalia dementiert, besagt wenig, weil der Zuschauer Bewunderung und Rührung über Eulalias Tugend empfinden soll. Das Eindringen der Rächer erfolgt gerade in dem Moment, als Eulalia das Gift genommen hat, weil sie sich gegen die Brutalität des Herzogs anders nicht helfen konnte. Das Publikum ist also emotional so eingestellt, dass der Tod des Herzogs nur als gerechte Strafe empfunden werden könnte und der folgende Umstand, dass Eulalia für ihn bittet, nur einen ästhetischen Überschuss produziert. Naturgemäß ist Sprickmanns Lösung, dem Herzog die bürgerlich-tugendhaft Gesinnten als Berater an die Seite zu stellen, noch weniger überzeugend als das flaue Ende der *Emilia Galotti*. Doch während dieses in der Tat Ausdruck für eine erkannte ästhetische und politische Aporie war, ist Sprickmanns Variante lediglich konventionell und deswegen auch nicht weiter interpretationsbedürftig.[8] Wichtig an diesem Drama ist, dass es den Hof aus bürgerlicher Perspektive als abscheuliche und unmenschliche Gegenwelt ausmalt.[9] Sprickmanns *Eulalia* ist eines der ganz wenigen Dramen, in denen der Fürst direkter Angeklagter ist. Und mehr noch: Der Widerstand wird hier nicht nur erwogen, sondern der Mordversuch szenisch visualisiert. An eine solche Dramaturgie konnte Schiller anknüpfen, als er in *Kabale und Liebe* die höfische Welt explizit als eine Verbrecherwelt darstellte; er konnte allerdings – weil er das unterständische Milieu der Millers einbeziehen wollte – nicht zu einer Dramaturgie direkten politischen Handelns gelangen. Das private bürgerliche Abschreckungstrauerspiel Sprickmanns wird naturgemäß auch nur als privates politisch: nicht der Stand, sondern die Person rebelliert. Im absolutistischen System aber trifft sich das Private und das Politische in der einen Person des Souveräns. Insofern steht Sprickmanns Drama zwischen bürgerlichem Trauerspiel und politisch-heroischer Tragödie.

[8] Ob Sprickmann dieser Lösung Plausibilität geben wollte, ist eine offene Frage. Vielleicht zielte er auf einen Fürstenspiegel ab, der mit Schocktherapie arbeitet – sein Herzog kann sich, anders als Hettore Gonzaga, nicht einreden, letztlich schuldlos in die Falle seines Helfershelfers getappt zu sein. Entscheidend ist letztlich, dass dieser Herzog für die Zuschauer Objekt des Hasses und der Verachtung ist.
[9] Der offene Rückzug ins Private wird als Möglichkeit ausgeschlossen: Zu Beginn des Dramas kehrt die Marquisin von ihrem Landgut an den Hof zurück, weil sie nicht anders kann; und der Kanzler tritt nicht in den Privatstand zurück, nachdem der Herzog zum Verbrecher geworden ist.

Für die Geschichte der Gattung des bürgerlichen Trauerspiels ist Sprickmanns *Eulalia* deswegen wichtig, weil es belegt, dass in den siebziger Jahren keineswegs eine ausschließliche Ausrichtung auf das ›Familiengemälde‹ zu beobachten ist. Sprickmann zeigt auf, dass eine politische Radikalisierung des Theaters über Lessing hinaus gewünscht wird. Sie ist aber hier gerade nur unter Rückgriff auf einen als allgemein verbindlich verstandenen bürgerlichen Tugenddiskurs und unter Verzicht auf eine Standeskonfrontation zu gewinnen. Trotz einer zunehmend als unerträglich empfundenen Lage fehlt eine übergreifende politische Organisation, die dem Verlangen nach Abhilfe Geltung verschaffen könnte. Sprickmann führt vor, dass die Person des Souveräns antastbar ist: allerdings ist nicht abzusehen, wie das (anders als bei Lessing durchaus nicht eindeutig negativ gewertete) terroristische Handeln des Grafen Brünov und der Marquisin für Veränderungen des Systems sollte sorgen können.

Immerhin ist es das erste und – meiner Kenntnis nach – einzige Mal, dass sich ›Tugend‹ (Brünov) und ›Laster‹ (Marquisin) auf dem Boden aktiven politischen Handelns solidarisch finden.

Zu gleicher Zeit lebte – abseits Lenz'scher Radikalität – auch das ›Sittengemälde‹ fort. Interessante Neuerungen bringt *Der Deutsche Hausvater* (1780, umgearbeitet 1782)[10] des Reichsfreiherrn Otto Heinrich von Gemmingen (1755–1836). In dramaturgischer Hinsicht hat Gemmingens Schauspiel mit Diderot nichts zu tun.

Im Mittelpunkt steht das Haus des Grafen Wodmar und seiner drei Kinder Karl, Sophie und Ferdinand. Während der Abwesenheit des Vaters haben sich in seinem Hauswesen Konflikte ergeben: Graf Monheim, der Gemahl Sophies, hat sich seiner Frau entfremdet; Karl hat ein Verhält-

---

10 Wiederabgedr. in: Adolf Hauffen (Hrsg.), »Das Drama der klassischen Periode«, S. 11–83.

nis mit Lottchen, der Tochter eines Malers, begonnen, das nicht ohne Folgen geblieben ist, und Ferdinand, der künftige Ordensritter, verabsäumt seine militärischen Pflichten und hat sich in Spielschulden gestürzt. Zunächst verschärft das Eingreifen des von unbedingter Rechtlichkeit und Vernunft geleiteten Hausvaters die Konflikte: Sophie rät er zur Nachgiebigkeit, doch Graf Monheim begegnet seiner Frau mit brutalen Beschimpfungen, weil er glaubt, diese habe sein Verhältnis mit der Amaldi, einer adligen Witwe, hintertrieben. Karl soll auf seine Pflichten sehen und das bürgerliche Mädchen nicht ins Unglück stürzen, woraus Karl den Schluss zieht, er müsse Lottchen verlassen und stattdessen die Gräfin Amaldi heiraten. Dieser Konflikt, der Ähnlichkeiten mit Wagners *Kindermörderin* hat, führt hier aber nicht zur tragischen Katastrophe: Lottchen, damit konfrontiert, dass ihr Vater gerade eine Kindsmörderin malt, entflieht und bittet Amaldi, auf Karl zu verzichten. Der Hausvater und der Maler Wermann, die sich zwischenzeitlich über die Standesgrenzen hinweg schätzen gelernt haben, folgen Lottchen und bringen sie in das Haus des Hausvaters, wo alle Konflikte harmonisch aufgelöst werden: Ferdinands angebliche Feigheit stellt sich als grundloser Verdacht heraus, und der Vater bezahlt seine Schulden. Die ihm von seinem Vater verschaffte Majorsstelle soll er erst antreten, wenn sein Verhalten belegt, dass er sich gebessert hat. Karl, der seinen Konflikt als einen zwischen Pflicht und Neigung begreift, wird belehrt, dass seine menschlichen seinen ständischen Pflichten vorangehen. Er wird mit Lottchen verheiratet und soll das Gut seines Vaters verwalten, da eine Karriere am Hof ihm mit dieser Heirat verschlossen ist. Bei Sophie und dem Grafen Monheim willigt der Hausvater scheinbar in die von beiden Seiten gewollte Scheidung. Die Frage, wem das Sorgerecht für den kleinen Fritz zufallen soll, und der Wunsch des Kindes, bei beiden bleiben zu wollen, sorgt für die glückliche Auflösung auch dieses Konflikts.

Gemmingens Schauspiel besitzt Rührstückaspekte, unterscheidet sich aber von späteren Versuchen in dieser Gattung durch das dramaturgische Moment, dass der Dialog von breit ausgemalten Verhaltenslehren durchzogen ist. Dreh- und Angelpunkt sowie gottväterliches moralisches und praktisches Orientierungszentrum ist der adlige Hausvater. Direkt wird eine konservative Gesellschaftsutopie entworfen, in der alle Konflikte durch Vernunft und Menschlichkeit auf dem Boden der bestehenden Gesellschaftsordnung lösbar sind. Allen Ständen wird dabei ein eigenes Selbstbewusstsein zugestanden. Nicht nur der Hausvater, sondern auch der Maler Wermann widersetzen sich anfänglich einer Heirat über die Standesgrenzen hinweg. Das ständische Selbstbewusstsein verharrt hier gerade in seiner Sonderexistenz.[11] Nachdem Wermann dem Hausvater gesagt hat, dass er seine Tochter nicht an einen Adligen verheiraten wolle, erklärt er, dass er seinen Stand nicht für schlechter halte. Es entspinnt sich folgender Dialog:

MALER. Verstehen Sie mich recht, ich erkenne den Unterschied der Stände, aber innerlichen Werth kenne ich keinen in ihnen. Denn sehen Sie, wenn der Rücken sich für den Grafen beugt, so hat der Graf vor so manchem Schurken nichts voraus, dem ich das nämliche that; aber wenn ich als Mann dem, welchen ich wieder für einen Mann halte, diese Hand reiche.

HAUSVATER. Mir gieb, mir diese Hand, ich verdiene sie.

---

11 Ähnliche Momente eines ständischen Selbstbewusstseins mit dem Verlangen nach einer Sonderexistenz findet man ansatzweise bei Wagner. Ein weiteres Beispiel führt Guthke (B 2a: 1994, 78) aus einem anonymen, als bürgerliches Trauerspiel bezeichneten Drama *Der Büchsenmacher* (1775) an. Dieser Konservativismus ist gleichwohl die Ausnahme. In den Stücken Lessings und Schillers findet er sich ebenso wenig wie in den Dramen Ifflands, für den bürgerliches Aufstiegsstreben nicht per se verwerflich ist. Die oben angeführte Konstellation in *Das Erbtheil des Vaters* (1802) ist völlig anders, weil zwischenzeitlich in Frankreich das Bürgertum an die Macht gelangt ist.

> (*Sie geben sich die Hände.*) Und nun bei diesem
> Druck – – – [...] wir sind also zween teutsche Männer?
> MALER. Ich denke so.
> HAUSVATER. Wohl dann, wie Mann zu Mann. Mein
> Sohn liebt Ihre Tochter; zwei junge Leute; vorgebeugt der Gefahr [...].
>
> (Gemmingen, *Der deutsche Hausvater*, 66 f.)

Es ist klar, dass in einer solch idealisiert-konservativen Utopie ein Standeskonflikt überhaupt nicht auftreten kann. Die Harmonie ist allerdings nur durch ›Natur‹, den Vorrang der allgemeinmenschlichen Pflichten und Neigungen vor den ständischen, garantiert. Dieses Moment wird in der Aussprache des Hausvaters mit seinem Sohn Karl deutlich. Karl hat sich bei der Entscheidung zwischen Pflicht (der Heirat mit der Amaldi und dem gesellschaftlichen Aufstieg) und Neigung (der Heirat mit Lotte, seiner Geliebten) für die angebliche Pflicht entschieden. Sein Vater aber malt ihm das bevorstehende Elend der Wermanns aus und verlangt dann von ihm, seine ›Pflicht‹ zu tun, wobei er diesen Begriff umdefiniert:

> Ehe ich noch alles wußte, ehe ich Deine Verbindungen, Deine Schwüre wußte, sah ich die Sache für eine zu ersetzende Unbesonnenheit an; da sagte ich dir, gehe hin, entsage ihr. Aber itzt, da ich alles weiß, sage ich, obschon mit beklemmtem Herzen, gehe hin, nimm sie zum Weibe: dein Stand hebt die Verbindlichkeiten des ehrlichen Mannes nicht auf. (Ebd., 78)

Eine solche Verbindung wird freilich nicht positiv gesehen, weil sie beiden Eheleuten in der Gesellschaft schadet, daneben aber auch, weil sie ein schlechtes Beispiel abgibt. Der Hausvater, der von einem Bauern seiner Güter erfahren hat, dass der eingesetzte Amtmann ein Schuft ist, überträgt seinem Sohn die Verwaltung:

Du sollst meine Güter in Besitz nehmen; es ist mir ohnedem lieb, daß ein Beispiel wie dieses aus den Augen der Welt komme; es ist doch immer Zerrüttung bürgerlicher Ordnung, und, solange das Vorurtheil dauert, gefährlich, wenn es zur Nachahmung reizt. (Ebd., 83)

Ideologisch bietet Gemmingens Werk einen konservativen Reformismus an, was besonders in der Szene mit dem Bauern und dem Amtmann deutlich wird, die als einzige des Dramas eine sozialpolitische Dimension besitzt. Die Bauern auf dem Gut Wodmars sind Unfreie, sie sind gültpflichtig und an die Weisungen des Amtmanns gebunden. Der Graf will an dem Zustand der Untertanenschaft nichts ändern, erklärt aber:

Wenn der Bauer widerspenstig ist, so ist es größtentheils die Schuld der Herrschaft. [...] Ist es nicht genug, daß durch des armen Bauers Schweiß der Edelmann genährt wird? Wir müssen viele Mühe anwenden, um nur einigermaßen in einem Staate wieder gut zu machen, was der Adel dem nährenden Stande, mithin dem allgemeinen Wesen schadet. (Ebd., 41)

Die bemerkenswerte politische Haltung Gemmingens, die sich vermutlich nur unter Hinweis auf seinen reichsfreiherrlichen Stand erklären lässt, trug zum Erfolg des *Deutschen Hausvaters* sicherlich nichts bei. Hier wirkten die effektsicheren Rührungsmomente, etwa die Szene, in der der kleine Sohn die Versöhnung seiner Eltern bewirkt – eine Versöhnung, für die der Hausvater auch folgerichtig die ›Natur‹ verantwortlich macht. Diese Momente sind beliebig in einen geschlossen bürgerlichen Kontext übertragbar, weil das ›Natürliche‹ eben das Bürgerliche ist. Interessanter ist demgegenüber aber die ideologische Eigenständigkeit Gemmingens, dessen Konservativismus verrät, wie stark das Krisenbewusstsein um 1780 bereits ausgeprägt war.

Schillers *Kabale und Liebe*

Schillers *Kabale und Liebe*[12] ist in vieler Hinsicht ein exzeptionelles Werk, schon darin, dass es im Schaffen des Autors ganz offenkundig einen Irrweg bedeutete (s. oben S. 7 f.). Die Bedürfnisse, die Schiller dramatisch formulieren wollte, ließen sich ganz offenkundig im bürgerlichen Drama nicht artikulieren. Gleichzeitig aber wirkte offenbar der Zwang, die unglaublich bedrückenden Zustände, die er selbst in der Karlsschule hatte erleiden müssen, dramatisch zu gestalten. Württemberg war ein Extremfall unter den deutschen Feudalstaaten, nicht zuletzt auf Grund der schillernden Persönlichkeit des Herzogs, der sich einerseits als Aufklärer feiern ließ, andererseits willkürlich in die ständische Verfassung eingriff, am Soldatenhandel beteiligt war und Bürgermädchen in sein Serail verschleppte.[13] Von den Schülern seiner Karlsschule ließ sich der Despot, der ihnen jeden Kontakt zu ihren Familien untersagte, als Vater feiern. Dass Schiller bis zum *Don Carlos* stets pathologische Vater-Sohn-Beziehungen in den Mittelpunkt stellte, hat hier seine biographische Ursache. Es ist unverzichtbar, die zeitgeschichtlichen Hintergründe in Rechnung zu stellen, wenn man über den ›Realismus‹ in *Kabale und Liebe* urteilen will, man muss dann aber auch fragen, wie es mit der Übertragbarkeit der Württemberger Erfahrungen auf die übrigen deutschen Territorien ausgesehen hat. Zweifellos ist *Kabale und Liebe* von den Zeitgenossen (mit der sehr wichtigen Ausnahme von Karl Philipp Moritz) als eine direkte Konfrontation der Klassen empfunden worden, wenngleich eine textimma-

---

12 Hans Henning (Hrsg.), »Schillers *Kabale und Liebe* in der zeitgenössischen Rezeption«, Leipzig 1985, darin ein reprograph. Nachdr. der Erstausgabe S. 1–167; weitere Ausgaben und Sekundärliteratur siehe Bibliographie (6c).

13 Für seine Mätressen, überwiegend italienische Kurtisanen, ließ er einen besonders großen und langen Reisewagen anfertigen, die so genannte »Wurst«.

nente Lektüre diese Beobachtung nicht bestätigt, so weit es den Handlungsnexus betrifft. Denn der erweist sich als ein misslungener Versuch, die Struktur der *Eulalia* mit der Dramaturgie des Sittenstücks zu verbinden.

Zwischen dem Major Ferdinand von Walther, dem Sohn des Präsidenten, und Louise Millerin, der Tochter eines Musikanten, hat sich ein Liebesverhältnis entsponnen. Der Präsident aber beabsichtigt, Ferdinand mit Lady Milford, der Mätresse des Fürsten, zu verheiraten, und versucht, ihn zu dieser Heirat, die seinen Einfluss am Hof festigen soll, zu zwingen. Ferdinand bemüht sich in einer Unterredung mit der Milford, deren Unmut zu erregen. Es zeigt sich jedoch, dass Milford diese Eheschließung wollte, um aus ihrem verhassten Stand zu entfliehen. Der Präsident greift zu Gewaltmitteln: Er will den Musikus verhaften und Louise an den Pranger stellen lassen. Die Auseinandersetzung endet, als Ferdinand seinem Vater droht, das Geheimnis des Verbrechens zu enthüllen, mit dessen Hilfe er Präsident geworden ist. Nun rät Wurm, der Sekretär des Präsidenten, zur List. Der Musikus wird unter dem Vorwand, seine Äußerungen gegen den Präsidenten seien Majestätsbeleidigung, verhaftet und Louise gezwungen, einen Brief zu schreiben, der auf ein Verhältnis zu dem Hofmarschall von Kalb schließen lässt. Dieser Brief wird Ferdinand in die Hände gespielt. Nach einem Gespräch zwischen Louise und der Lady Milford beschließt diese, das Land zu verlassen, um fortan ein tugendhaftes Leben zu führen. Louise, die hatte schwören müssen, nicht zu verraten, wie der Brief entstand, erwägt den Selbstmord. Ihr Vater warnt sie vor dieser Todsünde. Nun tritt Ferdinand auf und stellt sie zur Rede. Da sie seinen Verdacht nicht zu entkräftigen wagt, vergiftet er sie und sich selbst. Zuvor hatte er den Musikus mit einem Brief zu seinem Vater geschickt, in dem er die Bluttat ankündigte. Die sterbende Louise erzählt Ferdinand die Wahrheit. Der Präsident schiebt die Schuld an dem Ver-

Friedrich Schiller
Gemälde von Jakob Friedrich Weckherlin
(Zuschreibung, um 1780)

brechen auf den Sekretär Wurm, der daraufhin ankündigt, die Verbrechen des Präsidenten bekannt zu machen. Mit einer Versöhnungsgeste zwischen Vater und Sohn endet das Drama.

Kabale und Liebe ist ein effektsicheres Kriminalstück, dessen Motivationen unbefriedigend sind, das aber gleichwohl großen Erfolg hatte und zwar wegen der Schärfe seiner moralischen und politischen Anklage.[14]

In einer Vorlesung *Was kann eine gute stehende Schaubühne eigentlich wirken?* (1784) beruft sich Schiller ausdrücklich auf die traditionelle aufklärerische Abschreckungsdramaturgie:

> Die Gerichtsbarkeit der Bühne fängt an, wo das Gebiet der weltlichen Gesetze sich endigt. Wenn die Gerechtigkeit für Gold verblindet und im Solde der Laster schwelgt, wenn die Frevel der Mächtigen ihrer Ohnmacht spotten und Menschenfurcht den Arm der Obrigkeit bindet, übernimmt die Schaubühne Schwert und Waage und reißt die Laster vor einen schrecklichen Richterstuhl. [...] Es ist nicht Übertreibung, wenn man behauptet, daß diese auf der Bühne aufgestellten Gemälde mit der Moral des gemeinen Manns endlich in eines zusammenfließen und in einzelnen Fällen seine Empfindung bestimmen.
> (Zit. nach: »Sturm und Drang.
> Weltanschauliche [...] Schriften«, Bd. 2, 411 f.)

Für den frühen Schiller ist die Schaubühne eine moralische Anstalt, die hauptsächlich mit dem Mittel der Abscheu arbeitet. Eine Konzeption tragischer Schuld ist dafür nicht vonnöten. Unter dem Diktat der Moral werden Fragen nach wahrscheinlicher Motivierung oder geschlossener De-

---

14 Vgl. den Brief Karl Friedrich Zelters an Goethe vom 6. Mai 1830 (s. Anm. 18, S. 167 im vorliegenden Band).

termination des Handlungsverlaufs sinnlos. Deshalb wäre es auch falsch, im Handlungsnexus nach einer direkten Konfrontation der Stände zu suchen, die diesem schlechterdings nicht abzugewinnen ist. Das eigentliche Gerüst der Handlung bildet der Konflikt zwischen dem Präsidenten und seinem Sohn – ein Konflikt, der politisch gemeint ist, aber explizit *kein* Standeskonflikt ist.[15] Das Verlangen des Präsidenten ist nicht, seinen Sohn standesgemäß zu verheiraten, sondern ihn zum Mittäter zu machen. Die Ehe mit der Mätresse des Fürsten würde Ferdinand in den Augen der bürgerlichen Welt stärker herabwürdigen als die Ehe mit einer Musikerstochter. Da eine Mätresse hinsichtlich Ansehen und Einfluss ganz von der Gunst des Fürsten abhängig ist, ist die Behauptung des Präsidenten, durch die Heirat seines Sohns die eigene Stellung am Hof zu festigen, auch unter dem Gesichtspunkt höfischen Verhaltens abwegig. Besser wäre es, Ferdinand eine einflussreiche Position zu verschaffen, ihn gleichsam als Kapital für die Zukunft in der Hinterhand zu behalten. In der Unterredung mit seinem Sohn beruft sich der Präsident ausdrücklich darauf, seine Verbrechen für den Aufstieg des Sohnes begangen zu haben:

> Ferdinand! – Wem zu lieb hab ich die gefährliche Bahn zum Herzen des Fürsten betreten? Wem zu lieb bin ich auf ewig mit meinem Gewissen und dem Himmel zerfallen? – Höre Ferdinand – (Ich spreche mit meinem Sohn) – Wem hab ich durch die Hinwegräumung meines Vorgängers Platz gemacht – eine Geschichte, die desto blutiger in mein Inwendiges schneidet, so sorgfältiger ich das Messer der Welt verberge.
>
> (Zit. nach: Henning, B 6c: 1985, 26 f.)

---

15 Es ist der Konflikt, der auch zwischen König Philipp und seinem Sohn Karlos herrscht, das Thema des widernatürlichen Vaters. Vgl. hierzu Rochow (B 6c: 1995).

Diesem kruden Bekenntnis fehlt alle psychologische Wahrscheinlichkeit: Der Präsident hätte, wäre er der Intrigant, der er zu sein vorgibt, keinen Grund, seinen Sohn ins Vertrauen zu ziehen. Und selbst wenn man darin eine verzerrte Formulierung der Feststellung erblickte, er erwarte Dankbarkeit, da er für seinen Sohn Opfer gebracht habe, bleibt unverständlich, wieso er dann dem Sohn genau die Gewissensopfer abfordert, die er ihm angeblich ersparen wollte. Schillers Schockdramaturgie will das Laster in seiner ihm eigenen Hässlichkeit und Widergöttlichkeit zeigen, deshalb gewinnt der Präsident eine Dimension des (im theologischen Sinne) Bösen. Als gelernter Dissimulant müsste er dann sofort von seinem Heiratsverlangen Abstand nehmen, als er erkennt, dass Ferdinand es entschieden ablehnt. Denn durch seine Hartnäckigkeit bringt sich der Präsident selbst in Gefahr: Als er Gewalt gegen Louise brauchen will, schleudert ihm Ferdinand die Worte entgegen:

> Kein menschliches Mittel lies ich unversucht – ich muß zu einem teuflischen schreiten – Ihr führt sie zum Pranger fort, unterdessen (*zum Präsidenten in's Ohr rufend*) erzähl' ich der Residenz eine Geschichte, wie man Präsident wird. (Ebd., 68)

Auf ähnliche Weise bringt im *Don Carlos* der Infant seinen Vater zur Raison, indem er ihn an das Verbrechen der Vaterschändung, das dieser an Karl V. verübte, erinnert. Die Schlussszene des 2. Aktes ist der eigentliche Höhepunkt in *Kabale und Liebe*: Sie bringt eine doppelte Konfrontation – die Konfrontation des Vaters mit dem Sohn, welche die Entscheidung erzwingt, und die Konfrontation des bürgerlichen Musikus mit dem Präsidenten. Beide Konfrontationen sind aber nur zufällig miteinander verknüpft. Der Präsident will ein willkürliches Verbrechen an der Familie Miller begehen, sein Sohn aber tritt ihm mit dem Hinweis auf ein Verbrechen entgegen, das längst verübt wurde. Wenn

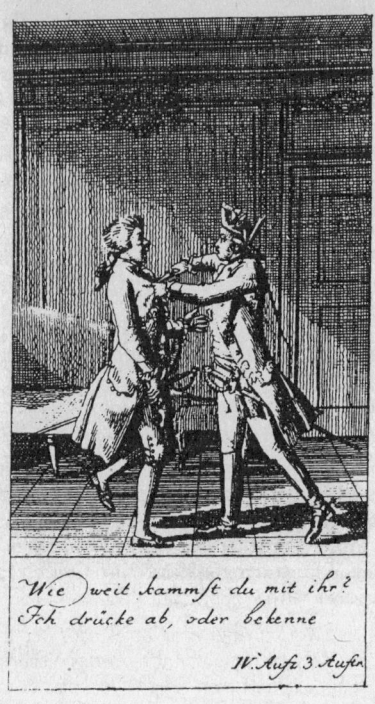

Kupferstich von Daniel Chodowiecki zu Schillers
Kabale und Liebe (1785)

Schiller lediglich eine Fassung der Geschichte einer Heirat über Standesgrenzen hinweg hätte schreiben wollen, könnte das Drama hier enden. Aber auch Ferdinand kann sich nicht seinem Vater entziehen: Er muss zu einem teuflischen Mittel greifen, sein Vater zwingt ihm ein Verhalten auf, welches er verabscheut. In einer von verbrecherischen Vätern beherrschten Welt müssen die Söhne in der Emanzipation gegen diese Väter selbst gegen die bürgerlichen Tugendvorstellungen verstoßen, die sie vertreten wollen.

Der zweite Teil des Dramas (Akt 3–5) ist dramaturgisch sehr ungeschickt mit den beiden ersten Akten verknüpft: Plötzlich greift der Präsident zu dem Mittel, das er schon längst hätte gebrauchen sollen, dem Mittel der Intrige. Ähnlich wie in Sprickmanns *Eulalia* der Herzog nötigt hier der Präsident – beide sind durch ihre Helfershelfer dazu veranlasst – die betroffene Frau durch die drohende Hinrichtung des Vaters/des Gatten, sich ihrem Geliebten/Gatten gegenüber als untreu zu bekennen. Doch Ferdinand ist kein Graf Brünov – seine Aggression richtet sich nur gegen die Geliebte, nicht auch gegen den Urheber der Tat. Der Grund dafür liegt in der Verschiebung der Personenkonstellation: Bei Sprickmann konkurrieren der Graf und der Herzog um die eine, begehrte Frau; bei Schiller das Opfer der Intrige, Louise, und ihr Urheber, der Präsident, um den einen begehrten Sohn. Und diese Konstellation gibt politisch nichts her. Doch in der Konstellation Philipp, Carlos und Elisabeth (im *Don Carlos*) wird Schiller praktisch gleichzeitig (denn er arbeitete schon an seinem nächsten Stück, bevor er *Kabale und Liebe* abschloss) genau die Sprickmannsche Konstellation aufgreifen – allerdings dadurch verschärft, dass der ›Landesvater‹ Philipp zugleich der Vater, nicht nur der Landesherr seines Opfers ist. In *Kabale und Liebe* gibt es jedoch auch eine Erinnerung an diese bedenkliche Konkurrenz, aber bezogen auf die Lady Milford:

FERDINAND. [...] Würden Sie Vater zu dem Schurken
Sohne seyn wollen, der eine privilegierte Bulerin
heuratete?
PRÄSIDENT. Noch mehr. Ich würde selbst um sie werben, wenn sie einen Fünfziger möchte – Würdest du
zu dem Schurken Vater nicht Sohn seyn wollen?
(Zit. nach: Henning, B 6c: 1985, 29)

Die Rigidität der bürgerlichen Tugendvorstellungen, die
Schiller für seinen Helden Ferdinand unerlässlich sind, lassen die Gestaltung einer Konkurrenzsituation, in der Vater
und Sohn um die eine, geliebte Frau konkurrieren, als ernsthafte Alternative nicht zu. Deshalb muss hier die Nebenfigur von Kalb, der, in die Verbrechen des Präsidenten
verwickelt ist, als Ersatzfigur einspringen, wenn er als angeblicher Nebenbuhler Ferdinands um die Gunst Louises
ausgegeben wird. Der Schluss des Dramas ist, wie schon die
Zeitgenossen bemerkten, eindeutig dem Shakespeare'schen
Othello nachgebildet – bis zur Entlarvung des Präsidenten,
wo dann wieder das Vorbild der *Emilia Galotti* herangezogen wird: Ganz wie Hettore Gonzaga steht der Präsident
erschüttert neben dem sterbenden begehrten Objekt – hier
ist es allerdings der eigene Sohn – und wälzt seine Schuld
wie Pilatus auf seinen Helfershelfer:

Von mir nicht, von mir nicht, Richter der Welt, fodre
diese Seelen von Diesem! [...] Von Dir Satan! – Du,
du gabst den Schlangenrath – Ueber Dich die Verantwortung – Ich wasche die Hände. (Ebd., 165)

Nun ist Schiller allerdings anscheinend eine befriedigendere Lösung möglich als Lessing oder Sprickmann: Der eigentliche Urheber bleibt hier nicht ungestraft. Wir dürfen
dabei jedoch nicht vergessen, dass der Präsident nur der
Stellvertreter seines Souveräns ist und deshalb eben auch
den Gesetzen unterworfen.
Der strukturelle Vergleich zwischen Lessing, Sprickmann

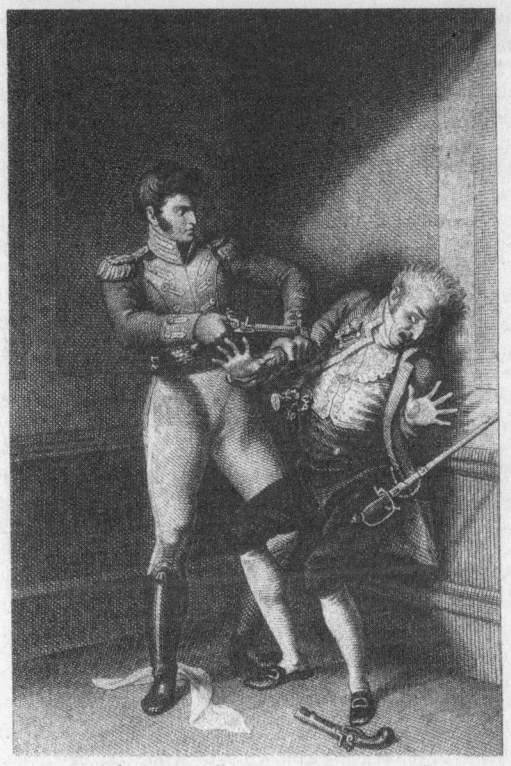

Kabale und Liebe, 1ter Act, 3te Scene
Ferdinand. Wie weit kamst du mit ihr?
Ich drücke ab, oder bekenne.

Kupferstich nach Johann Heinrich Ramberg zu Schillers
Kabale und Liebe (1819)

und Schiller verrät hier, dass Schillers Konzeption (handlungspragmatisch) weniger radikal ist. Am Ende steht – wie in einem beliebigen Rührstück – die rächende Instanz des Staates, zwar nicht der Souverän, aber die ihn vertretenden Gerichte.[16] Darin freilich erschöpft sich Schillers Drama nicht. Denn der konventionelle Schluss ist nur möglich, weil der Souverän als Person an der Intrige nicht beteiligt ist. Die Strafe wird den Präsidenten für die Verbrechen ereilen, mit denen er seinem Souverän geschadet hat, nicht für seine in dem Drama behandelten Untaten an dem Sohn und der Familie des Musikus Miller.

Die eigentliche Anklage gegen den Souverän, die Schiller wollte, die Anklage gegen das absolutistische System, um die es Schiller zu tun war, fügt sich nicht in den Handlungsnexus des bürgerlichen Trauerspiels.

Kabale und Liebe, der von Iffland erfundene Titel dieses bürgerlichen Trauerspiels, benennt zwei Aspekte: die Vater-Sohn-Konstellation (höfische Intrigenwelt) und das Verhältnis zwischen Ferdinand und Louise. Beide Momente sind nur zufällig miteinander verknüpft. Auch wenn Ferdinand nicht Louise liebte, könnte er gute Gründe haben, eine Ehe mit der Lady Milford auszuschlagen. Eine untadlige Hofdame erfüllte den Zweck eines darzustellenden Heiratskonflikts genauso gut wie die Musikertochter. Das Ergebnis wäre ein bürgerliches Trauerspiel ähnlich dem Sprickmanns. Und andererseits könnte die untadlige Hofdame auch an die Stelle der Lady Milford treten und ein Konflikt zwischen Standesehre und persönlicher Liebe dargestellt werden, bei der der adlige Vater – ohne Intrigant zu sein – nur seine väterliche Autorität einsetzte. Wir erhielten dann die Konstellation, wie sie im *Deutschen Hausvater* zwischen Karl und der Malerstochter herrschte. Um das Thema der unstandesgemäßen Ehe geht es jedenfalls in *Kabale und Liebe* nur

---

16 Immerhin ist darin zu erinnern, dass Miller ausdrücklich deshalb wegen Majestätsbeleidigung verhaftet wurde, weil er den Souverän in seinem Vertreter, dem Präsidenten, beleidigt haben soll.

ganz am Rande, und schon gar nicht um eine realistische Milieuschilderung des Kleinbürgertums. Louise ist als Tochter des Musikus Miller eine völlig unrealistische Figur. Ihre empfindsam getönte Rede steht im glatten Widerspruch zur Sprache ihrer Eltern (wie schon Karl Philipp Moritz tadelnd hervorhob[17]).

Das Unrealistische dieser Figur wird sich wohl nur auflösen lassen, wenn man versucht, ihre Funktion in diesem Drama auch jenseits des Handlungsnexus, vor allem in motivlicher Hinsicht, zu begreifen. Diesem Verständnis legen sich allerdings heute große Hindernisse in den Weg. Anders als Lessing – der z. B. in Claudia Galotti eine Frau auf die Bühne brachte, der es weder an Vernunft noch an Engagement und Herzenswärme fehlte –, anders auch als Sprickmann, der ähnlich plakativ moralisch argumentierte wie Schiller, aber doch sowohl die Marquisin als auch Eulalia als den Männern durchaus gleichwertige Figuren konzipierte, gestaltete Schiller alle seine Frauenfiguren eindeutig aus männlicher Überlegenheitsperspektive: Die Frau des Musikus Miller hat ihr Gegenstück allenfalls in Mutter Humbrecht, aber nicht in Claudia Galotti. In *Emilia Galotti* ist das übermäßige Kontrollbedürfnis Odoardos eindeutig als Marotte gekennzeichnet, das dadurch nicht richtiger wird, dass Emilia in der Kirche vom Herzog angesprochen wird. Es ist die Mutter, die ihr sagt, wie weibliches Selbstbewusstsein derartigen Übergriffen entgegentreten kann. (Dass Emilia dazu nicht fähig ist, liegt vielleicht gerade an Odoardos patriarchaler Übermacht.) In der *Kindermörderin* ist die patriarchale Ablehnung der weiblichen Sinnlichkeit zwar unverkennbar, aber gut motiviert; zudem wird der Vater wiederum durch seine Brutalität kritisierbar. Die Eingangsszene von *Kabale und Liebe* ist hingegen Karikatur: Die dummstolze Frau und das Verhalten der Tochter

---

17 Karl Philipp Moritz' Verrisse erschienen am 20. Juli und am 4. September 1784 in der *Berlinischen Staats- und gelehrten Zeitung*; wiederabgedr. in: Henning (B 6c: 1985, 177, 183–185).

werden von einem Mann kritisiert, von dem man nicht erfährt, wieso er es eigentlich geduldet hat. Der Vater, der eigentlich (so muss es Schiller gemeint haben) moralischer Orientierungspunkt der Szene sein soll, missrät zum gutmütigen Polterer. Überhaupt steht die Brutalität, mit der der Vater zu Anfang seine Tochter – in deren Abwesenheit – kritisiert, in scharfem Gegensatz zu seiner später ausgedrückten Liebe. In das Verhältnis zwischen Ferdinand und Louise greift Miller weder fördernd (wie Wesener in den *Soldaten*), noch hindernd (wie Martin Humbrecht in der *Kindermörderin*) ein. Das Motiv des standesungleichen Paars ist in *Kabale und Liebe* also auch von dieser Seite her nur unzureichend entwickelt.

Louise, die Liebhaberin, ist eine reine Projektionsfläche, die Verkörperung der Unschuld. Die Liebe zu ihr ist für Ferdinand die Gegenwelt zur Hofkabale, darin besteht die motivliche Funktion dieser Figur in Schillers Stück:

> Dieser karge Thautropfe Zeit – schon ein Traum von Ferdinand trinkt ihn wollüstig auf. Ich entsag ihm für dieses Leben. Dann, Mutter – dann, wenn die Schranken des Unterschieds einstürzen – wenn von uns abspringen alle die verhaßte Hüllen des Standes – Menschen nur Menschen sind – Ich bringe nichts mit mir, als meine Unschuld, aber der Vater hat ja so oft gesagt, daß der Schmuk und die prächtigen Titel wolfeil werden, wenn Gott kommt, und die Herzen im Preise steigen. Ich werde dann reich seyn.
>
> (Zit. nach: Henning, B 6c: 1985, 14 f.)

Die Wertung dieser Figur war bei den Zeitgenossen schon umstritten, erst im 19. Jahrhundert mit Durchsetzung eines völlig passiven Frauenideals im Bürgertum dürfte sie als weibliches Ideal empfunden worden sein; für Moritz war sie noch nichts weiter als ein »dummes affectirtes Mädchen« (zit. nach: Henning, B 6c: 1985, 177), eine Einschätzung, der wir uns heute sicher nicht verschließen können.

Im Gefüge von *Kabale und Liebe* ist Louise einfach ein motivliches Erfordernis, damit um Ferdinand zwei verschiedene Welten aufgebaut werden können: die teuflische und die paradiesische. Unter der Einwirkung des teuflischen Prinzips kann das Paradies nicht bestehen bleiben, das Reine geht am Kontakt mit dem Bösen zu Grunde. Der Beginn des 5. Aktes lässt vermuten, dass Schiller die Übersteigerung der Liebe zwischen Louise und Ferdinand keineswegs unkritisch sah: Miller erklärt dem Präsidentensohn, dass mit seiner Ankunft das Glück aus seiner Hütte entflohen sei, Ferdinand wiederum vergleicht Louise (die er für eine Buhlerin halten muss) mit der Eva, die Adam den verhängnisvollen Apfel reichte. Diese Momente, die es jedenfalls gänzlich ausschließen, in *Kabale und Liebe* eine Tragödie der unbedingten Liebe zu sehen und allenfalls die Deutung als »Tragödie des endlichen Menschen« (Wolfgang Binder) zuließen, dürfen nicht verabsolutiert werden. Im Gesamtgefüge des Dramas, das keine Tragödie nach Hegel'schem Konzept (also keine Tragödie einander gleichrangiger, sich aber ausschließender Werte) ist, sondern ein aufklärerisches Abschreckungsdrama mit sozialpolitischer Zuspitzung, haben diese Momente nur eine motivliche Funktion, die ganz eng auf Ferdinand bezogen ist: Ferdinand fühlt sich aus dem Paradies verstoßen. Der Mord an Louise und sein Selbstmord sind zweifellos Verbrechen, aber Ferdinand soll für das Publikum Objekt des Mitleids, nicht des Abscheus, sein. Dass Ferdinand Louise zuerst für einen Engel, dann für eine Verworfene hält, entspricht der bürgerlich-patriarchalischen Doppelgestalt von Engel und Hure und wird vom Stück als Fehleinschätzung denunziert. Sie mitverursacht nur den schrecklichen Ausgang, dessen eigentliche Urheber aber der Präsident und Wurm sind.

Offen bleibt immer noch die Frage, worin eigentlich der Rang des Schiller'schen Dramas besteht. Sicher nicht in der recht ungeschickten Verknüpfung zweier dramatischer Konstellationen, die für sich genommen einerseits Werke

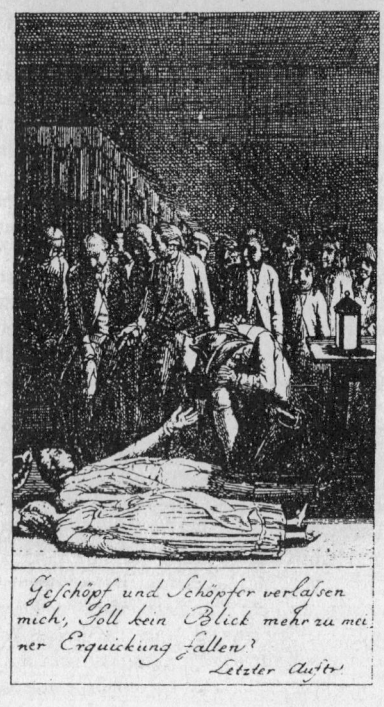

Kupferstich von Daniel Chodowiecki zu Schillers
Kabale und Liebe (1785)

wie *Emilia Galotti* oder *Eulalia* und andererseits Stücke wie die *Kindermörderin* hervorbringen konnten. Durch die Verknüpfung schneidet Schiller alle Möglichkeiten zu einer Zuspitzung ab und erweist sich als nicht eben avantgardistischer Epigone.

Es bleibt aber ein Bereich von dieser Epigonalität unberührt, ein Bereich, der weder in den Handlungsnexus noch in das Motivgewebe gehört. In diesem eigenartigen bürgerlichen Trauerspiel findet das eigentlich Politische nur in dem Bereich statt, der weder Kabale noch Liebe ist.

Es konzentriert sich in der zweiten und sechsten Szene des 2. Aktes: In II,6 dringt der Präsident in die Millersche Wohnung ein und beschimpft die Tochter als Metze. Diese Szene zeigt den direkten Übergriff nackter Herrschergewalt und die abgezwungene Notwehr des Bürgers:

> MILLER (*der bis jezt furchtsam auf der Seite gestanden, tritt hervor in Bewegung, wechselweis für Wut mit den Zähnen knirschend, und für Angst damit klappernd*). Ewr Exzellenz – Das Kind ist des Vaters Arbeit – Halten zu Gnaden – Wer das Kind eine Mähre schilt, schlägt den Vater an's Ohr, und Ohrfeig um Ohrfeig – Das ist so Tax bei uns – Halten zu Gnaden.   (Zit. nach: Henning, B 6c: 1985, 63)

Die Regieanweisung ist von äußerster Wichtigkeit: Miller ist alles andere als ein Held, er handelt aus abgezwungener Notwehr. Der Präsident hatte die bürgerliche Familie an dem Punkt verletzt, wo sie einen Übergriff nicht dulden kann:

> Halten zu Gnaden. Ich heisse Miller, wenn Sie ein Adagio hören wollen – mit Buhlschaften dien ich nicht. So lang der Hof da noch Vorrath hat, kommt die Lieferung nicht an uns Bürgersleut'. Halten zu Gnaden. [...] Teutsch und verständlich. Halten zu Gnaden. Ewr Exzellenz schalten und walten im Land.

> Mein devotestes Kompliment, wenn ich dermaleins ein
> pro memoria bringe, aber den ungehobelten Gast werf
> ich zur Thür hinaus – Halten zu Gnaden. (Ebd., 63 f.)

Vom Handlungsnexus her ist die Handlungsweise des Präsidenten unverständlich: Ginge es um das Thema der standesungleichen Heirat, wäre es näher liegend, dass der Präsident den Musikus mit Geld besticht und auf diese Weise den Kontakt zwischen seinem Sohn und der Musikerstochter unterbindet. Diese Szene, die ganz schlecht motiviert ist, ist aber für Schiller unverzichtbar, nicht weil sie eine Konfrontation von Bürgertum und Adel bringt, sondern eine Demonstration nackter absolutistischer Gewalt.

Handlungspragmatisch noch schlechter motiviert – nämlich reine Episode – ist die zweite Szene des 2. Aktes. Der Lady Milford, die glaubt, ihre Tugend dem Landeswohl geopfert zu haben, werden die Augen geöffnet. Der alte Kammerdiener gibt ihr ein Schmuckkästchen, das der Fürst ihr zur Hochzeit schenkt. Die entsetzte Mätresse erfährt, dass der Souverän seine Untertanen als Soldaten für den amerikanischen Krieg verkauft. Auf ihre Frage, ob es nur Freiwillige gewesen wären, lacht der Kammerdiener fürchterlich:

> O Gott – Nein – lauter Freiwillige. Es traten wol so
> etliche vorlaute Bursch' vor die Front heraus, und
> fragten den Obristen, wie theuer der Fürst das Joch
> Menschen verkaufe? – aber unser gnädigster Landesherr lies alle Regimenter auf dem Paradeplaz aufmarschieren, und die Maulaffen niederschießen. Wir hörten die Büchsen knallen, sahen ihr Gehirn auf das Pflaster sprüzen, und die ganze Armee schrie: Juchhe nach
> Amerika! (Ebd., 40)

Die Lady Milford hatte von diesen Vorgängen nichts erfahren, weil sie mit dem Fürsten auf der Bärenhatz war. Die brutale Machtausübung, die den Bestand des Absolutismus sichert, bekommen die Herrschenden selbst nicht zu Gesicht, so wenig wie die Landeskinder ihren ›gnädigsten Herrn‹. Auf die flaue Tröstung der Milford, die gezwungenen Soldaten würden eines Tages zurückkehren, antwortet der alte Bediente:

> Das weiß der Himmel! Das werden Sie! – Noch am Stadtthor drehten sie sich um, und schrien: »Gott mit Euch, Weib und Kinder – Es leb unser Landesvater – am jüngsten Gericht sind wir wieder da!« (Ebd., 41)

Diese – nur erzählte – Szene sprengt den Handlungsnexus. Sie findet keinen Ausgleich: Zwar verlässt Milford den Herzog mit einem Brief, in dem sie ihm vorhält, seine ihr gegebenen Versprechen nicht eingehalten zu haben, doch das ist eine leere moralische Geste. Diese beiden Szenen dürften es gewesen sein, weshalb Zelter, der Berliner Komponist, noch im Alter an seinen Freund Goethe schrieb:

> Was dieses Stück vor funfzig Jahren auf mich und sämmtliche Sprudeljugend für elektrische Macht ausgeübt hat, magst Du Dir denken. Wer aus jener Zeit es nachsehn kann, wird es nicht so herabsetzen, als es damals Moritz that, der freylich Recht hatte, doch nicht den Anzug der Revolution ahndete.[18]

In diesen Szenen gab Schiller der unterdrückten Wut Ausdruck: nicht mehr Abscheu, sondern Empörung soll erregt werden. Hier ist das Ideal der »Tränen der sich fühlenden Menschlichkeit«, des Vertrauens auf eine selbsttätige Wirkung der Moral, wie es Lessing formulierte, kategorial überschritten. Die bürgerliche Moral wird hier zu einem Mittel direkter politischer Anklage. Nur über dieses Moment ist das gesamte Drama verständlich: Von diesen Szenen aus zeigt es sich, dass Schiller in der Figur des Präsidenten das von Günter Anders an Brecht aufgewiesene »Inversionsverfahren« anwendete: Statt den absolutistischen

---

18 Brief Zelters vom 6. Mai 1830; zit. nach: Tudyka, »Friedrich Schiller: Kabale und Liebe«, 204.

Funktionsträger als Verbrecher zu zeigen, zeigt er den Verbrecher als absolutistischen Funktionsträger. Diese Vertauschung würde – stünde sie allein da, ohne den (unkünstlerischen) Einbruch des nackten Realismus der Soldatenverkaufserzählung – eine Entschärfung bedeuten. Durch diesen Einbruch aber wird der Ausnahme- als der Normalfall lesbar. Vor dem Musikus Miller steht nicht mehr bloß der exzeptionelle Verbrecher, sondern die Bestie des Absolutismus.

August Wilhelm Iffland: *Die Mündel*

August Wilhelm Iffland (1759–1814) war der erste deutsche Schauspieler, dem eine erfolgreiche gesellschaftliche Laufbahn beschieden war. Mit dem preußischen Roten Adlerorden dekoriert, starb er als Generaldirektor der Königlichen Schauspiele in Berlin. Sein dramatisches Werk umfasst mehr als sechzig Stücke, von denen einige zu den meist gespielten ihrer Zeit gehörten. In der Regel wird Iffland mit Schröder und Gemmingen zu den Begründern der Trivialdramatik gerechnet. Der Autor, der seine Dramatikerlaufbahn 1781 mit dem bürgerlichen Trauerspiel *Albert von Thurneisen* eröffnete, hatte seinen ersten großen Erfolg, seinen größten überhaupt, gleich mit seinem zweiten überlieferten Stück, dem »ernsthaften Familiengemälde« *Verbrechen aus Ehrsucht*, in dem der verzogene, sozial ambitionierte Sohn eines Beamten Geld aus der Kasse seines Vaters unterschlägt, um weiterhin in adligen Gesellschaften glänzen zu können. Sein unstandesgemäßer Heiratsplan schlägt fehl, ein Vorgesetzter und Freund des Vaters rettet die Familie. Dem Sohn wird die Flucht ermöglicht, er soll sich in der Ferne bessern.

August Wilhelm Iffland als Franz Moor in Schillers *Die Räuber*

Verbrechen aus Ehrsucht erlebte seine Premiere am 9. März 1784 am Mannheimer Nationaltheater, dem der Autor zu dieser Zeit als Schauspieler angehörte; am 15. April ging dort Schillers *Kabale und Liebe* über die Bühne (zwei Tage nach der Frankfurter Premiere). Iffland spielte den Sekretär Wurm, später bei einem Frankfurter Gastspiel (3. Mai 1785) den fürstlichen Kammerdiener, eine der interessantesten Rollen des Dramas, wie wir gesehen haben.[19] Iffland war als Darsteller des Franz Moor berühmt geworden, später brillierte er als Philipp (im *Don Carlos*), und auch als Wallenstein. Trotzdem war sein persönliches und künstlerisches Verhältnis zu Schiller in der Mannheimer Zeit nicht spannungsfrei: Der angestellte Theaterdichter Schiller übte in einem Brief an den Intendanten Dalberg heftige Kritik an den Schauspielern, nachdem er die dritte Vorstellung seines Dramas (18. Januar 1785) besucht hatte.[20] Iffland verteidigte sich und seine Kollegen brieflich, wies dabei Schiller aber auch auf Schwächen in seinen Dialogen hin. Und schon am 3. August 1784 war Iffland an einer Aufführung beteiligt, in der man eine Verulkung Schillers erblickte und die ihr Teil dazu beitrug, dass dessen Vertrag nicht verlängert wurde.[21] Iffland räumte in einem Brief an seinen Intendanten (19. September 1784[22]) ein, die Schauspieler hätten den ersten Stein auf Schiller geworfen:

Schon damit ist die Unfehlbarkeit von Schiller genommen, die Unverletzlichkeit des großen Mannes. Wie soll er nun mit seinen Werken auftreten? – Je mehr Er-

---

19 Eine weitere Paraderolle Ifflands war der Marinelli in *Emilia Galotti*.
20 Siehe dazu: Kraft (B 6c: 1963, 200 ff.).
21 In Gotters Posse *Der schwarze Mann* spielte Iffland den Dichter Flickwort in einem Kostüm, in welchem »alles vom blauen Überrock mit Stahlknöpfen an bis zu den schmutzig-weißen Strümpfen und den großen Schuhschnallen herab auf Schiller, den Feuerkopf von 25 Jahren paßt« (Kraft, B 6c: 1963, 204 f.).
22 Es sei daran erinnert, dass Karl Philipp Moritz' Verriss von *Kabale und Liebe* am 4. September veröffentlicht worden war; Moritz und Iffland hatten in Hannover zusammen die Schulbank gedrückt.

habenheit und Plattheit sich nahe grenzen, wie soll der Pöbel ihn jetzt distinguiren, da die Bahn geöffnet scheint, ihn zu persifliren.

(Zit. nach: Kraft, B 6c: 1963, 205)

Es ist heute nicht mehr möglich, die Differenzen, Eifersüchteleien und Intrigen zu entschlüsseln, die seinerzeit am Mannheimer Nationaltheater herrschten. Welche Rolle Iffland hierbei spielte, ob der zitierte Brief als halbe Entschuldigung oder eher als Denunziation zu werten ist, warum Iffland in seiner späteren Autobiographie *Meine theatralische Laufbahn* mit keinem Wort das Drama erwähnt, dessen Titel er doch erfunden und in dem er (freilich nur in einer undankbaren Nebenrolle) geglänzt hatte, sind unklärbare Fragen.[23] Erkennbar ist allerdings die deutliche Distanzierung von Schillers Dramaturgie, die in der Feststellung der Nähe von Erhabenheit und Plattheit besteht.

Es ist ein unglaublicher Witz der Literatur- und Theatergeschichte, dass ausgerechnet der Mann, dem spätere Generationen Hausbackenheit und Plattheit vorwarfen, hier diesen Vorwurf gegen Schiller erhebt. Offenbar hat der Begriff in den zwanzig Jahren zwischen 1780 und 1800 eine entscheidende Wandlung erfahren, deren Ursache zweifellos die Durchsetzung des Weimarer Kunstprogramms von Goethe und Schiller war. 1785 freilich existierte dieses noch nicht. Iffland bringt mit seiner Äußerung über die Nähe von Erhabenheit und Plattheit Schillers frühe Dramatik auf den Begriff des Schwulstes und charakterisiert sich selbst als einen Schauspieler und Dramatiker, der aufklärerischen Positionen verpflichtet ist.

In seiner Autobiographie notiert Iffland anlässlich der Premiere von *Verbrechen aus Ehrsucht*:

---

23 In späteren Jahren herrschte jedenfalls ein gutes Einvernehmen zwischen Schiller und Iffland: In den Xenien verspottet Schiller zwar Kotzebue und Schröder, schont aber Iffland; in seinen letzten Lebensjahren richtet er Briefe an den »lieben Freund« Iffland.

Mehr als tausend Menschen nach und nach zu *einem* Zwecke gestimmt, in Tränen des Wohlwollens für eine gute Sache, allmählich in unwillkürlichen Ausrufungen, endlich schwärmerisch in dem lauten Ausruf, der es bestätigt, daß jedes gute Gefühl in ihnen erregt sei, zu erblicken – das ist ein herzerhebendes Gefühl. Die meisten Menschen verlassen mit innigem Wohlwollen die Versammlung, bringen es mit sich in ihren häuslichen Zirkel und verbreiten es auf ihre Angehörigen. Lange noch tönt die Stimmung nach, welche sie in den dichtgedrängten Reihen empfangen haben, und schon vertönt, wird, wenn auch später ähnliche Gefühle an dieser Saite vorüberziehen, diese nun leichter ergriffen und antwortet in vollerem Klange.

(Iffland, *Meine theatralische Laufbahn*, 58)

Iffland war Autor und Schauspieler. Was er hier schildert, ist die produktionsästhetische Seite der Lessing'schen Mitleidsdramaturgie, der »Thränen des Mitleids und der sich fühlenden Menschlichkeit«. Man könnte geneigt sein, in der Wendung vom Mitleid zum innigen Wohlwollen das Merkmal der Trivialisierung des Lessing'schen Konzepts erblicken zu wollen, kommt dann aber nicht um die Frage herum, warum ein so scharfer Ästhetiker und realistischer Romancier wie Karl Philipp Moritz nicht nur *Kabale und Liebe* verdammte, sondern selbst ein Stück schrieb, das unter diesem Gesichtspunkt als Trivialdramatik zu bewerten wäre. Was Iffland hier aufschreibt, ist nichts weiter als praktizierter Lessing.

Ein unverzichtbarer Exkurs: In dem diffamierenden Werturteil Trivialliteratur spiegelt sich ein zu einer bestimmten Zeit (und zwar von Goethe, Schiller und Hegel) durchgesetztes Werturteil wider, dessen Verdikt ab dem Zeitpunkt seiner Durchsetzung alle Werke verfielen, die sich dem diesem Werturteil zu Grunde liegenden ästhetischen Konzept verweigerten. Die Gewaltsamkeit, d. h. Unwahrheit der Grenzziehung zwischen Hoch- und Trivialliteratur spiegelt sich zum Beispiel darin, dass ein Autor wie Moritz nur mit einem Teil seines (in sich einheitlichen) Werks zur Hochliteratur gerechnet wird.[24] Eine weitere Strategie besteht in der Umdeutung von ästhetisch differenten Werken zu Vorstufen des nun geltenden Konzepts. Hier hat sich gerade die Literaturwissenschaft schwer versündigt; und nirgends stärker als an der Literatur der Aufklärung und an deren ›öffentlichster‹ Gattung, dem Drama. Im 20. Jahrhundert erst wurde die Ästhetik des ›interesselosen Wohlgefallens‹ entthront und das Prinzip einer aufklärerischen, engagierten Literatur rehabilitiert, jedenfalls in Teilbereichen. Wezels *Belphegor* oder Moritz' *Anton Reiser* finden ob ihres Realismus heute vielleicht begeistertere Leser als Goethes *Wilhelm Meister*. Doch was für den Roman gilt, trifft auf das Drama überhaupt nicht zu: die theatralen Kommunikationsformen haben sich in den zwei Jahrhunderten, die uns von der Epoche der Aufklärung trennen, so grundlegend gewandelt, dass wir die Wirkung dieser Stücke nicht mehr nachvollziehen, allenfalls noch analysieren können. In dem Durchgang durch hundert Jahre Theater der Aufklärung, dessen Ende wir uns nähern, hat sich eines klar erwiesen: Es gibt kein aufklärerisches Tragikkonzept. *Alle* aufklärerischen Dramatiker, von der Gottschedin über Lessing bis zu Iffland waren zutiefst davon überzeugt, dass dem Theater eine gesellschaftliche Funktion zukommen müsse. Die Autoren dieser Dramatik wussten sehr gut, dass in ihrer Gesellschaft Elend, Ungerechtigkeit und Unterdrückung herrschten. Sie wollten aber diese Zustände weder verleugnen noch als notwendig darstellen oder gar ästhetisch verklären, sondern an ihrer Überwindung arbeiten. Der ästhetische Streit, der um 1780 geführt wird, geht nur

---

24 Die Peinlichkeit der Existenz einer ›anderen‹ Seite wird mitunter verschwiegen: Nicht jede neuere Werkauswahl druckt Moritz' Drama *Blunt oder der Gast*.

um die Frage nach den geeigneten Mitteln. Lenz verficht eine Dramatik, deren wesentliches Kriterium die beobachtende Gesellschaftsanalyse ist, Schiller eine Dramatik der Abscheu und Empörung, Iffland mit Lessing eine Dramatik des einverständigen Mitleids. Auf verschiedenen Wegen arbeiten alle diese Dramaturgien an der Herausbildung einer bürgerlichen, kritikfähigen Öffentlichkeit. Die so genannte Weimarer Klassik ist zu einem guten Teil auch eine Kapitulation vor dieser Aufgabe.

Wir kehren zu Iffland zurück. Wenige Monate nach *Verbrechen aus Ehrsucht* und *Kabale und Liebe* wurde sein neues Schauspiel *Die Mündel*[25] am 24. Oktober 1784 am Mannheimer Nationaltheater uraufgeführt – ebenfalls ein Kriminalstück.

Der Kanzler Flessel will dem Kaufmann Drave schaden, weil dieser dessen Machtmissbrauch anprangert. Werkzeug seiner Intrige soll Ludwig Brook werden, ein Mündel Draves, mit dem der Sohn des Kanzlers Freundschaft geschlossen hat. Der Kanzler überredet den verschuldeten Ludwig, gegen seinen Vormund Anklage wegen Veruntreuung zu erheben. Der Sohn des Kanzlers ist an dieser Intrige interessiert, weil er Auguste, die Tochter Draves, zu seiner Mätresse machen möchte. Im Hause Draves herrscht Unfriede, weil der Kaufmann seiner Frau vorwirft, Auguste nicht streng genug zu beaufsichtigen und die Besuche des Kanzlersohns zuzulassen. Schließlich kommt es zu einer Auseinandersetzung zwischen Drave und dem Kanzlersohn, wobei jener diesem das Haus verbietet. Zudem hat der Kaufmann Kummer mit seinen Mündeln: Während Ludwig ein Verschwender und Liederjan ist, zeigt sich sein Bruder Philipp verschlossen und mürrisch. Auguste liebt Ludwig Brook und wartet auf seinen Antrag. Sie gesteht ihrem Vater ihre

25 August Wilhelm Iffland, *Die Mündel*, Leipzig 1798.

Liebe. In einem Gespräch mit Ludwig Brook gibt Drave vorzeitig seine Einwilligung zu dessen Heiratswunsch, weil er annimmt, dieser gelte seiner Auguste. Ludwig hingegen will um die Tochter des Kanzlers anhalten. Philipp Brook offenbart sich: er hat in der Stille am Sturz des Kanzlers gearbeitet. Dieser hatte den Onkel der Brooks als Geistesgestörten einkerkern lassen, um dessen beträchtliches Vermögen in die Hand zu bekommen. Der alte Mann ist entflohen, Philipp Brook versucht, ihm auf die Spur zu kommen, aber auch der Kanzler ist an der Wiederergreifung des Flüchtigen interessiert. Der zweite Grund für Philipps Verschlossenheit ist seine Liebe zu Auguste. Als er sich ihr erklärt, muss er erfahren, dass sein Bruder der Begünstigte ist. Drave wird von dem Schicksalsschlag getroffen, dass sein Geschäftsfreund Rose Bankrott gemacht hat. Diesem hatte er Geld aus dem Vermögen seiner Mündel geliehen und für dieses Darlehn selbst Bürgschaft übernommen. Obwohl Drave mittlerweile weiß, dass Ludwig Brook Rechenschaftslegung verlangt, geht er auf Roses Anerbieten, die Bürgschaft abzuleugnen und so auf betrügerische Weise sein eigenes Vermögen zu retten, nicht ein. Der Kanzler lässt Draves Kontor versiegeln, die Möbel werden aus dem Haus geschleppt. Auf Grund der brutalen Behandlung durch die Gerichtsdiener lässt sich Drave zu einer Widersetzlichkeit hinreißen, die zu seiner Verhaftung führt. Philipp Brook erhält wichtige Unterlagen, die nicht nur das Verbrechen des Kanzlers an seinem Onkel beweisen, sondern ebenfalls eine große Unterschlagung am Sozialetat des Staates. Entschlossen, Drave zu retten, begibt er sich zum Kanzler und versucht, diesen zur Milde zu stimmen. Schließlich droht er ihm an, dessen Verbrechen zu offenbaren. Doch der siegesgewisse Kanzler lässt Philipp verhaften; sein Bruder Ludwig, der währenddessen beim Kanzlersohn ist und glaubt, Philipp versuche, ihn zu betrügen, wird Zeuge der Verhaftung, ohne aber die Zusammenhänge zu verstehen. Nun greift eine Nebenfigur ein: der Sekretär des Kanzlers. Er weiß, dass der öffentliche Unwillen gegen den Kanzler sehr groß geworden ist, er meint, der Kanzler habe zu hoch gespielt. Er übergibt Ludwig Brook die belastenden Papiere, die sein Bruder beschafft hatte. So hofft er, einer eigenen Gefährdung beim drohenden Sturz des Kanzlers entgehen zu können. Währenddessen hat der alte, durch die Haft verwirrte Onkel der Brooks in das Haus Draves gefunden. Es gelingt Frau Drave und ihrer Tochter jedoch nicht, ihn vor dem Kanzlersohn zu verbergen. Dieser will den alten Mann gerade abführen lassen, als der Kanzler auftritt und verkündet, alles werde sich zum Besseren wenden. In jämmerlicher Weise versucht er, das geschehene Unrecht zu verleugnen, weil er weiß, dass die belastenden Papiere nicht mehr in seiner Hand sind. Zum Schlusstableau sind alle Bürger vereint: Drave wurde aus der Haft entlassen, Philipp und Ludwig Brook kommen Arm in Arm. Philipp ist für volljährig erklärt worden, damit kann er sein Vermögen zur Rettung des Draveschen Geschäfts geben. Der bankrotte Kaufmann Rose und der alte Onkel werden in die Familie aufgenommen, Ludwig Brook darf Auguste heiraten, sobald er durch sein weiteres Verhalten bewiesen hat, dass seine Besserung von Dauer ist.

In vielfältiger Weise erinnert *Die Mündel* an *Kabale und Liebe*: ein verbrecherischer Funktionär, Ämterwillkür, undurchschaubare Intrigen, Macht des absolutistischen Feudalstaats gegen Ohnmacht der Bürger, eine unglücklich Liebende. Einen wichtigen Unterschied aber gibt es: Die Bürger sind idealisiert, sie sind die Helden des Stücks. Die einzige, noch dazu zum falschen Handeln verdammte Heldenfigur in Schillers Drama war Ferdinand, der Sohn des Präsidenten. Die Klassenkonfrontation wird bei Iffland direkt in eine dramatische Gruppenbildung umgesetzt, die den Handlungsnexus des Stücks bestimmt. Während bei Schiller die Millers nur zufällige Opfer einer pathologischen Vater-Sohn-Beziehung werden, ist hier dem Kanzler am

Untergang des Hauses Drave aus Gründen gelegen, die eine politische Dimension haben: Drave gehört zur Opposition, zur ›Aufklärung‹. An diesem missliebigen Bürger soll ein Exempel statuiert werden. Die Zufälligkeiten, die es in diesem Drama gibt, sind zugleich Entscheidungssituationen: Soll Drave durch Betrug seinen Bankrott verhindern? Soll Ludwig Brook die ihm vom Sekretär gegebenen Briefe zur Rettung seines Bruders und der Draves einsetzen? Iffland hat von Lessing gelernt. Er hält sich an dessen Rezept, die Tugend unglücklich werden zu lassen mit der wohlweislichen Einschränkung, dass dies nicht für den Schluss gelten müsse. Er hat zugleich aber auch von Diderots Tableautechnik sowie von der demonstrativ-vorbildhaften Dramaturgie Merciers gelernt: Wenn am Schluss die ungleichen Brüder, getreu der Weisung ihres toten Vaters: »Seid eynig« (Iffland, *Die Mündel*, 204) Arm in Arm die Bühne betreten, ist die Botschaft klar: Nur in solidarischem Handeln untereinander hat die bürgerliche Klasse die Chance, die Machenschaften absolutistischer Willkür erfolgreich zu bekämpfen. Dieses solidarische Handeln ist aber auch erforderlich zur sozialen Absicherung gegenüber den Wechselfällen des Geschäftslebens: Kaufmann Rose erhält nach seinem Bankrott das Gnadenbrot, Philipp Brook setzt sein Vermögen zur Rettung der Firma Drave ein. Gefordert ist zudem der private Triebverzicht: Philipp Brook wird von Auguste abgewiesen, er geht am Ende leer aus:

DRAVE. [...] Guter Philipp, wir gewinnen Alle; was gewinnest Du?
PHILIPP. Meinen Bruder, und neuen Muth für das Gute.
(Iffland, *Die Mündel*, 204)

Philipp Brook ist von Iffland zweifellos als ein bürgerliches Ideal gemeint. Die Antwort, die er hier gibt, erklärt sich nur unter Rückgriff auf die elfte Szene des 2. Aktes, in der er die Gründe für seine Melancholie erklärt:

> Als ich denn nun so manche Kraft, wirksam zu seyn, in
> mich zurückdrängen mußte: als glühender Eifer ver-
> kannt, gemißdeutet wurde; als ich die Handlungen
> *meines Herzens* von Dünkel und Vorurtheil mußte ta-
> deln, *vernichten* lassen: als ich sah, daß Alles, dem man
> mit rascher Jugendkraft entgegen eilt, es zu bewundern
> – oft – fast *immer* Larve ist – daß unter den edelsten
> Außenseiten der Menschenliebe – das unedelste *Selbst*
> wuchert: da zog ich mich zurück, und gab den schönen
> Traum der möglichen großen Wirksamkeit für das
> Ganze auf.   (Iffland, *Die Mündel*, 59)

Die zitierte Stelle ist psychologisch nicht deutbar, weil
Philipp gerade in diesem Augenblick hoffen darf, die Be-
weise gegen den Kanzler in die Hand zu bekommen. Sie be-
schreibt aber genau die Auswirkungen des absolutistischen
Staates auf seine Bürger, beschreibt den Rückzug ins nur
Private als ein Scheitern. Und zu diesem Scheitern gehört
hier ganz zweifellos auch die Verabsolutierung der Liebe.
Als Auguste ihn ausschlägt, sagt Philipp:

> Auf Sie hatte ich gehofft, in Ihnen wäre das Leben mir
> wieder werth geworden – das soll auch nicht seyn? –
> Nun so will ich fort wandern, schweigen, leiden – und
> mich freuen, wenn es aus ist!   (Ebd., 62)

Aber naturgemäß handelt der vorbildliche Philipp Brook
ganz anders: nämlich politisch. Es ist unbestreitbar, dass
seine Schlussworte plakatives Wunschdenken sind; das hat
Iffland auch gewusst. Entscheidend ist aber, dass sein politisches Handeln – der Sturz des Kanzlers, das Arbeiten
am Glück seiner Verwandten und Freunde – keine Kompensation für das versagte private Glück ist, sondern umgekehrt:
dass ein Ende des 2. Aktes mögliches privates Glück lediglich Kompensation wäre für das Ertragenkönnen des allgemeinen – politischen – Unglücks.

Philipp Brook ist es, der sich dem Kanzler in offener
Konfrontation gegenüberstellt und ihn bedroht:

Der Fürst kommt heute noch zurück! – Er ist der Vater seines Landes – Er ist Mensch! – Er soll mich hören! [...] als freier Bürger, trage ich in der Sprache der Verzweiflung ihm die Sache des ausgesogenen Landes vor – und eh die Sonne untergeht, rufst Du Weh über Dich und Dein Haus.   (Ebd., 153)

Iffland braucht in seiner Konzeption den guten, aber nicht informierten Fürsten. Auch dies ist eine Fiktion, gewiss, deren mögliche politische Brauchbarkeit aber genau bedacht werden muss. Denn die Sprache, die der freie Bürger dort reden will, ist die Sprache politischer Forderungen. (Bei Schiller, dessen Fürst ein Schuft ist, wird der Präsident, genauso wie bei Iffland der Kanzler, dessen Fürst unbekannt bleibt, am Ende wegen Verbrechen bestraft, die beide Funktionsträger am Fiskus verübt haben.[26])

Freilich bringt nicht diese direkte Konfrontation die Auflösung, sondern die genaue Vorbereitung, das Sammeln der belastenden Informationen: nicht die Rhetorik, sondern die Forschung entscheidet die Klassenauseinandersetzung. Philipp Brook muss die Dokumente haben, will er dem Hof gegenübertreten. Sein Auftritt vor dem Kanzler ist heroisch, aber falsch, da er nur zu seiner Verhaftung führt.

Plakativ vorbildhaft sind auch die Beziehungen innerhalb der bürgerlichen Familie. Iffland wollte hier genau kein Familientrauerspiel schreiben. Frau Drave handelt zwar, wie Mütter im bürgerlichen Trauerspiel meist: zu gutgläubig gegenüber möglichen Schwiegersöhnen. Aber sie akzeptiert die Kritik ihres Mannes sofort, so wie auch die Tochter die

---

26 Der Unterschied ist, dass der Kanzler Geld gestohlen hat, das den Armen zu Gute kommen sollte, während der Schiller'sche Präsident ein Verbrechen begangen hat, dessen Auswirkungen auf das Volk unbekannt sind. Der Unterschied ist also, dass bei Schiller die beiden in ihrer Art wesentlichen Verbrechen ungesühnt bleiben: das (private) Verbrechen des Präsidenten an seinem Sohn, das (politische) des Fürsten an seinem Volk. Bei Iffland steht ein und dasselbe Verbrechen im Zentrum: Das Schicksal Draves ist ein Exempelfall – was Vorteile und Nachteile hat.

Kritik ihres Vaters akzeptiert. Diese gesteht ihrem Vater auch gleich ihre Liebe zu Ludwig Brook,[27] der, von ihrer Offenheit versöhnt, ausruft:

> Nun – ich bin mit meinem Kinde wieder einverstanden! wo lebt ein Mensch, der glücklicher wäre, als ich! Die ganze Hoffnung meines Lebens halt' ich jetzt in diesen Armen! [...]
> MAD. DRAVE (*nach einer Pause*). Gehöre ich nicht zu Euch?
> DRAVE (*rasch*). Vergib mir – vergieb! was wäre mein Leben ohne Dich? [...] Ich bin nicht empfindsam, aber daß ich Dich übersah – thut mir wehe! (*Er geht.*)
> MAD. DRAVE (*ihm hastig nach*). Laß mich die Thräne wegküssen, die da glänzt. (Iffland, Die Mündel, 52 f.)

Jedes selbstsüchtige Verhalten, jede Lieblosigkeit verfällt also der Kritik, wird aber sofort *rasch* wieder in Ordnung gebracht. Unbedingte Offenheit ist die Basis der familiären bürgerlichen Solidarität. Jeder Rückzug bedeutet eine mögliche Gefahr, eine Unberechenbarkeit, doch alle Bürger finden früher oder später wieder zu Offenheit und Vertrauen mit den Ihren zurück: Philipp Brook offenbart seine politischen Absichten, er offenbart auch seine Liebe, deren Scheitern aber keine Desolidarisierung zur Folge hat. Ludwig Brooks Geheimniskrämerei führt ihn in die Fänge des Kanzlers, aber auch er erkennt seine Pflicht, als es darauf ankommt, und erweist sich als besserungsfähig.

Gegen dieses positive Idealbild stellt Iffland zweierlei: die Satire und die Ausmalung des Leids. Iffland zeigt, welches Unheil der Kanzler bei den Draves anrichtet, er zeigt in dem alten Onkel einen Mann, dessen Leben vom Kanzler vernichtet wurde. Der alte Onkel ist nicht die plakative lei-

---

27 Die gemeinte Vorbildlichkeit dieses Vater-Kind-Verhältnisses erinnert an Vater und Sohn Dominik im *Essighändler* Merciers.

dende Unschuld, sondern ein mit äußerster schockierender Genauigkeit entwickelter leidender alter Mann, dessen Geist durch lange Folter zerstört ist: In Draves Haus angekommen, trifft er dort niemand als Mutter und Tochter sowie den zum Bettler gewordenen Kaufmann Rose. Auf die Frage, wer er sei, antwortet er:

> Werden Sie nur nicht böse – ich will Ihnen Alles sagen, was ich weiß – lassen Sie mich nur nicht schlagen – (*Er knieet.*) Ich sage Alles [...]. Ja, ich ward weggeführt und saß – lange – lange Jahre. Man hat mich nicht an die Luft gelassen, und ich wurde scharf bewacht, in einem Keller. – (*Leise.*) Ich hätte gegen den Herrn gesprochen sagten sie – es wäre eine Gnade, daß ich nicht gerichtet würde. [...] Ich bin alles bald gewohnt geworden. Wenn ich aber oben über mir Menschen hörte, oder Musik: dann hätte ich doch wohl wieder in die Welt gemocht. – Manchmal mußte ich in den kalten Nächten laut weinen – sie schlugen mich aber, wenn ich weinte, da habe ich mir das auch abgewöhnt. Nun kann ich nicht mehr weinen.   (Iffland, *Die Mündel*, 182)

Die Figur des alten Gronau geht darin über ein bloßes Rührungsmoment hinaus, dass das Leid, welches ihm widerfuhr, ein rein kreatürliches ist und nicht mehr wieder gut gemacht werden kann. Wie bei Schiller wird neben Rührung Abscheu und Hass gegen den Urheber dieses Leidens genährt. Des Kanzlers größeres, aber anonymeres Verbrechen, die Geldunterschlagung, welche die Ärmsten trifft, lässt sich hingegen nicht versinnlichen – die Bettelsuppe wird eben dünner. Eine Erzählung wie die des Kammerdieners in *Kabale und Liebe* ist im Rahmen der Ifflandschen Dramaturgie unmöglich.

Zur Charakterisierung der Herrschenden freilich bedient sich Iffland eines Mittels, welches es bei Schiller nicht gibt, des Mittels der offenen Satire. Gleich im 1. Akt wird vorgeführt, wie der Kanzler und sein Sohn die Geschäfte handhaben. Nach einem ausführlichen Frühstück fragt jener, ob viele Papiere gekommen seien:

> HOFRATH. Viele – aber nichts von Belang! [...] Außer einigen – hier sind sie: Ein Memorial vom Pachter Seefeld, um Nachlaß –
> KANZLER. Ist nichts! – muß zahlen! – kannst's nur gleich ausfertigen. Das Aerarium darf nicht leiden.
> HOFRATH. Amtmann Ebermeier bittet um versprochene Zahlung der vom Kriege rückständigen Summe –
> KANZLER. Wird ad refe- (*gähnt*) rendum angenommen!
> HOFRATH. Eine demühtige Danksagung der Gemeinde zu Uffstädt für die, auf unsere Fürsprache, erlassenen Abgaben –
> KANZLER. Kann Serenissimo zugestellt werden. Die ehrlichen Leute haben mir für meine Mühe etliche Hammel geschickt; sie gehen unten herum. An dergleichen unschuldigen Dingen habe ich dann noch so ab und an mein Vergnügen. (Ebd., 16 f.)

Iffland scheut also auch derbe, kabarettistische Mittel nicht – die sicher gerechte Forderung nach Schuldenrückzahlung wird mit einem Gähnen auf den St. Nimmerleinstag verschoben, der Pächter hingegen muss sofort zahlen, und der Präsident freut sich sentimentalisch an der schönen essbaren Natur, die ihm gratis zugekommen ist. Ifflands Konzept unterscheidet sich hier deutlich von dem Schillers: Die Macht wird nicht nur zum Abscheu erregenden Hassobjekt, sie wird zugleich lächerlich gemacht. Zur bösen Größe des Schiller'schen Präsidenten schwingt sich Ifflands Kanzler nicht auf. Im letzten Akt kommt er nur noch auf die Bühne, um mit jämmerlichen Lügen seine Verbrechen zu bemänteln. Die Macht wird damit – wie bei Mercier – demontiert. Dem absolutistischen Verbrecher kommt in dieser Dramaturgie heroische Größe nicht zu; sein Sturz ist ein Ertapptwerden, einer moralischen Erschütterung ist dieser Charakter nicht fähig. (Iffland weicht hier deutlich vom

Lessing'schen Konzept ab und verschenkt bewusst ein Rührungsmoment, welches eine künstlerische Geschlossenheit vortäuschen könnte. Die wohlfeile Moral, dass auch der Präsident am Ende nur ein Mensch sei und Mitleid verdiene, erkennt Iffland zu Recht als Abschwächung des politischen Anliegens.) Vor allem ist die Gruppe der Machthaber in sich nicht geschlossen. Ein kleiner Helfershelfer, der Sekretär, verrät alles. Er ist niemand, seine Ambitionen sind zum Scheitern verurteilt, aber er will sich salvieren und ist zudem von Philipp Brook beeindruckt worden. Nun erklärt er sich dessen Bruder Ludwig:

> Der Kanzler hat dießmal seine Plane zu leidenschaftlich verfolgt. Er hat zu viele Umstände, die ihn in kurzem unvermeidlich stürzen müssen, gehäuft. Er würde mich in seinem Falle mit zerschmettern. Selbsterhaltung fordert, daß ich ihn stürze, das will ich. Gerechtigkeit billigt es, denn er hat in meiner Versorgung mir nicht Wort gehalten und wird es nie. [...] Ich habe nicht Kraft genug, ihn aus Gefühl für die gute Sache zu stürzen. Aber, [...] ich habe auch nicht Entschiedenheit genug, durch Bösesthun meinen Weg zu machen. Jetzt ist an mein Glück nicht mehr zu denken, es ist bloß die Rede von meiner Erhaltung.
>
> (Iffland, *Die Mündel*, 173 f.)

Der Sekretär verkörpert die andere Seite des Bürgertums, die anpasserische. Solidarität kennt er nur mit sich selber. Seine Worte sind dürr und gefühllos, auch sich selbst gegenüber. Dieses gleichgültige, nur auf Selbsterhaltung bedachte Ausführungsorgan entlarvt den absolutistischen Obrigkeitsstaat: denn nur als solches ist es gefährlich. An eine wichtige Vertrauensstellung kann er nur in einem System gelangen, das wahres Verdienst nicht belohnt.

Ifflands Drama ist effektsicher, in seinen Dialogen gut gebaut. Iffland ist der idealtypische Vertreter einer bürgerlichen Dramatik, die mit großer Selbstsicherheit die eigene

Ideologie gegen die absolutistische ins Feld führt, ohne gleichzeitig gegenüber eigenen möglichen Fehlern blind zu sein: Wenn Philipp Brook (s. oben S. 178) vom Egoismus abgestoßen ist und als Reaktion darauf eine private Glücksmöglichkeit erwägt, wenn der – wohl bürgerliche – Sekretär aus Eigennutz rechtlich handelt, wird deutlich, dass der Bürger Iffland genau um die Gefahren der Selbstsucht weiß, auch wenn ihr Zusammenhang mit den bürgerlich-kapitalistischen Verkehrsformen nicht nachgewiesen wird (anders als bei Lenz an der Figur des Galanteriewarenhändlers Wesener). Gegenüber der – nur moralisch verstandenen – Selbstsucht, die auch die bürgerliche Klasse zu spalten droht, gibt es einstweilen kein anderes Mittel als die Selbstdisziplin und die Verpflichtung zum einverständigen, solidarischen Handeln, das in der Figur des Philipp Brook einen heroischen Charakter annimmt. Die Figur des Sekretärs belegt, dass diese Mittel gesellschaftlich nicht ausreichen: der Staat selber muss zu gerechtem Handeln verpflichtet sein, damit ein untergeordneter, selbstsüchtiger Funktionär nicht schaden kann. Es gibt keinen Grund, August Wilhelm Iffland als bürgerlichen Dramatiker etwa gegenüber Mercier herabzusetzen. Wir haben oben bei der Analyse des *Erbtheils des Vaters* gesehen, dass er bis zuletzt seiner Dramaturgie und seiner politischen Überzeugung treu blieb.[28] Freilich kommt es bei ihm nur selten zu einer so scharfen Klassenauseinandersetzung wie in *Die Mündel*. Meist be-

---

28 Iffland war sicher kein Revolutionär, aber die Ablehnung der Französischen Revolution geht einher mit dem Wissen um die Gebotenheit sozialer Reformen, etwa die Abschaffung der Leibeigenschaft, und mit dem Wissen um die Notwendigkeit einer bürgerlichen Öffentlichkeit. Aus der konservativen Ideologie Ifflands – wie Jürgen Mathes (Iffland, *Die Jäger*, 157) – ein Merkmal seiner Unterlegenheit gerade gegenüber einem August von Kotzebue zu machen, ist völlig verfehlt. Übrigens teilt Iffland die Ablehnung der Französischen Revolution mit fast allen deutschen Intellektuellen seiner Zeit, gerade auch mit Schiller, der mit seiner berühmten Formulierung »Da werden Weiber zu Hyänen« sich die Französische Revolution wohl als von einem Haufen verlassener Orsinas ausgeführt dachte.

schränkt er sich im ›Sittengemälde‹ auf die Forderung, die er im Vorwort zu *Die Jäger* (1785) direkt nach Diderot so formulierte:

> Es ist mein Vorsatz, bürgerliche Verhältnisse dramatisch zu behandeln. [...] Mich dünkt, die Bühne sei dann dem Staate von wesentlichem Nutzen, wenn sie zeigt, wie *gute* Menschen durch Schwächen und *Vorurteil* sich das Leben verderben. Darstellung des *richtigen* Ganges *bürgerlicher* Begebenheiten, Berührung *der* Punkte, wo sich die *besten* Menschen trennen, war mein Zweck; und ich wünschte, daß Leser und Zuschauer mein Stück mit gutmütigem Gefühle, mit dem Drange, etwas Nützliches zu tun, verlassen werden.
> (Iffland, *Die Jäger*, 5)

Zweifellos hat sich Iffland damit einen moralischen Zweck vorgenommen, aber diese Zielsetzung hat er mit allen Dramatikern der Aufklärung gemein. In Deutschland ist er der Vollender des bürgerlichen Schauspiels, der in seinem Werk die vollen Konsequenzen aus der Dramaturgie Diderots und Merciers zieht, ohne sich dem Einfluss Lessings zu verschließen.

7
Schwund- und Privatisierungsformen des bürgerlichen Schauspiels

Mit der Emanzipation bürgerlicher Intellektueller von ihren Klassenvoraussetzungen, mit der Notwendigkeit, in fürstliche Dienste zu treten oder als freier Schriftsteller, also als selbständiger Produzent zu leben, ist eine Privatisierung auch der Gegenstände, die sich in einem Drama behandeln lassen, angelegt. Ersten Ausdruck findet diese Tendenz in der Epoche des Sturm und Drang in der Gestalt des entscheidungsschwachen, zwischen seinen Leidenschaften zerrissenen Menschen ohne gesellschaftlich fixierte Bindung. Die starke Tendenz zum Moralisieren, die wir in den bürgerlichen Dramen Wagners, Schillers und Ifflands beobachten konnten, hat ihre Kehrseite im Subjektivismus Johann Wolfgang Goethes. Es ist bezeichnend, dass sich Goethe nur in zwei vergleichsweise unbedeutenden Nebenwerken, dem Trauerspiel *Clavigo* (1774) und dem »Schauspiel für Liebende« *Stella* (1776), dem bürgerlichen Trauerspiel angenähert hat. Goethe selbst maß diesen Produktionen keinen höheren Wert bei. Zu *Clavigo* bemerkte er schon im Jahr der Entstehung: »moderne Anekdote dramatisiert mit möglichster Simplizität und Herzenswahrheit« (Goethe, HA 565). Auffällig ist die neue Gattungsbezeichnung der »Anekdote«, die *Clavigo* in den Rang einer Gelegenheitsdichtung herabsetzt. Wohl eher scherzhaft äußerte der alte Goethe am 26. Juli 1826 gegenüber Eckermann:

> In der Zeit meines *Clavigo* wäre es mir ein leichtes gewesen, ein Dutzend Theaterstücke zu schreiben; an Gegenständen fehlte es nicht, und die Produktion

ward mir leicht; ich hätte immer in acht Tagen ein Stück machen können, und es ärgert mich noch, daß ich es nicht getan habe. (Goethe, HA 567)

Goethe sah diese Dramen als leichte Spieltexte für das bestehende Theater. Geärgert dürfte es ihn haben, dass der Erfolgsdramatiker August von Kotzebue, dessen Werke auch in Weimar gespielt werden mussten, um Einnahmen zu erzielen, ihm an internationaler Berühmtheit gleichkam. Kotzebue schrieb in seinem mit erst 58 Jahren durch den Mörderdolch eines Burschenschaftlers beendeten Leben nicht weniger als 230 Dramen aller Gattungen. Auf diese Produktivität durfte auch ein Goethe neidisch sein. Zugleich aber entkräftet der Weimarer Olympier mit seiner Äußerung den Vorwurf, dass seine beiden Frühwerke trivial wären: Er gesteht das einfach unumwunden zu.
Wenn vom Anfang einer bürgerlichen Trivialdramatik gesprochen werden soll, dann bezeichnet *Clavigo* diesen Punkt. Das ist kein ästhetisches Werturteil, sondern wiederum nichts weiter als eine Gattungsdefinition. Nicht dass Goethes kleines Trauerspiel um das Scheitern der Liebe zwischen dem bürgerlich geborenen Hofmann Clavigo und der armen Bürgerin Marie Beaumarchais besonders rührselig wäre. Melodramatische Effekte beobachten wir bei Dramatikern wie Wagner, Iffland oder Schiller zuhauf, bei Goethe sind sie nur sehr zurückhaltend verwendet. Der entscheidende Punkt ist vielmehr, dass Goethes Drama keinen Anspruch auf eine öffentliche Wirksamkeit erhebt, der über das bloße Unterhaltungsmoment hinausginge. Hier steht nicht das private Glück gegen die öffentliche, politische Wirksamkeit, vielmehr wird ein Subjekt (Clavigo) thematisiert, das seinen Anspruch auf Selbstgenuss verwirklichen will. Dieser Anspruch ist gesellschaftlich nicht verallgemeinerungsfähig, so berechtigt er als individuelles Verlangen sein mag. Goethe zieht hier die triviale Folgerung aus der Lessing'schen Mitleidsdramaturgie. Lessing glaubte, wie

Die Schauspieler Boek und Dauer
in der Gothaer Aufführung
von Goethes *Clavigo* (1776)
Stich von Liebe nach Kraus

wir zeigten, nicht an die Tragödie als Weltentwurf und verlegte ihre bessernde Wirkung in die von ihr erregten Empfindungen. Goethe verkürzt diesen Ansatz auf eine bloße Charakterstudie, greift ein novellistisches Ereignis heraus und bringt es auf die Bühne. Nun ist das Aufgreifen eines schockierenden traurigen oder erstaunlichen Ereignisses für das Theater der Aufklärung nichts eigentlich Neues, das Gleiche hatte auch Lillo in seinem *Kaufmann von Londen* getan. Dort aber bestand die Aufgabe gerade darin, diesem Einzelfall aus der alltäglichen Erfahrungswelt exemplarische Bedeutung abzugewinnen und diese dem Publikum zu vermitteln. Bei Lessing wiederum, der an die Exemplarität der Tragödie nicht glaubt, werden Fälle, die anekdotischer Behandlung fähig wären, geradezu mit Absicht vermieden. Erst in der Goethe'schen Verbindung von Anekdote und Charakterstudie liegt die Keimzelle des Trivialdramas.

Goethes *Stella* ist stärker subjektiv getönt, die bezeichnete Tendenz kommt hier noch deutlicher zum Ausdruck. Als Kunstwerk steht dieses »Schauspiel für Liebende« weit über dem *Clavigo*.

In einem Gasthof steigt eine Dame, Madame Sommer, mit ihrer Tochter Lucie ab. Die Tochter soll bei der Gutsbesitzerin Stella in Stellung gehen. Mutter und Tochter haben ihr Vermögen verloren, nachdem Cäcilie, Madame Sommer, von ihrem Mann verlassen worden war. Im Gasthof ist auch ein Offizier angekommen, Stellas Mann, der seine Frau überraschen will. Währenddessen treffen die drei Frauen im Gutshaus zusammen: Auch Stella ist verlassen worden, ihr Kind ist früh gestorben. Dann kommt der Gutsbesitzer nach Hause. Es stellt sich heraus, dass sowohl Cäcilie als auch Stella in ihm ihren Gatten wiederfinden. Denn Fernando hatte Cäcilie verlassen und Stella entführt, um sie in aller Stille zu heiraten. Später dann hatte er versucht, seine erste Frau und seine Tochter wiederzufinden. Da ihm das nicht gelang, ist er nun auf sein Gut und zu Stella zurückge-

Stella

Ein
Schauspiel für Liebende
in fünf Akten

von

J. W. Göthe.

Berlin 1776.
bey August Mylius,
Buchhändler in der Brüderstraße.

Titelblatt der Erstausgabe von Goethes *Stella*

kehrt, wo er nun auch auf seine erste Frau und die Tochter trifft. Der Konflikt ist da, beide Frauen wollen von Fernando nicht lassen, wollen dann für einander verzichten; er selber ist zu keiner Entscheidung fähig. Schließlich erzählt Cäcilie die Geschichte des Grafen von Gleichen, man einigt sich auf eine Ehe zu dritt. In einer zweiten Fassung, die Goethe 1806 für eine Aufführung in Weimar schrieb, endet das Stück hingegen traurig: Cäcilie macht dieses Angebot, doch Stella hat sich zwischenzeitlich vergiftet. Der verzweifelte Fernando erschießt sich.

Trotz des Titels liefert Goethe in diesem kleinen Fünfakter in erster Linie eine Charakterstudie des zerrissenen Fernando. Es ist nicht richtig, in dieser Geschichte um eine Ehe zu dritt eine Utopie repressionsfreier Sexualität oder eine bloße Männerphantasie zu erblicken. Denn Fernandos Unglück besteht nicht darin, nur eine Frau haben zu dürfen, sondern in einer Unrast, die ihn nicht zur Ruhe kommen lässt. Darin ist die zweite Fassung schlüssiger. Dass eine Ehe zu dritt eine gesellschaftlich lebbare Möglichkeit sein sollte, ist nicht das Problem, sondern, inwieweit die von Cäcilie ins Auge gefasste Lösung tatsächlich eine Lebensmöglichkeit für die drei hier versammelten Menschen darstellen könnte: die durch Not lebenspraktisch gewordene Frau, die ihre Ruhe finden möchte, die schwärmerisch-introvertierte Stella und den umgetriebenen Mann. Goethe hat – darin ist Wolfgang Kayser zuzustimmen – gegen Ende des Stückes die Tonlage gewechselt, er geht über zur Legende: »Der Schluß gibt nicht die Lösung des Konfliktes für die Zukunft, sondern stellt die Vereinigung der drei Gestalten dar, unabhängig von Raum und Zeit« (Goethe, HA 577). Nur ist das ein Kunstgriff, der eine Lösung lediglich vortäuscht, ein rein äußerlich aufgesetzter Effekt, woran auch die dichterische Qualität nichts ändert. Pflicht, Zwang oder Arbeit spielen in *Stella* keine Rolle. Wir bewegen uns in einem Raum geldgestützter Innerlichkeit: Fernando hatte seiner Frau Vermögenswerte zurückgelassen, sie hat das Geld an einen Betrüger verloren. Nun geht die Tochter in Stellung, aber ohne als Bedienstete behandelt zu werden – eine Utopie kleinadligen Zuschnitts, eine entschärfte Variante des etwa bei Gemmingen zu beobachtenden Ständepartikularismus. Fernando und Stella besitzen ein Gut, sind also Kleinadlige oder leben jedenfalls von Grundrente und Bodenertrag. Das alles wird nicht weiter thematisiert. Von seiner moralischen Problemstellung her würde das Drama in der bürgerlichen Welt als schockierend empfunden werden (nicht so bei Hofe). Goethe hat hier das erste und einzige bedeutende Stück für ein adliges Liebhabertheater geliefert, zugleich auch eine der ersten Schicksalstragödien, die füglicher Tragödien des dummen Zufalls heißen würden.

Interessanterweise greift etwa zwanzig Jahre später der Trivialdramatiker Kotzebue denselben Stoff in seinem Zweiakter *La Peyrouse* (1798) auf.[1]

Den Seefahrer La Peyrouse hat es auf eine Südseeinsel verschlagen. Dort lebt er mit Malvine, einer Eingeborenen, zusammen, mit der er einen siebenjährigen Sohn hat. Ein Schiff landet. Ihm entsteigt Adelaide, seine Frau, die ihren Gatten sucht. Sie trifft Malvine, die ihr freundlich entgegengeht. Bald stellt sich heraus, dass La Peyrouse der Ehemann beider Frauen ist. Adelaide hat ihr jüngstes Kind, den ebenfalls siebenjährigen Heinrich, mitgebracht. La Peyrouse ist Malvine zur Dankbarkeit verpflichtet und will sie nicht verlassen. Zunächst versuchen beide Frauen, ihn für sich allein zu gewinnen, danach sind sie gegenseitig zum Verzicht bereit. Malvine rettet Adelaide sogar das Leben, indem sie sie vor einen giftigen Frucht warnt. Die Möglichkeit, zu dritt nach Frankreich zu gehen, wird als unmöglich abgetan.

---

1 Wiederabgedr. in: August von Kotzebue, *Schauspiele*, mit einer Einf. von Benno von Wiese hrsg. von Jürg Mathes, Frankfurt a. M. 1972, S. 291–324.

Schließlich landet auch Adelaides Bruder Clairville. Er berichtet, dass die Revolution ausgebrochen ist und die Familie alle Güter verloren hat. Nun steht einer Ehe zu dritt in einer neu zu gründenden Kolonie nichts mehr im Wege. In einer späteren zweiten Fassung wird diese Möglichkeit erwogen, doch hat sich Malvine schon vergiftet, um Adelaide und La Peyrouse nicht im Wege zu stehen.

Hier ist nun wirklich das Trivialdrama in jedem nur möglichen Sinne verwirklicht: Der anekdotische Fall knüpft (hypothetisch) an das Schicksal eines verschollenen Seefahrers an. Die Doppelheirat wird hier unanstößig motiviert: Der Schiffbrüchige musste damit rechnen, niemals zurückkehren zu können. Malvine hat ihn aus den Händen ihrer kannibalischen Verwandten gerettet, er ist ihr dankbar und liebt sie. Auf der Insel lebt das Paar in vorgesellschaftlicher, von Rousseau inspirierter Unschuld, in einem exotischen gesellschaftlichen Nirgendwo, das sich durch den Ausbruch der Französischen Revolution, die eine Rückkehr versperrt, auch aufrecht erhalten lässt. In der Zeichnung der Wilden ist Kotzebue politisch korrekt: Er repetiert das von Rousseau gezeichnete Idealbild des paradiesischen Naturzustands. Von der brutalen Realität des Sklavenhandels findet sich natürlich keine Spur, stattdessen allseits empfindsame abstrakte Humanität, die Rührung erzeugen soll. Wieder einmal kommen Kinder als Rührmomente auf die Bühne: Schon bei Gemmingen (s. oben S. 145 ff.) hatte der Sohn die Versöhnung des zerstrittenen Ehepaars bewirkt; Kotzebue selbst hatte in seinem ersten Erfolgsstück *Menschenhaß und Reue* (1790)[2] die Kinder Malchen und Wilhelm zur Versöhnung zwischen Meinau und seiner ehebrecherischen Eulalia eingesetzt. Hier nun umfassen im Schlusstableau die Söhne der beiden Frauen ihre jeweiligen Mütter und den Vater und verkünden, als »Stimme der natürlichen Unschuld«,

---

2 Widerabgedr. in: Ebd., S. 41–126.

dass eine zufrieden stellende Lösung erreicht wurde. Kotzebues Werk ist – wie Goethes *Stella* – ein Schauspiel des dummen Zufalls. Der Verhängnischarakter ist hier sogar stärker ausgeprägt als bei Goethe, weil das Wiederfinden des verschollenen Seefahrers, der als Einziger überlebt hat, noch unwahrscheinlicher ist, als dass Cäcilias Tochter ausgerechnet bei Stella in Stellung gehen soll. Das unmotivierte Eintreten eines möglichen, aber unwahrscheinlichen Ereignisses ist für die Gattung des anekdotischen Kleindramas geradezu geboten, weil das eine Zuspitzung der Geschehnisse und Handlungsverläufe erst ermöglicht. Was aber bei Goethe und Kotzebue, auch bei Moritz und Tieck noch einfache Spielvoraussetzung ist, wird im eigentlichen Schicksalsdrama (Zacharias Werner, Adolph Müllner, Ernst von Houwald) dann zu tragischer Bedeutsamkeit aufgebläht.

Kotzebue arbeitet stets mit Rühreffekten, die aber nicht über sich hinausweisen. Ob er das Thema des Ehebruchs dramatisiert oder die Untaten der Spanier in Peru, stets findet sein Unterhaltungstheater in der Aufführung den Abschluss. Die Versöhnbarkeit von aufklärerischer Ideologie, der er als Lebensmodell durchaus verpflichtet ist, mit allen denkbaren gesellschaftlichen Verhältnissen ist vorausgesetzt. Hier ist jede kritische Distanz unerwünscht und vermieden. Obwohl Kotzebue seine größten Erfolge im bürgerlichen Rührstück feierte, ist er keineswegs auf diese Gattung festgelegt. Als Chamäleon des Unterhaltungstheaters steht ihm die große Tragödie (*Octavia*, Trauerspiel, 1801) genauso zu Gebote wie selbst das romantische Drama (*Der Schutzgeist*, dramatische Legende, 1814). Seine besten Leistungen vollbringt er freilich in der Posse, der völlig anspruchslosen Komödie. Hier durchbricht, etwa in *Der Wirrwarr* (Posse, 1803), eine fast anarchisch zu nennende Situationskomik die Verhältnisse.

Ebenfalls in die Gattung des anekdotischen Kleindramas

gehört Karl Philipp Moritz' Einakter *Blunt oder der Gast*,[3] das in zwei Fassungen existiert.

Das Drama spielt zur Mitternacht. In einer ärmlichen Stube sitzen Blunt und seine Frau Gertrude, in Decken gehüllt, am Tisch. Die achtjährige Tochter Adelheid schläft auf einem Stuhl. Auf Grund seiner verschwenderischen Lebensweise und der Unwilligkeit, zu arbeiten oder sich von seinem Bruder helfen zu lassen, ist Blunt ins Elend geraten, seinen Sohn hat er aus dem Haus gejagt. Der letzte Bissen ist verzehrt. Im Traum schwor Blunt einem Dämon, das Blut eines von diesem gesandten Mannes zu opfern: Dann hätten alle Sorgen ein Ende. An diesem Abend ist ein Fremder gekommen und hat um ein Nachtlager gebeten. Er belegt das einzige noch vorhandene Bett. Adelheid schreckt aus dem Schlaf, ihr hat von einem Mann mit einem blanken Schwert geträumt. Beim Weglegen der Jacke des Fremden fällt eine brillantenbesetzte Dose heraus. Szenenwechsel: In einem Monolog stellt sich heraus, dass der Fremde der Sohn des Ehepaars Blunt ist, den der Vater aus dem Haus gejagt hat. Er ist zu Reichtum gekommen. Er übernachtet aus einer Laune heraus in dem ärmlichen Haus fremd und unerkannt, um am nächsten Morgen seine Eltern zu überraschen. Mit der Tochter seines Vaterbruders, des Bürgermeisters Blunt, ist er verlobt. Nach einer rührenden Szene zwischen dem Fremden und der kleinen Adelheid wechselt die Szene in das Haus des Bürgermeisters, der noch mit Arbeiten beschäftigt ist. Seine Tochter Mariane kann nicht schlafen, sie hat unklare Befürchtungen um ihren Verlobten. Währenddessen hat Blunt mit seiner Frau eine Grube vor dem Haus gegraben, ohne ihr zu verraten, welchen Zweck

---

3 Carl Philipp Moritz, *Blunt oder der Gast. Ein Schauspiel in einem Aufzuge*, Berlin 1781. Die Journalfassung, d. h. der Erstdruck (*Litteratur- und Theaterzeitung*, Berlin 1780), liegt dem Text der folgenden Ausgabe zugrunde: Karl Philipp Moritz, *Werke*, hrsg. von Horst Günther, Bd. 1: *Autobiographische und poetische Schriften*, Frankfurt a. M. 1981, S. 9–32.

die Grube haben soll. Blunt hat, so erfahren wir, den Vorsatz gefasst, sein Leben zu ändern. Seine Frau beschwört ihn, diesem Vorsatz treu zu bleiben und zu Gott um Hilfe zu flehen. Doch Blunt geht wütend ins Haus. Der Frau kommt der Gedanke, er wolle den Fremden ermorden. Nun wechselt die Szene in die Kammer des schlafenden Fremden. Blunt ist zum Mord entschlossen, doch wird er immer wieder durch das Klopfen seiner Frau an die Kammertür abgehalten, die Tat umzusetzen. In der Buchfassung wird der Sohn durch das Klopfen geweckt und kann sich rechtzeitig seinem Vater zu erkennen geben. In der Journalfassung wird der Mord durchgeführt, die Schuldigen werden gefasst und am Sarg des Toten zusammengeführt. Dort wünscht der reuige Blunt verzweifelt, alles möge nur ein Traum gewesen sein. Und tatsächlich wiederholt sich die Mordszene, nur weckt diesmal (wie in der Buchfassung) das Klopfen den Sohn. Die Journalfassung bleibt also offen: Handelt es sich um einen Wunschtraum oder um die tatsächliche Rücknahme des Sohnesmordes? Die Buchfassung verläuft durch die geglückte Vereitelung des Mordes entsprechend einfacher.

Moritz dramatisiert einen Stoff, den schon George Lillo (*The Fatal Curiosity*) behandelt hat, doch streitet er jeden Einfluss Lillos ab. Das Thema hat auch spätere Dramatiker interessiert (Zacharias Werner beispielsweise und Albert Camus in *Le Malentendu*). Im Mittelpunkt steht auch hier eine erstaunliche und überraschende Anekdote, die Ermordung des nicht erkannten Sohnes im Haus der Eltern. Moritz allerdings stellt – anders als Goethe oder Kotzebue – nicht die Charakterstudie in den Vordergrund, sondern einen moralischen Zweck: den Nachweis einer rettenden Vorsehung, die in der Stimme des Gewissens und in menschlicher Hilfe besteht. Zwar arbeitet schon Moritz mit den Mitteln einer Stimmungsmalerei: die dürftigen Requisiten, Dunkelheit, wirre Träume, die Geräusche der Nacht, verstärkt durch die Erdaushebearbeiten im Hintergrund. Diese Mittel besitzen aber keine strukturelle Bedeutung für das Drama, da Blunt in seiner Entscheidung frei bleibt. Darin unterscheidet sich dieses Drama von dem 1809 uraufgeführten, doch erst 1814 im Druck veröffentlichen Einakter *Der vierundzwanzigste Februar* von Zacharias Werner.[4] Die drastische moralische Wirkung erzielt Moritz gerade dadurch, dass die Handlung nicht anekdotisch wird, die Ermordung nicht stattfindet, bzw. in der Journalfassung vielleicht ungeschehen gemacht wird. Problemlos ließe sich die Fallgeschichte des stolzen Blunt, der sich herausgefordert fühlt, wenn sein Bruder feststellt, dass er ins Elend geraten ist, in das von Moritz herausgegebene *Magazin für Erfahrungsseelenkunde* integrieren. Als Aufklärer überprüft der Autor die Möglichkeit des aufklärerischen Weltentwurfs an einem schrecklichen Extremfall. Dabei gerät Moritz jedoch, anders als in der Novellistik, in das Dilemma der Exemplarität. Die Ausmalung des nackten Elends, für die sich Moritz nicht nur des Worts, sondern auch optischer und akustischer Mittel bedient, scheint über die gegebene Situation hinaus eine exemplarische Stellungnahme anzudeuten, die durch das aufdringlich moralische Ende besonders der Buchfassung wieder entkräftet werden muss, soll das Nachdenken über Blunts Schicksal nicht auf Abwege geraten. Dabei ist Moritz dem bürgerlichen Drama durchaus noch stärker verpflichtet als Goethe oder Kotzebue, da hier die soziale Lage Blunts – zusätzlich zu seinem Charakter – bedingende Voraussetzung für seinen Mordvorsatz ist.

Wenn Zacharias Werner den gleichen anekdotischen Stoff mehr als zwanzig Jahre später wieder aufgreift, nutzt er ihn hingegen zu einer Art christlichem Mysterienspiel: Aus Blunt ist ein Schweizer Bauer Kunz Kuruth geworden; die Zuschauer werden in eine Art negatives Schäferspiel bar aller gesellschaftlichen Realität versetzt. Die bei Moritz nur

---

4 Neuausg. hrsg. von Johannes Krogoll, Stuttgart 1967.

stimmungshaften Requisiten gewinnen ein Eigenleben; vor allem aber wird die Ursache für den Niedergang des Bauern nicht mehr in seinem schlechten Wirtschaften oder fehlerhaften Charakter, sondern in einem Verbrechen gesehen: Kunz und Trude leben in Blutschande, der Vater hat sie verflucht. *Der vierundzwanzigste Februar* unterstellt in der Tat eine exemplarische Bedeutsamkeit: den Kampf des Guten gegen das Böse, das Ringen um die (christlich verstandene) Erlösung. Werner nennt sein Werk »Tragödie«, und er wählt lässig gereimte Blankverse für seine ins Negative verzerrte Pastorale. Zacharias Werners bizarre subjektive Voraussetzungen für sein Drama – das enttäuschte Aufklärertum, eine nicht zu unterdrückende Sinnlichkeit, sein Erlösungsbedürfnis, das ihn schließlich konvertieren und sein Leben als katholischer Priester beschließen ließ – brauchen uns hier nicht zu beschäftigen. Wohl aber die Frage, wieso dieses eher abseitige Produkt eine Modeströmung inaugurierte, die das deutsche Theater zwischen 1810 und 1825 fast ausschließlich beherrschte, während das bürgerliche Drama alten Stils ganz schnell allen Kredit verlor. Die Gründe liegen auf der Hand: Der Zusammenbruch des politischen Systems in Deutschland, die damit einher gehende wirtschaftliche Unsicherheit und nicht zuletzt soziale Veränderungen während der französischen Herrschaft führten dazu, dass das ständische Modell und der absolutistische Obrigkeitsstaat, auf die das bürgerliche Trauerspiel selbst in seinen exponiertesten Vertretern bezogen blieb, allenfalls als konservative Option auf die Zukunft angesehen, nicht aber mehr als soziale Wirklichkeit gestaltet werden konnten. Die Ordnung, die in der Realität nicht mehr vorgefunden wurde, kehrte als mythische in das Schicksalsdrama zurück.

Nachzutragen ist noch das kleine zweiaktige Trauerspiel *Der Abschied* (1792) des jungen Ludwig Tieck.[5]

---

5 Wiederabgedr. in: Ludwig Tieck, *Ausgewählte Werke in vier Bänden*, hrsg. von Georg Wittkowski, Bd. 1, Leipzig [o. J.], S. 12–39. Auf Grund des gro-

Ferdinand Ramstein kehrt in seine Heimat zurück, um von seiner ehemaligen Verlobten Louise Abschied zu nehmen, die in der Zwischenzeit Karl Waller geheiratet hat. Die Trennung zwischen Ferdinand und Louise kam zu Stande, weil Ramsteins Briefe ausblieben und Louise gerüchteweise erfuhr, Ramstein sei in der Schweiz verheiratet. Doch Ramstein lag todkrank danieder. Als Ramstein und Louise beim Abschiednehmen sind, kommt Karl zurück. Louise gibt Ferdinand für einen Verwandten aus, vergisst aber, dass sein Bildnis in ihrer Wohnstube hängt, das sie ihrem Mann Karl gegenüber als das Porträt ihres verstorbenen Bruders ausgegeben hat. Während eines quälenden Abends ist das Misstrauen Wallers gewachsen. Der 2. Akt spielt bei Nacht. Ferdinand und Louise beschließen die endgültige Trennung; der vor Eifersucht rasende Ehemann beobachtet den Abschiedskuss, ohne die Unterredung zu verstehen. Wahnsinnig geworden, ermordet er den vermeintlichen Nebenbuhler im Schlaf, ersticht Louise und bleibt allein auf der Szene zurück.

Tiecks kleines Drama ist eine Variation des Stella-Motivs, nur dass hier eine Frau zwischen zwei Männern steht. Nicht die Zerrissenheit des Subjekts, sondern seine Verlorenheit steht im Zentrum dieses stark lyrischen Dramas: Mit der scheinbaren Untreue Louises bricht Wallers gesamte Welt zusammen, in seinem Wahnsinn offenbart sich das Ungesicherte der Existenz überhaupt:

> Er hatte mich tödlich beleidigt, – warum zittr' ich so? ich habe ihn ja nur *gestraft*. – Und was hat er an dieser Welt verloren? Nichts? – Qualen, – folternde Schmerzen, – er hat gewonnen! – – ich bin sein Wohltäter. – er hätte ja doch einmal sterben müssen. – Der Mond

---

ßen Umfangs und der extremen Vielgestaltigkeit des Tieckschen Werks ist jede Werkauswahl immer schon eine Interpretation; Wittkowskis Ausgabe ist die einzige, die das kleine Werk neu druckt.

schien ihm grade aufs Gesicht, sein Gesicht war mir
seltsam fremd; – er starb, ohne zu zucken, – ohne eine
Bewegung, – Ein Menschenleben ist doch sehr zer-
brechlich! (Tieck, *Der Abschied*, 35)

Der anekdotische Extremfall führt bei Tieck, anders als
bei Moritz, mit dem er viele Voraussetzungen teilt, nicht in
die bürgerliche Gesellschaftlichkeit zurück. Tieck, der erste
Großstädter der deutschen Literatur, entdeckt hier – und
zwar ausgehend von bürgerlich-aufklärerischen Trivialgat-
tungen wie Geheimbundroman, Märchen und in diesem
Fall dem bürgerlichen Kleindrama – die Erfahrung des Ab-
surden:[6]

> Ja wahrlich, sie ist tot! – [...] Sie wird nie zurückkom-
> men! – Ha! wie kalt, wie leer ist alles in mir, ich könnte
> lachen, aber nein! nein! – Die Haare würden sich mir
> aufrichten! (*Auf und ab gehend, nach einer Pause.*)
> *Mörder!* – das Wort hat doch wahrlich wenig Bedeu-
> tung – (*Er setzt sich neben dem Leichnam auf die
> Erde.*) Ich wohne unter Leichen, – ich bin hier der ein-
> zige Lebende. – Deine Hand ist so kalt, Louise! – –
> Hier will ich sitzen bleiben! – hier will ich thronen,
> wie der Sieger auf dem Schlachtfelde. – Tod! Tod! – (*Er
> sieht stumm auf die Leiche.*) (Tieck, *Der Abschied*, 39)

Mit diesem Bild fällt der Vorhang über eine nihilistische
Welt. Entscheidend ist nicht, dass es keine Reintegration
Wallers in irgendeine Form von Bürgerlichkeit gibt, entscheidend ist die neue Erfahrung einer Entfremdung, die
urplötzlich die Oberfläche geordneter Bürgerlichkeit zer-
schlägt. Die Fragen nach der Wahrscheinlichkeit eines solchen Ereignisses, nach dem sozialen Ort einer solchen Er-

---

6 Zur Erläuterung dieser Grundthese sei auf die umfangreichen Arbeiten einer einzigen Tieckforscherin verwiesen: Marianne Thalmann (B 7b). Dass
 Tieck in späteren Jahren seine kleine Tragödie mit den Schicksalsdramen auf
 eine Stufe stellte, ist allenfalls als genetische Herleitung richtig.

fahrung werden nebensächlich. Ausgehend vom bürgerlichen Drama ist Tieck hier die Gestaltung der modernen Welterfahrung gelungen.

Wie weit die bürgerliche Dramatik in der frühen Restaurationszeit noch absinken sollte, offenbart das Werk Ernst von Houwalds, der 1818 denselben Stoff zu einer einaktigen gereimten Verstragödie *Die Heimkehr* umarbeitete.[7]

Heinrich Dorner kehrt nach Jahren in die Heimat zurück, um, als armenischer Kaufmann verkleidet, seine Frau als Gattin des Försters Wolfram wiederzufinden. Von jedem ihrer beiden Männer hat Johanna ein Kind. Dorner offenbart sich nicht. Er befragt Johanna um ihre beiden Ehen. Sie hat Dorner inbrünstig geliebt, aber Sicherheit, Glück und Geborgenheit erst an der Seite des Försters gefunden. Dorner, der bei einem Festmahl Wolfram durch Gift ermorden wollte, erkennt, dass er Johanna nicht zurückgewinnen kann, und trinkt selbst den ihm bestimmten Giftbecher.

Mit Houwald lenkt das bürgerliche Rührstück (die Schicksalsdrama-Elemente sind stark zurückgedrängt) in eine sentenziöse Spießbürgerlichkeit ein, die Verklärung des kleinen, bescheidenen Glücks, das hier durch kein Gespenst der Vergangenheit zu bedrohen ist. Von der alten Funktion, die Welt des Bürgers dramatischer Gestaltung zu erschließen, ist nichts geblieben. Vollends zeigt sich dies bei dem 1820 entstandenen zweiaktigen Drama *Fluch und Segen*.[8]

Der Erbpächter Günther ist in die Stadt gegangen, um beim Amtmann um eine Prolongation seiner Pachtschuld zu bitten. Der Amtmann fährt ihn mit harten Worten an.

---

7 Erstdruck: Ernst von Houwald, *Der Leuchtthurm. Die Heimkehr. Zwei Trauerspiele*, Leipzig 1821.
8 Erstdruck: Ernst von Houwald, *Fluch und Segen*, Leipzig 1821.

Günther geht ins Gasthaus und kommt ins Gespräch mit dem Seiltänzer Sebaldo, der bereit ist, dem verschuldeten Mann die Schuldsumme zu zahlen, wenn er ihm seinen kleinen Sohn Moritz zur Ausbildung überlässt. Günthers Frau ist über den Vorschlag entsetzt. Sie beschwört ihren Mann, der sich bereits seit einiger Zeit gebessert hat, bei seinen Vorsätzen zu bleiben und lieber ins Schuldgefängnis zu gehen, als seinen Sohn dem Seiltänzer zu verkaufen. Der kleine Moritz verrät seinem Schwesterchen, dass er sich heimlich zu dem Seiltänzer aufmachen wird. Am nächsten Morgen kommt der Amtmann ins Haus und wirft Günther den Sohnesverkauf vor. Günther, der von nichts weiß, fordert, dem Seiltänzer nachzusetzen, um ihn wegen Kindesentführung zu bestrafen. Der Seiltänzer erscheint; er ist Günthers Schwager, den dieser bei dessen Vater verleumdet hatte, so dass ihn der Vater mit einem Fluch aus dem Hause warf. Sebaldo hat sich geschworen, Fluch mit Segen zu vergelten. Das Angebot des reich gewordenen Seiltänzers war eine Probe: Wäre Günther darauf eingegangen, hätte er Moritz an Sohnes statt angenommen und ihm sein Vermögen vererbt. Nun ist er bereit, die Familie zu entschulden.

Bei diesem biedermeierlichen Machwerk sind die letzten Reste von Realismus verloren gegangen. Die bürgerliche Tugendmoral zeigt sich darin, dass dem Amtmann Recht gegeben wird, wenn er den säumigen Zahler beschimpft. Eine nebelhafte Erinnerung an den Umstand, dass die alten Feudalverhältnisse nicht mehr funktionieren, findet phantastischen Ausdruck in der Auskunft des Seiltänzers:

Und kühn vertrauend auf die eigne Kraft,
Hab ich das Seil thurmhoch gespannt,
Mich hat das Volk bewundernd angegafft,
Indeß ich meine Grüß' Euch zugesandt.
Und seht, das flücht'ge Glück, es ward mir hold;

Ich schauderte nicht an des Abgrunds Rand,
Das Leben wagt' ich, und gewann mir Gold!⁹

(Houwald, *Fluch und Segen*, 82 f.)

Der Verzweiflung der vom Übergang zum Kapitalismus Überrollten hatte bei Moritz noch die Utopie einverständiger, hilfreicher Mitmenschlichkeit gegenübergestanden. Hier nun wird die Rettung von phantastischen Ereignissen erwartet, nicht mehr aus der Gesellschaft selbst. Der Amtmann erhält Recht, wenn er seine Hilfe verweigert. Die großen Vermögen werden mit dem Seiltanzen verdient. Ernst von Houwalds Dramatik bezeichnet den absoluten Tiefpunkt einer Dramatik, die als bürgerliche die eingetretenen Veränderungen nicht mehr begreifen kann und dennoch an der eingeübten Tugendmoral festhalten will, deren reale Belohnungen freilich ausbleiben.

---

9 Der Schatzfund ist ein bürgerlicher Wunschtraum der Kapitalakkumulation, der zumal in Krisenzeiten mythische Ausmaße annimmt, der aber zugleich bedrohlich ist, weil er die Arbeitsideologie untergräbt (ähnlich wie das Zahlenlotto). Das Motiv findet sich schon bei Schiller und erfährt seine gültige Gestaltung später in Richard Wagners *Ring des Nibelungen*.

8
Epilog

Das große Jahrhundert bürgerlicher Dramatik in Deutschland war mit dem Zusammenbruch des alten Reichs und seiner ständischen Partikularordnung zu Ende gegangen. Der Glaube an einen Fortschritt, der durch immer stärkere Annäherung an ein unveränderliches Humanitätsideal erreicht werden könnte, wich dem Historismus. Damit war einem Theater als moralische und politische Anstalt der Boden entzogen. Hatte schon im 18. Jahrhundert das Fehlen eines Zentrums die Herausbildung einer bürgerlichen Öffentlichkeit stark behindert, so boten die chaotischen Jahrzehnte zwischen 1795 und 1815 kaum noch die Chance, auch nur den erreichten Standard aufrecht zu halten. Die anschließende Epoche zwischen 1815 und 1848 entzog einer explizit bürgerlichen Dramatik dann vollständig den Boden. Unter dem Deckmantel einer politischen Restauration vollzogen sich tief greifende gesellschaftliche Wandlungsprozesse: die Industrialisierung setzte ein, das Proletariat entstand. Das bürgerliche Ideal einer auf Tugend und Vernunft beruhenden, doch letztlich in sich stabilen Welt wurde umso mehr zur Ideologie, als sich das Bürgertum selbst in Großbourgeoisie und Kleinbürgertum spaltete. Damit hatte der Kaufmann als Leitfigur des Bürgertums und des bürgerlichen Dramas ausgedient.

Hinzu kamen die Veränderungen innerhalb der Literatur selbst. Wir haben gezeigt, wie die Ästhetik von Goethe, Schiller und Hegel und die davon abhängige beginnende Literaturgeschichtsschreibung das Theater des 18. Jahrhunderts zunehmend umwerteten. Die Gattungshierarchie, die von den avanciertesten Vertretern der Aufklärung (Lessing, Lenz) in Frage gestellt worden war, wurde unter neuen ästhetischen Prämissen wieder hergestellt. Der Aufklärung war die Gattung des Trauerspiels stets problematisch gewesen, weil in den tragischen Fabeln der Bessere unterging und der Schlechtere triumphierte. Wenn man als Aufklärer an der Tragödie festhalten wollte, konnte man sie entweder zur Satire machen (Voltaire), die in heroischem Gewand eine direkte, aber abstrakte Kritik an bestehenden Verhältnissen übte, oder aber man wählte nach Lessings Vorbild den Weg, die antiken Mythen zu entheroisieren. Dann waren die Fabeln keine Exempla mehr, sondern wurden Demonstrationsobjekte einer Schule des Verhaltens. Hier aber war dann die Grenzmauer zwischen Komödie und Tragödie gefallen: Für Lessing war ein glücklicher Ausgang auch des bürgerlichen Trauerspiels durchaus vorstellbar. In *Miss Sara Sampson* nach einem ›tragischen Konflikt‹ Ausschau zu halten, besteht kein Anlass, da nur aus grundsätzlich lösbaren Problemen sich etwas lernen lässt. Die Zuspitzung auf eine Klassenkonfrontation, die sich in der Dramatik vor allem der achtziger Jahre zeigte, baut kaum auf Lessings Dramaturgie auf, der er letztlich auch in seiner *Emilia Galotti* treu blieb. Hierfür bedurfte es zweier anderer Vorbilder: der protestantischen Abschreckungstragödie, deren Zweck die Einübung bürgerlicher Tugenden war – ideologisch letztlich bis auf Luther rückführbar –, und des Diderot'schen Sitten-, genauer Familiengemäldes. An einem Stück wie *Kabale und Liebe* erwies es sich dann freilich, dass die direkte politische Kritik an den Zuständen des deutschen Duodezabsolutismus sich nur sehr ungeschickt in die Form eines bürgerlichen Trauerspiels pressen ließ: Schiller, der zunächst noch seine kritische Haltung zum Absolutismus verschärfte, ging mit dem *Don Carlos* zu einem »Familiengemälde aus einem fürstlichen Hause« über – ein konsequenter Weg, da sich die Unmöglichkeit eines bürgerlichen Helden in *Kabale und Liebe* deutlich gezeigt hatte. Denn die bürgerliche Millerin-

Handlung blieb anekdotisch und hatte mit dem drängenden Problem des Machtmissbrauchs, der sich im Soldatenverkauf zeigte, nichts zu tun. Bürgerlich-partikulare Interessen erwiesen sich nicht als verallgemeinerungsfähig, daher war es nur folgerichtig, dass Schiller mit dem *Don Carlos* wieder an die Gattung anknüpfte, der schon sein *Fiesko* angehörte: an das »republikanische Trauerspiel«. Das schnelle Verschwinden nicht nur des bürgerlichen Trauerspiels, sondern eines anspruchsvollen bürgerlichen Dramas überhaupt, belegt, dass der aufklärerisch-bürgerliche Weltentwurf Vergangenheit geworden war. An seine Stelle trat der Entwurf einer historischen Dialektik: In der Tragödie offenbarte sich der Klassik das Aufeinandertreffen zweier gleich wichtiger, aber einander ausschließender Werte, deren tragischer Konflikt zugleich den Weltzustand erhellen sollte. Die abweichenden Entwürfe der Aufklärung gerieten in Vergessenheit. Wenn im Vormärz der Dramatiker Georg Büchner (1813–1837) in seinem *Woyzeck* direkt an die Komödien Jakob Michael Reinhold Lenz' anknüpfte, bewies er nur, dass ein neues soziales Drama nicht als Tragödie und schon gar nicht als bürgerliches Trauerspiel konzipiert werden konnte.

Ein einziges wichtiges Drama des Vormärz trug zu Recht die Gattungsbezeichnung des »bürgerlichen Trauerspiels«. Doch Friedrich Hebbel schuf in *Maria Magdalena* (1845) nicht die neue bürgerliche Tragödie, sondern wies lediglich ihre Unmöglichkeit nach.

Die Tischlerstochter Klara hat sich ihrem Verlobten Leonhard hingegeben, als sie bei einem Tanzvergnügen entdeckte, dass sie ihren Jugendgeliebten, den von der Universität zurückgekehrten Sekretär, immer noch liebt. In einem Gespräch mit seinem präsumptiven Schwiegervater, dem Tischlermeister Anton, erfährt Leonhard, dass jener die tausend Taler Sparkapital zur Rettung seines alten Meisters hingegeben hat. Leonhard hat sich mit unlauteren Mitteln die Stelle eines Kassierers bei der Stadt verschafft.

Friedrich Hebbel
Gemälde von Karl Rahl (1851)

Beim Kaufmann Wolfram hat sich ein Juwelendiebstahl ereignet, für dessen Täter Antons Sohn Karl gehalten wird. Der mit Anton verfeindete Gerichtsdiener Adam geht bei der Haussuchung mit solcher Brutalität vor, dass Antons Frau der Schlag rührt. Leonhard sagt Klara brieflich das Verlöbnis auf. Der wegen des Diebstahlverdachts in seiner Ehre gekränkte Tischlermeister erklärt seiner Tochter, er werde sich das Leben nehmen, wenn auch sie ihm Schande mache. Da Klara weiß, dass sie schwanger ist, gerät sie in eine ausweglose Lage. In einem Gespräch mit ihrer alten Jugendliebe entdeckt sie diesem ihre schlimme Situation. Obwohl sie den Sekretär liebe, werde sie Leonhard bitten, seine Entscheidung rückgängig zu machen. Der Sekretär ist nicht bereit, Klara zur Frau zu nehmen, solange Leonhard, der weiß, dass er der Kindsvater ist, am Leben ist, deshalb will er ihn zum Duell fordern. Klaras Bitten stoßen bei Leonhard auf taube Ohren: Er hat bereits der Nichte des Bürgermeisters ein Heiratsversprechen gegeben und auch diese bereits geschwängert. Klara kehrt nach Hause zurück, entschlossen, ihrem Leben ein Ende zu setzen. Der Bruder Karl ist aus dem Gefängnis entlassen, da sich herausgestellt hat, dass die geistesgestörte Frau des Kaufmanns die Juwelen gestohlen hat. Karl hält die unerträglich engen Verhältnisse nicht mehr aus und will zur See gehen, zuvor aber den Gerichtsdiener, der die Mutter auf dem Gewissen hat, totschlagen. Bevor er abreist, bittet er seine Schwester um ein Glas frisches Wasser. Klara geht ab und stürzt sich in den Brunnen. Inzwischen ist der Meister heimgekehrt. Dann erscheint der Sekretär. Das Duell hat stattgefunden, Leonhard ist tot, der Sekretär tödlich verwundet. Er erklärt dem Tischler den Zusammenhang. Klara wird vermisst, ihre Leiche entdeckt. Eine Magd hat gesehen, wie sie sich in den Brunnen stürzte. Der Meister ist sich sicher, den Selbstmord vertuschen zu können.

Hebbel stellte seinem bürgerlichen Trauerspiel ein ausführliches theoretisches Vorwort voran, in dem er umriss, was seines Erachtens den Niedergang der Gattung verursacht hatte:

> Das bürgerliche Trauerspiel ist in Deutschland in Mißkredit geraten, und hauptsächlich durch zwei Übelstände. Vornehmlich dadurch, daß man es nicht [...] aus der schroffen Geschlossenheit, womit die aller Dialektik unfähigen Individuen sich in dem beschränktesten Kreis gegenüberstehen, und aus der hieraus entspringenden schrecklichen *Gebundenheit des Lebens* in der Einseitigkeit aufbaut, sondern es aus allerlei *Äußerlichkeiten*, z. B. aus dem Mangel an Geld bei Überfluß an Hunger, vor allem aber aus dem Zusammenstoßen des dritten Standes mit dem zweiten und ersten in Liebesaffären, zusammengeflickt hat. Daraus geht nun unleugbar viel Trauriges, aber nichts Tragisches hervor, denn das Tragische muß als ein von vornherein mit Notwendigkeit Bedingtes, als ein, wie der Tod, mit dem Leben selbst Gesetztes und gar nicht zu Umgehendes auftreten [...].
>
> (Hebbel, *Maria Magdalena*, 26)

Hebbels Analyse ist darin richtig, dass er in den Dramen der Klassenkonfrontation (die Privattrauerspiele spielten zu seiner Zeit keine Rolle mehr) das Schiefe, Anekdotische und Zufällige erkennt. Der Klassenkampf als notwendiger Konflikt ist gerade auch in *Kabale und Liebe* nicht thematisiert. Seltsam freilich wird Hebbels Theorie dort, wo er den tragischen Konflikt als einen mit Notwendigkeit bedingten gerade innerhalb der Geschlossenheit des beschränktesten Kreises selber auffinden will. Alle Personen seiner Tragödie sollen in ihrem Recht sein, tragische Unausweichlichkeit soll herrschen. Aber mehr noch: in dieser tragischen Zuspitzung soll der Durchbruch zu einer neuen historischen Situation sich ankündigen, in der alle Institutionen sich auf nichts als auf Sittlichkeit und Notwendigkeit, die identisch sind, stützen und also den äußeren Haken, an dem sie bis jetzt zum Teil befestigt waren, gegen den inneren Schwerpunkt, aus dem sie sich vollständig ableiten lassen, vertauschen sollen. (Ebd., 7)

In der Tragödie Klaras soll also ein Allgemeines sich widerspiegeln, der Untergang einer auf Äußerlichkeiten und Reputation beruhenden Moral. Die Geschlossenheit der bürgerlichen Welt soll in ihrem Selbstwiderspruch sich aufheben. Heftig bekämpft Hebbel das Anekdotische, aber es bordet an allen Ecken und Enden in seine Tragödie hinein: Die Frau Antons stirbt durch den Überfall des Gerichtsdieners, Anton hätte das Spargeld behalten, Leonhard sein Eheversprechen halten können. Sicherlich werden in Anton äußerliche bürgerliche Ehrbegriffe ihrer Unwahrheit überführt: Er nimmt die Verhaftung seines Sohnes für die Verurteilung, angesichts des Selbstmords seiner Tochter ist er vor allem auf die Vertuschung bedacht. Andererseits rettet er seinen alten Meister, was einen verinnerlichten Tugendbegriff voraussetzt. Und dieser müsste eigentlich den Tischlermeister anhalten, erst recht seinen Kindern beizustehen. In Anton geht eben nicht der alte Ehr- und Tugendbegriff an der neuen Realität unter oder wird als falsche Ideologie denunziert, er wird vielmehr in seiner Auflösung gezeigt. Zu Anfang erklärt Anton:

> Aber über Menschen denke ich nichts, gar nichts, nichts Schlimmes, nichts Gutes, dann brauch ich nicht abwechselnd, wenn sie bald meine Furcht, bald meine Hoffnung täuschen, rot oder blaß zu werden.
>
> (Ebd., 48)

Als Karl ihm Klaras Selbstmord meldet, den die Magd beobachtet habe, wirft er ein:

> Die soll sich's überlegen, eh sie spricht! Es ist nicht hell genug, daß sie das mit Bestimmtheit hat unterscheiden können! (Ebd., 93)

Beide Verhaltensformen gehen nicht überein, sie sind gerade nicht auf einen und denselben Verhaltenskodex beziehbar. Hebbel steckt in einem doppelten Dilemma: Zum einen soll der alte bürgerliche Tugend- und Ehrbegriff als äußerlich und überholt nachgewiesen werden, nicht aber, indem er als bloße aufgesetzte Ideologie denunziert würde, sondern indem er als bestimmende, aber vernichtende Lebensmacht gezeigt wird. Das kann nicht funktionieren, weil schon im 18. Jahrhundert dieses Konzept bloß ein Ideal war, aber nicht die Lebenspraxis bestimmte. Zum Zweiten fordert Hebbel für das bürgerliche Trauerspiel einen sprachlichen Realismus in der Darstellung, der aufgesetzte Reflexionen ausschließt. Lenz' *Soldaten* aber tadelte er, weil Marie die »höhere Bedeutung« fehle (vgl. »Erläuterungen und Dokumente«, B 5e: 1974, 57). Wo Lenz aus Kurzszenen ein Drama der sozialen Determiniertheit nach dem Prinzip des wahrscheinlichen Verhaltens baut, will Hebbel einen ausweglos tragischen Konflikt in einer sozialen Umwelt erzwingen, der aber nicht sozial, sondern ideologisch determiniert sein soll. Das Auseinanderbrechen der Figur des Tischlermeisters Anton belegt, dass dieser Versuch gescheitert ist; Hebbel schwankt unentschieden zwischen Materialismus und Idealismus. Dass seiner Tragödie nicht nur die Notwendigkeit fehlt, sondern dass sie sich auch nicht zwanglos der von ihm intendierten Interpretation erschließt, muss der Autor selbst bemerkt haben, anders wären die Worte des sterbenden Sekretärs überflüssig:

> Denk Er [Anton; C.R.] nur an das, was Er ihr gesagt hat! Er hat sie auf den Weg des Todes hinaus gewiesen, ich, ich bin schuld, daß sie nicht wieder umgekehrt ist. Er dachte, als Er ihren Jammer ahnte, an die *Zungen*, die hinter Ihm herzischeln würden, aber nicht an die *Nichtswürdigkeit der Schlangen*, denen sie angehören [...]; ich, statt sie, als ihr Herz in namenloser Angst vor mir aufsprang, in meine Arme zu schließen, dachte

an den Buben, der dazu ein Gesicht ziehen könnte
[...]. (Hebbel, *Maria Magdalena*, 93 f.)

Hebbel, der der bürgerlichen Dramatik ihr Moralisieren vorwarf, schließt seine bürgerliche Tragödie mit dem Nachweis, dass sie keine ist. Denn wenn hier dem Sterbenden beredt die Einsicht einer neuen Sittlichkeit aufdämmert, hätte diese Erkenntnis genauso gut in der Auseinandersetzung mit Klara ihren Durchbruch finden können. Das anekdotische Moment, an dem die bürgerliche Dramatik, wie Hebbel erkannte, stets krankte, ist ihr nur um den Preis einer falschen Weltinterpretation auszutreiben. Vollends problematisch sind die Gestalten des Sohnes Karl und des ungetreuen Leonhard. Sie verkörpern die beiden realen Möglichkeiten, die dem Kleinbürgertum bleiben. Beide handeln nicht aus Ideologie: Karls Rebellion ist nicht politisch, aber verständlich. Es ist der Weg, den viele gedrückte Existenzen im 19. Jahrhundert, das ein Jahrhundert der Auswanderung aus Europa war, angetreten haben. Der andere Weg ist der der sturen Anpassung an die herrschenden Verhältnisse, wie ihn Leonhard bedenkenlos geht. Beide Figuren sind sozial genau gezeichnet. An ihnen, nicht an den ausgezirkelten, in sich unstimmigen Charakteren Antons oder des Sekretärs, zeigen sich die Konturen eines neuen epischen sozialen Dramas. Diese Figuren fügen sich nicht in die Struktur der Tragödie: Karl liefert hier nur den Anlass für das Eingreifen der Justiz, Leonhards Handeln besteht nur im schnöden Abschied. In die vorgeblich vorhandene tragische Dialektik mit den übrigen Figuren treten sie nicht ein.

Vergessen werden darf auch nicht der soziale Standort dieses Dramas. Hebbels Drama spielt im Kleinbürgertum, nicht in der Kaufmannsbourgeoisie, also in einem Segment der bürgerlichen Klasse, das an der bürgerlichen Emanzipation nicht teilnahm. In der Zeichnung dieses Milieus spiegelt sich die eigene Klassenposition Hebbels wider. Leonhard ist zu einem guten Teil das Selbstporträt eines Mannes, dem nur unter dem Einsatz von Mitteln, die ihm schwere Gewissensqualen verursachten, ein fragwürdiger bürgerlicher Aufstieg möglich war. Wie sehr die alte Tugendsolidarität, wie sie in den bürgerlichen Trauerspielen des 18. Jahrhundert zu vernehmen war, auch Ideologie gewesen sein mochte, sie wurzelte in einem bürgerlichen Standesbewusstsein, das dem handwerkerlichen Kleinbürgertum mit der Einführung der Gewerbefreiheit zerfiel. Die sozialen Probleme, die dieser Stand zu Hebbels Zeiten tatsächlich hatte, finden sich hier nur in der angstbesetzten Existenz Leonhards und der Trotzhaltung Karls wieder: Der Kleinbürger findet Schutz unter der Knute des staatlichen Machtapparats (Leonhard) mit der Chance eines zweifelhaften subalternen Aufstiegs, oder aber er geht als Proletarier auf den freien Markt wie Karl. Insofern hat Hebbel wohl ein Stück geschrieben, das die soziale Situation in der Mitte des 19. Jahrhunderts anspricht. Die bürgerliche Tragödie hingegen konnte ihm genauso wenig gelingen wie Lessing oder Schiller. Der angebliche tragische Konflikt war keiner, Hebbels Drama wurde zum letzten Familiendrama alten Schlags. Die Gattung des bürgerlichen Trauerspiels – wenn sie denn überhaupt eine war, hat sie doch weder eine schlüssige Dramaturgie noch Stücke hervorgebracht, die sich wenigstens genau an die poetologischen Aussagen ihrer Autoren gehalten hätten – war mit Hebbel endgültig Vergangenheit.

Mit Hebbels *Maria Magdalena* geht aber – streng genommen – auch der Versuch zu Ende, überhaupt Tragödien zu schreiben. Hebbel wusste, dass die Geschichte nichts als ein beliebig zur Tragödie manipulierbares Feld gefilterter Tatsachen ist. Er machte es sich schwerer als die Professorendramatiker, die noch bis ans Ende des Jahrhunderts tragische Konflikte in möglichst entlegene geschichtliche Ereignisse hineindichteten. Hebbel suchte das Tragische dort zu finden, wo es sich hätte finden lassen müssen, wenn es denn mehr gewesen wäre als eine ideologische Konstruktion. Aber er fand es nicht.

Die große Frage, die die aufklärerische Dramaturgie aufstellte, ob das Drama mit so genannten historischen Persönlichkeiten oder aber das Drama mit Sozialcharakteren triftiger ist, bleibt offen. Shakespeares Historiendramen oder Büchners *Woyzeck* schlagen auch heute noch die Theaterbesucher in den Bann, alle modernen Dramatiker haben hier ihren Ausgangspunkt – Brecht, Heiner Müller oder Edward Bond nicht minder als Beckett, Ionesco, Dürrenmatt oder Tabori. Von der Tradition des bürgerlichen Trauerspiels aus führt hingegen kein Weg in die Gegenwart.

Bibliographie

Im Text wird auf die nachfolgend verzeichneten Titel des ersten Teils der Bibliographie (B) jeweils in Klammern mit dem Verfasser- oder Herausgebernamen, Werktitel und der Seitenzahl verwiesen. Bei Sekundärliteratur werden nach dem Verfasser- oder Herausgebernamen die Nummer des bibliographischen Abschnitts, Publikationsjahr und Seitenzahl genannt (z. B.: Guthke, B 2a: 1994, 22 f.).

Bei der Sekundärliteratur ist die Menge der allgemeineren Werke bewusst knapp gehalten worden, dafür wird eine breitere Auswahl der Arbeiten zu den einzelnen Dramen gegeben. Gelegentlich werden zu einzelnen Arbeiten kommentierende Hinweise gegeben.

1. Ausgaben

Aristoteles: Poetik. Griech./Dt. Übers. und hrsg. von Manfred Fuhrmann. Stuttgart 1982.

Ayrenhoff, Cornelius von: Sämmtliche Werke. Neu verb. und verm. Aufl. Bd. 2. Wien 1803.

Beiträge zur Historie und Aufnahme des Theaters (1751). In: Gotthold Ephraim Lessing: Werke. Tl. 11,1: Kleinere Schriften zur dramatischen Poesie I. Berlin [o. J.]. S. 1–182. [Die gemeinsam mit dem Vetter Christlob Mylius herausgegebene Zeitschrift liegt als vollständiger Nachdruck nur in einer Ausgabe des Zentralantiquariats der DDR vor. Da die verbindliche Lessingausgabe von Lachmann/Muncker die Übersetzungen fortlässt, verwenden wir, wenn nicht anders angegeben, die verdienstvolle so genannte Hempelsche Ausgabe in 20 Teilen (Berlin 1868–77). Die zurzeit erscheinende Lessing-Ausgabe des Deutschen Klassiker Verlags ist noch nicht abgeschlossen.]

Brawe, Joachim Wilhelm von: Der Freigeist. In: Fritz Brüggemann (Hrsg.): Die Anfänge des bürgerlichen Trauerspiels in den fünfzi-

ger Jahren. Leipzig 1934. (Deutsche Literatur in Entwicklungsreihen. Aufklärung. 8.)
Brüggemann, Fritz (Hrsg.): Die bürgerliche Gemeinschaftskultur der vierziger Jahre. Tl. 2: Drama. Leipzig 1933. (Deutsche Literatur in Entwicklungsreihen. Aufklärung. 6.)
- Die Anfänge des bürgerlichen Trauerspiels in den fünfziger Jahren. Leipzig 1934. (Deutsche Literatur in Entwicklungsreihen. Aufklärung. 8.) [Enthält: Joachim Wilhelm von Brawe, *Der Freigeist*, George Lillo, *Der Kaufmann von Londen*, Johann Gottlob Benjamin Pfeil, *Lucie Woodvil*.]
- Die Aufnahme Shakespeares auf der Bühne der Aufklärung in den sechziger und siebziger Jahren. Leipzig 1937. (Deutsche Literatur in Entwicklungsreihen. Aufklärung. 11.) [Enthält: Christian Felix Weiße, *Romeo und Julie*.]
Diderot, Denis: Das Theater des Herrn Diderot. Aus dem Frz. übers. von Gotthold Ephraim Lessing. Anm. und Nachw. von Klaus-Detlef Müller. Stuttgart 1986. [Zit. als: TD.]
Eibl, Karl (Hrsg.): Gotthold Ephraim Lessing: Miss Sara Sampson. Ein bürgerliches Trauerspiel. Frankfurt a. M. 1971. (Commentatio. 2.) [Enthält den Nachdruck der Erstausgabe mit Rezeptionszeugnissen.]
Eighteenth Century Tragedy. Ed. by Michael R. Booth. London 1965.
Everyman. Ed. by A. C. Cawley. Manchester 1961.
Everyman/Jedermann. [Mittel-]Engl./Dt. Übers. und mit einem Nachw. von Helmut Wiemken. Stuttgart 1970.
Gellert, Christian Fürchtegott: Werke. Auswahl in zwei Teilen. Hrsg., mit Einl. und Anm. vers. von Fritz Behrend. Berlin/Leipzig/Wien [1910].
- Die zärtlichen Schwestern. Hrsg. von Horst Steinmetz. Stuttgart 1965. [Nachwort mit guter Kurzeinführung in das Thema der aufklärerischen Komödie.]
Gemmingen, Otto Heinrich von: Der deutsche Hausvater. In: Das Drama der klassischen Periode. Hrsg. von Adolf Hauffen. Tl. 2,1. Stuttgart [o. J.]. (Deutsche National-Literatur. 139,1.)
Goethe, Johann Wolfgang: Werke. Hamburger Ausgabe in 14 Bänden. Hrsg. von Erich Trunz. Bd. 4: Dramatische Dichtungen II. Textkrit. durchges. und komm. von Wolfgang Kayser. München 1981. [Zit. als: HA.]
- Clavigo. Nachw. von Helmut Bachmaier. Stuttgart 1983.

Goethe, Johann Wolfgang: Stella. Nachw. von Helmut Bachmaier. Stuttgart 1983.
Gottsched, Johann Christoph: Sterbender Cato. Im Anhang: Auszüge aus der zeitgenössischen Diskussion über Gottscheds Drama. Hrsg. von Horst Steinmetz. Stuttgart 1964.
- Ausgewählte Werke. Hrsg. von Joachim Birke [seit 1975: von P. M. Mitchell]. Berlin / New York 1968 ff. [Zit. als: AW.]
- Versuch einer Critischen Dichtkunst. Leipzig ⁴1751. Reprogr. Nachdr. Darmstadt 1982. [Poetik.] [Zit. als: CD.]
- (Hrsg.): Die deutsche Schaubühne. Reprogr. Nachdr. der Ausgabe 1741-45. Stuttgart 1972. [Dramenanthologie musterhafter Stücke.] [Zit. als: DS.]
Gottsched, Luise Adelgunde Victorie: Die Pietisterey im Fischbein-Rocke; oder die doctormäßige Frau. Hrsg. von Wolfgang Martens. Stuttgart 1968.
Hauffen, Adolf (Hrsg.): Das Drama der klassischen Periode. Tl. 2,1. Stuttgart [o. J.]. (Deutsche National-Literatur, 139,1.)
Hebbel, Friedrich: Maria Magdalena. Stuttgart 1994.
Holberg, Ludvig: Ausgewählte Komödien. 2 Bde. Übers. von Robert Prutz. Leipzig/Wien [o. J.].
Houwald, Ernst von: Fluch und Segen. Leipzig 1821.
Houwald, Ernst von: Der Leuchtthurm. Die Heimkehr. Zwei Trauerspiele. Leipzig 1821.
Iffland, August Wilhelm: Das Erbtheil des Vaters. In: Theatralische Werke in einer Auswahl. Bd. 6. Leipzig 1844. S. 131-256. [Zit. als: TW.]
- Theatralische Werke in einer Auswahl. 10 Bde. Leipzig 1858-60. [Diese Göschen-Ausgabe ist ein Neusatz der gleichnamigen Ausgabe Leipzig 1844.]
- Die Mündel. Leipzig 1798.
- Die Jäger. Hrsg. v. Jürg Mathes. Stuttgart 1976. [Mit instruktivem, aber der Widersprüchlichkeit dieses Autors nicht ganz gerecht werdendem Nachwort.]
- Meine theatralische Laufbahn. Mit Anm. und einer Zeittaf. [und einer Nachbem.] von Oscar Fambach. Stuttgart 1976. [Wichtiges theatergeschichtliches Dokument.]
Kotzebue, August von: Theater. Rechtmäßige Original-Auflage. 40 Bde. Leipzig/Wien 1840-41. [Letzte Gesamtausgabe.]
- Schauspiele. Mit einer Einf. von Benno von Wiese hrsg. von Jürg Mathes. Frankfurt a. M. 1972.

Lenz, Jakob Michael Reinhold: Der Hofmeister oder Vorteile der Privaterziehung. Eine Komödie. Mit einem Nachw. von Karl S. Guthke. Stuttgart 1963.
- Die Soldaten. Komödie. Mit einem Nachw. von Manfred Windfuhr. Stuttgart 1975.
- Anmerkungen übers Theater. Shakespeare-Arbeiten und Shakespeare-Übersetzungen. Hrsg. von Hans-Günther Schwarz. Stuttgart 1976.
- Werke und Briefe in drei Bänden. Hrsg. von Sigrid Damm. Leipzig 1987. [Zit. als: WB.]

Lessing, Gotthold Ephraim: Werke in 20 Teilen. Berlin [1868–77]. (Hempel'sche Ausgabe.) [Zit. als: W.]
- Briefwechsel mit Mendelssohn und Nicolai über das Trauerspiel. Hrsg. von Robert Petsch. Leipzig 1910.
- Emilia Galotti. Stuttgart 1974.
- Miß Sara Sampson. Mit einer Nachbem. von Erwin Leibfried. Stuttgart 1980. [Text der Fassung von 1772.]

Lillo, George: The London Merchant. Ed. by William H. McBurney. Lincoln (Nebr.) 1965.
- Der Kaufmann von London oder Begebenheiten Georg Barnwells. Ein bürgerliches Trauerspiel. Übers. von Henning Adam von Bassewitz (1752). Krit. Ausg. mit Materialien und einer Einf. hrsg. von Klaus-Detlef Müller. Tübingen 1981.

McInnes, Edward (Hrsg.): Jakob Michael Reinhold Lenz: Die Soldaten. Text, Materialien, Kommentar. München/Wien 1977.

Mercier, Louis Sébastien: Der Schubkarn des Eßighändlers. In: Heinrich Leopold Wagner: Gesammelte Werke in fünf Bänden. Zum ersten Mal vollständig hrsg. von Leopold Hirschberg. Bd. 1: Dramen I. Potsdam 1923. S. 185–277.

Mercier, Louis Sébastien: La brouette du vinaigrier. Hrsg. von Robert Aggéri. Paris 1972.

[Mercier, Louis Sébastien / Wagner, Heinrich Leopold:] Neuer Versuch über die Schauspielkunst. Aus dem Frz. Mit einem Anh. ›Aus Goethes Brieftasche‹. Reprogr. Nachdr. der Ausgabe von 1776. Nachw. von Peter Pfaff. Heidelberg 1967.

Minor, Jacob (Hrsg.): Das Schicksalsdrama. Berlin/Stuttgart [1884]. (Deutsche National-Literatur. 151.) [Repräsentative Anthologie mit Werken von Werner, Müllner und Houwald.]

Moritz, Karl Philipp: Blunt oder der Gast. Ein Schauspiel in einem Aufzuge. Berlin 1781.

Moritz, Karl Philipp: Werke. Hrsg. von Horst Günther. Bd. 1: Autobiographische und poetische Schriften. Frankfurt a. M. 1981. [Enthält: *Blunt oder der Gast.*]
- Werke. Hrsg. von Heide Hollmer und Albert Meier. 2 Bde. Frankfurt a. M. 1997–99.

Nicolai, Friedrich: Abhandlung vom Trauerspiele. In: Jacob Minor (Hrsg.): Lessings Jugendfreunde: Chr. Felix Weiße, Joh. Friedrich v. Cronegk, Joach. Wilh. v. Brawe, Friedrich Nicolai. Berlin/Stuttgart [o.J.]. S. 325–363. (Deutsche National-Literatur. 72.)

Pfeil, Johann Gottlob Benjamin: Lucie Woodvil. In: Fritz Brüggemann (Hrsg.): Die Anfänge des bürgerlichen Trauerspiels in den fünfziger Jahren. Leipzig 1934. (Deutsche Literatur in Entwicklungsreihen. Aufklärung. 8.)

Rebhuhn, Paul: Ein Geistlich Spiel von der Gotfürchtigen und keuschen Frauen Susannen (1546). Krit. hrsg. von Hans-Gert Roloff. Stuttgart 1967.

[Riebe,] Die Gräfin von Wollberg. Berlin 1776.

Schiller, Friedrich: Kabale und Liebe. Stuttgart 1980.

Schiller, Friedrich: Sämtliche Werke in zehn Bänden. Berliner Ausgabe. Bd. 2. Bearb. von Regine Otto. Berlin/Weimar 1981.

Sonnenfels, Joseph von: Briefe über die Wienerische Schaubühne 1768. Wien 1884.

Sprickmann, Anton Mathias: Eulalia. Trauerspiel in fünf Aufzügen. Hildburghausen / New York 1831. (Miniatur-Bibliothek der Deutschen Classiker. 121.)

Sturm und Drang. Dramatische Schriften. 2 Bde. Hrsg. von Erich Loewenthal und Lambert Schneider. Heidelberg 1960.

Sturm und Drang. Weltanschauliche und ästhetische Schriften. Hrsg. von Peter Müller. 2 Bde. Berlin/Weimar 1978.

Sturz, Helfrich Peter: Schriften. Reprogr. Nachdr. der [zweibändigen] Ausgabe Leipzig 1779/82. München 1971.

Theater und Aufklärung. Dokumentation zur Ästhetik des französischen Theaters im 18. Jahrhundert. Hrsg. und komm. von Renate Petermann und Peter-Volker Springborn. Berlin 1979.

Tieck, Ludwig: Der Abschied. In: L. T.: Ausgewählte Werke in vier Bänden. Hrsg. von Georg Wittkowski. Bd. 1. Leipzig [o. J.]. S. 12–39. (Hesses Klassiker.) [Enthält als einzige ältere Werkauswahl dieses Drama.]

Tudyka, Klaus (Hrsg.): Friedrich Schiller: Kabale und Liebe. Reprogr. Nachdr. der Ausgabe Frankfurt und Leipzig 1784. Mit

zeitgenössischen Werkrezensionen und Aufführungskritiken. Berlin 1955.
Wagner, Heinrich Leopold: Gesammelte Werke in fünf Bänden. Zum ersten Mal vollständig hrsg. von Leopold Hirschberg. Bd. 1: Dramen I. Potsdam 1923. [Mehr nicht erschienen.] [Zit. als: GW.]
– Die Kindermörderin. Ein Trauerspiel. Im Anhang: Auszüge aus der Bearbeitung von K. G. Lessing (1777) und der Umarbeitung von H. L. Wagner (1779) sowie Dokumente zur Wirkungsgeschichte. Hrsg. von Jörg-Ulrich Fechner. Stuttgart 1969.
Weiße, Christian Felix: Richard der Dritte. Hrsg. von Daniel Jacoby und August Sauer. Berlin 1904.
Werner, Zacharias: Der vierundzwanzigste Februar. Hrsg. von Johannes Krogoll. Stuttgart 1967. [Mit einem Verzeichnis weiterführender Literatur und instruktivem Nachwort.]
Wickram, Georg: Werke. Hrsg. von Johannes Bolte und Willy Scheel. Bd. 6: Tobias. Knabenspiegel. Tübingen 1905. (Bibliothek des Litterarischen Vereins in Stuttgart. 236.) Reprogr. Nachdr. Hildesheim / New York 1974.

2. Gesamtdarstellungen

a) Allgemein

Dosenheimer, Elise: Das deutsche soziale Drama von Lessing bis Sternheim. Konstanz 1949.
Eloesser, Arthur: Das bürgerliche Drama. Seine Geschichte im 18. und 19. Jahrhundert. Berlin 1898.
Guthke, Karl S.: Das deutsche bürgerliche Trauerspiel. 5., überarb. und erw. Aufl. Stuttgart/Weimar 1994. (Sammlung Metzler. 116.) [Kommentierte Bibliographie; für ein vertieftes Studium des Themas unentbehrlich.]
Mönch, Cornelia: Abschrecken oder Mitleiden. Das deutsche bürgerliche Trauerspiel im 18. Jahrhundert. Tübingen 1993.

b) Aus der Forschungsgeschichte

Brüggemann, Fritz (Hrsg.): Die Anfänge des bürgerlichen Trauerspiels in den fünfziger Jahren. Leipzig 1934. (Deutsche Literatur in Entwicklungsreihen. Aufklärung. 8.) [Wichtige Dramenanthologie mit forschungsgeschichtlich richtungweisender Einleitung.]

Gervinus, Georg Wilhelm: Geschichte der deutschen Dichtung. Leipzig ⁴1853. [Erstmals 1835 unter anderem Titel erschienene Literaturgeschichte des Begründers der Germanistik.]

Hettner, Hermann: Das moderne Drama. Aesthetische Untersuchungen. Hrsg. von Paul Alfred Merbach. Berlin/Leipzig 1924. [Grundlegend für die Bewertung der Gattung im Zeitalter des Vormärz und des bürgerlichen Realismus.]

Lukács, Georg: Zur Soziologie des modernen Dramas. Teilabdr. in: G. L.: Schriften zur Literatursoziologie. Ausgew. und eingel. von Peter Ludz. Neuwied 1961. [Frühe Arbeit (1914) des bedeutenden Marxisten.]

Pikulik, Lothar: »Bürgerliches Trauerspiel« und Empfindsamkeit. Köln/Wien 1966.

Scherer, Wilhelm: Geschichte der deutschen Literatur. Berlin 1918. [Erstmals 1883 erschienene maßgebliche Literaturgeschichte des Wilhelminismus.]

Ter-Nedden, Gisbert: Lessings Trauerspiele. Der Ursprung des modernen Dramas aus dem Geist der Kritik. Stuttgart 1986. [Lessing-Monographie von grundsätzlicher Bedeutung für die Gattungsfrage.]

3. Gottscheds Dramaturgie

a) Allgemein

Alt, Peter-André: Tragödie der Aufklärung. Eine Einführung. Tübingen/Basel 1994.

George, David E. R.: Deutsche Tragödientheorien vom Mittelalter bis zu Lessing. Texte und Kommentare. München 1972.

Kommerell, Max: Lessing und Aristoteles. Untersuchung über die Theorie der Tragödie. Frankfurt a. M. ⁵1984.

Rochow, Christian Erich: Das Drama hohen Stils. Aufklärung und Tragödie in Deutschland (1730–1806). Heidelberg 1994.
Szondi, Peter: Versuch über das Tragische. In: P. S.: Schriften I. Frankfurt a. M. 1978. S. 149–260.

b) Zur Komödie der Aufklärung

Brüggemann, Diethelm: Die sächsische Komödie. Studien zum Sprachstil. Köln 1970.
Schlenther, Paul: Frau Gottsched und die bürgerliche Komödie. Ein Kulturbild aus der Zopfzeit. Berlin 1886.
Steinmetz, Horst: Die Komödie der Aufklärung. Stuttgart 1966. (Sammlung Metzler. 47.) [Überblick mit weiterführenden Literaturangaben.]
Wicke, Günter: Die Struktur des deutschen Lustspiels der Aufklärung. Versuch einer Typologie. Bonn 1968.

4. Die Dramaturgie Lessings

a) *Miss Sara Sampson*

Bornkamm, Heinrich: Die innere Handlung in Lessings *Miß Sara Sampson*. In: Euphorion 51 (1957) S. 385–396.
Brüggemann, Fritz: Lessings Bürgerdramen und der Subjektivismus als Problem. Psychogenetische Untersuchung. In: Jahrbuch des Freien Deutschen Hochstifts (1926) S. 69–110.
– (Hrsg.): Die Anfänge des bürgerlichen Trauerspiels in den fünfziger Jahren. Leipzig 1934. [S. 5–17.] (Deutsche Literatur in Entwicklungsreihen. Aufklärung. 8.)
Erläuterungen und Dokumente: Gotthold Ephraim Lessing, *Miß Sara Sampson*. Von Veronica Richel. Stuttgart 1985.
Janz, Rolf-Peter: ›Sie ist die Schande ihres Geschlechts‹. Die Figur der femme fatale bei Lessing. In: Jahrbuch der Deutschen Schiller-Gesellschaft 23 (1979) S. 207–221.
Mann, Otto: Lessing. Sein und Leistung. Hamburg ²1961.
Wiese, Benno von: Die deutsche Tragödie von Lessing bis Hebbel. Hamburg 1948. ³1955.

5. Theorie und Praxis des bürgerlichen Trauerspiels neben Lessing

a) Im Vorfeld der *Miss Sara Sampson*

Metwally, Nadia: Glück und Elend im Kaufmannsleben. Gattungstheoretische Überlegungen zu einem Thema des ›bürgerlichen‹ Dramas. In: Kairoer germanistische Studien 5 (1990) S. 79–102.

Pöppelmann, Hartmut: ›To Enlarge the Province of the Graver Kind of Poetry‹: Dramentheoretische Überlegungen zu George Lillo. In: »Die im alten Haus der Sprache wohnen«. Helmut Arntzen zum 60. Geburtstag. Hrsg. von Eckehard Czucka. Münster 1991. S. 109–122.

Szondi, Peter: Die Theorie des bürgerlichen Trauerspiels im 18. Jahrhundert. Hrsg. von Gerd Mattenklott. Frankfurt a. M. 1973.

b) Zur Theorie des bürgerlichen Trauerspiels neben Lessing

Daunicht, Richard: Die Entstehung des Bürgerlichen Trauerspiels in Deutschland. Berlin 1963. ²1965.

Heitner, Robert R.: German Tragedy in the Age of Enlightenment. A Study in the Development of Original Tragedies, 1724–1768. Berkeley / Los Angeles 1963.

Krueger, Joachim: Zur Frühgeschichte der Theorie des Bürgerlichen Trauerspiels. In: Worte und Werte. Bruno Markwardt zum 60. Geburtstag. Hrsg. von Gustav Erdmann und Alfons Eichstaedt. Berlin 1961. S. 177–192.

Metwally, Nadia: Johann Gottlob Benjamin Pfeils *Lucie Woodvil* – eine ›Schwester der Sara‹? In: Zeitschrift für deutsche Philologie 103 (1984) S. 161–177.

Wierlacher, Alois: Das bürgerliche Drama. Seine theoretische Begründung im 18. Jahrhundert. München 1968.

– Einleitung. In: Ildefonso Valdastri: Preisschrift über das bürgerliche Trauerspiel. München 1969.

c) Diderot und Mercier

Beclard, Léon: Sébastien Mercier. Sa vie, son œuvre, son temps. Bd. 1: Avant la Révolution 1740–1789. Paris 1903. [Mehr nicht erschienen.]

McInnes, Edward: Louis Sébastien Mercier and the Drama of the Sturm und Drang. In: Publications of the English Goethe Society 54 (1983–84) S. 76–100.

Mortier, Roland: Diderot in Deutschland 1750–1850. Stuttgart 1967.

Pinatel, Joseph: Le drame bourgeois en Allemagne au XVIIIème siècle. Lyon 1938.

Pusey, W. W.: Louis-Sébastien Mercier in Germany. His vogue and influence in the Eighteenth Century. New York 1939.

San-Giorgiu, Jon: Sébastien Merciers dramaturgische Ideen im »Sturm und Drang«. Basel 1921.

Szondi, Peter: Tableau und coup de théâtre. Zur Sozialpsychologie des bürgerlichen Trauerspiels bei Diderot. Mit einem Exkurs über Lessing. In: P. S.: Schriften II. Frankfurt a. M. 1978. S. 205–232.

Zollinger, Oskar: Louis-Sébastien Mercier als Dramatiker und Dramaturg. Straßburg 1899.

d) Wagner

McInnes, Edward: Social Insight and Tragic Feeling in Wagner's *Die Kindermörderin*. In: New German Studies 4 (1976) H. 4. S. 27–38.

Petriconi, Hellmuth: Die verführte Unschuld. Bemerkungen über ein literarisches Thema. Hamburg 1953.

Schmidt, Erich: Heinrich Leopold Wagner. Goethes Jugendgenosse. Jena ²1879.

Werner, Oscar Helmuth: The Unmarried Mother in German Literature. With special reference to the period 1770–1800. New York 1917.

e) Lenz

Duncan, Bruce: The comic Structure of Lenz's *Soldaten*. In: Modern Language Notes 91 (1976) S. 515–526.

Erläuterungen und Dokumente: Jakob Michael Reinhold Lenz, *Die Soldaten*. Von Herbert Krämer. Stuttgart 1974.

Froitzheim, Johann: Lenz und Goethe. Mit ungedruckten Briefen von Lenz, Herder, Lavater, Röderer, Luise König. Stuttgart 1891.

Genton, Elisabeth: Lenz et la scène allemande. Paris 1966.

Girard, René: Lenz 1751–1792. Genèse d'une dramaturgie du tragicomique. Paris 1968.

– Théâtre et vie quotidienne. *Les soldats* de J. M. R. Lenz. In: Revue d'Allemagne 3 (1971) S. 293–304.

Guthke, Karl S.: Lenzens *Hofmeister* und *Soldaten*. Ein neuer Formtypus in der Geschichte des deutschen Dramas. In: Wirkendes Wort 9 (1959) S. 274–286.

Höllerer, Walter: J. M. R. Lenz: *Die Soldaten*. In: Benno von Wiese (Hrsg.): Das deutsche Drama vom Barock bis zur Gegenwart. Bd. 1. Düsseldorf 1958. S. 127–146.

Inbar, Eva Maria: Shakespeare in Deutschland. Der Fall Lenz. Tübingen 1982.

Klotz, Volker: Geschlossene und offene Form im Drama. München ⁶1972.

Kunz, Josef: Die Dramaturgie von J. M. R. Lenz. In: Etudes Germaniques 25 (1970) S. 53–61.

Madland, Helga Stipa: Non-Aristotelian Drama in Eighteenth Century Germany and its Modernity: J. M. R. Lenz. Bern / Frankfurt a. M. 1982.

Osborne, John: J. M. R. Lenz. The Renunciation of Heroism. Göttingen 1975.

Preuß, Werner Hermann: Selbstkastration oder Zeugung neuer Kreatur. Zum Problem der moralischen Freiheit in Leben und Werk von J. M. R. Lenz. Bonn 1983.

Rosanow, M. N.: Jakob M. R. Lenz, der Dichter der Sturm-und-Drang-Periode. Leipzig 1909.

Rudolf, Ottomar: Jacob Michael Reinhold Lenz. Moralist und Aufklärer. Bad Homburg v. d. H. / Berlin / Zürich 1970.

6. Adel und Bürgertum in direkter Konfrontation

a) Zu Lessing allgemein

Danzel, Th. W. / Guhrauer, G. E.: Gotthold Ephraim Lessing. Sein Leben und seine Werke. 2., berichtigte und verm. Aufl. hrsg. von W. v. Maltzahn und R. Boxberger. 2 Bde. Berlin 1880–81. [Richtungweisende, faktenreiche Biographie.]

Guthke, Karl S.: Gotthold Ephraim Lessing. Stuttgart ³1979. (Sammlung Metzler. 65.) [Mit Bibliographie.]

Hildebrandt, Dieter: Lessing. Biographie einer Emanzipation. München/Wien 1979.

Mehring, Franz: Die Lessing-Legende. Einl. von Rainer Gruenter. Frankfurt a. M. / Berlin / Wien 1972. [Grundlegendes Werk der marxistischen Literaturgeschichtsschreibung, erschienen erstmals 1893.]

Michelsen, Peter: Der unruhige Bürger. Studien zu Lessing und zur Literatur des 18. Jahrhunderts. Würzburg 1990.

Neumann, Peter Horst: Der Preis der Mündigkeit. Über Lessings Dramen. Stuttgart 1977.

Pütz, Peter: Die Leistung der Form. Lessings Dramen. Frankfurt a. M. 1986.

Rilla, Paul: Lessing und sein Zeitalter. Berlin 1960. [Die bis heute beste Biographie, zugleich Band 10 der wichtigen Lessing-Werkausgabe des Aufbau Verlags, Berlin ²1968.]

Seeba, Hinrich C.: Die Liebe zur Sache. Öffentliches und privates Interesse in Lessings Dramen. Tübingen 1973.

Steinmetz, Horst: Lessing – ein unpoetischer Dichter. Dokumente aus drei Jahrhunderten zur Wirkungsgeschichte Lessings in Deutschland. Frankfurt a. M. / Bonn 1969.

Strohschneider-Kohrs, Ingrid: Vernunft als Weisheit. Studien zum späten Lessing. Tübingen 1991.

Ter-Nedden, Gisbert: Lessings Trauerspiele. Der Ursprung des modernen Dramas aus dem Geist der Kritik. Stuttgart 1986.

b) Zu *Emilia Galotti*

Barner, Wilfried: ›Zu viel Thränen, nur Keime von Thränen‹. Über *Miß Sara Sampson* und *Emilia Galotti* beim zeitgenössischen Publikum. In: Das weinende Saeculum. Colloquium der Arbeitsstelle 18. Jahrhundert [...]. 7.–9. Oktober 1981. Heidelberg 1983. S. 89–105.

Bauer, Gerhard: Gotthold Ephraim Lessing: *Emilia Galotti*. München 1987.

Bollacher, Martin: Tradition und Selbstbestimmung. Lessings *Emilia Galotti* in geistesgeschichtlicher Perspektive. In: Literaturwissenschaft und Geistesgeschichte. Festschrift für Richard Brinkmann. Tübingen 1981. S. 99–118.

Brown, Christiane: ›Der widerwärtige Mißbrauch der Macht‹ oder ›Die Verwandlungen der Leidenschaften in tugendhafte Fertigkeiten‹. In: Lessing Yearbook 17 (1985) S. 21–43.

Durzak, Manfred: Das Gesellschaftsbild in Lessings *Emilia Galotti*. In: Lessing Yearbook 1 (1969) S. 60–87.

Engel, Johann Jakob: Ueber Emilia Galotti. In: J. J. E.: Der Philosoph für die Welt. Neue vermehrte und verbesserte Ausgabe. Bd. 1. Berlin 1810. S. 81–119.

Erläuterungen und Dokumente: Gotthold Ephraim Lessing, *Emilia Galotti*. Von Jan-Dirk Müller. Stuttgart 1993.

Henning, Hans (Hrsg.): Lessings *Emilia Galotti* in der zeitgenössischen Rezeption. Leipzig 1981. [Reprogr. Nachdr. der Erstausgabe und wichtige frühe Rezeptionszeugnisse.]

Jung-Hofmann, Christina: Politik und Moral in Lessings *Emilia Galotti*. In: Literatur für Leser (1987) S. 229–248.

Kublitz, Maria: Maskierungen des weiblichen Sprechens. Eine feministische Lesart der *Emilia Galotti*. In: Diskussion Deutsch 20 (1989) S. 4–18.

Meyer, Reinhart: Hamburgische Dramaturgie und *Emilia Galotti*. Studie zu einer Methode des wissenschaftlichen Zitierens, entwickelt am Problem des Verhältnisses von Dramentheorie und Trauerspielpraxis bei Lessing. Wiesbaden 1973.

Müller, Klaus-Detlef: Das Virginia-Motiv in Lessings *Emilia Galotti*. Anmerkungen zum Strukturwandel der Öffentlichkeit. In: Orbis Litterarum 42 (1987) S. 305–316.

Nolting, Winfried: Die Dialektik der Empfindung. Lessings Trauerspiele *Miß Sara Sampson* und *Emilia Galotti*. Stuttgart 1986.

Reh, Albert M.: *Emilia Galotti*, ›großes Exempel der dramatischen Algebra‹ oder ›Algebra der Ambivalenz‹. In: Lessing Yearbook 17 (1985) S. 45–64.

Sanna, Simonetta: Lessings *Emilia Galotti*. Die Figuren des Dramas im Spannungsfeld von Moral und Politik. Tübingen 1988.

Schmitt-Sasse, Joachim: Das Opfer der Tugend. Zu Lessings *Emilia Galotti* und einer Literaturgeschichte der »Vorstellungskomplexe« im 18. Jahrhundert. Bonn 1983.

Schulte-Sasse, Jochen: Literarische Struktur und historisch-sozialer Kontext. Zum Beispiel Lessings *Emilia Galotti*. Paderborn 1975.

Steinmetz, Horst: *Emilia Galotti*. In: Lessings Dramen. Interpretationen. Stuttgart 1987. S. 87–137.

– Verstehen, Mißverstehen, Nichtverstehen. Zum Problem der Interpretation, vornehmlich am Beispiel von Lessings *Emilia Galotti*. In: Germanisch-Romanische Monatsschrift 37 (1987) S. 387–398.

Weber, Peter: Lessings *Emilia Galotti*. Zur Poetologie eines ›unpoetischen‹ Dichters. In: Weimarer Beiträge 27 (1981) S. 57–73.

Werner, Hans-Georg: Bausteine zu einer Wirkungsgeschichte Gotthold Ephraim Lessings. Berlin/Weimar 1984.

Wierlacher, Alois: Das Haus der Freude oder Warum stirbt Emilia Galotti? In: Lessing Yearbook 5 (1975) S. 147–162.

Wittkowski, Wolfgang: Bürgerfreiheit oder -feigheit? Die Metapher des ›langen Weges‹ als Schlüssel zum Koordinatensystem in Lessings politischem Trauerspiel *Emilia Galotti*. Lessing Yearbook 17 (1985) S. 65–87.

c) Zu Schillers *Kabale und Liebe*

Auerbach, Erich: Musikus Miller. In: E. A.: Mimesis. Dargestellte Wirklichkeit in der abendländischen Literatur. Bern ⁵1971. S. 404–421.

Barry, Thomas F.: Love and the Politics of Paternalism. Image of the Father in Schiller's *Kabale und Liebe*. In: Colloquia Germanica 22 (1989) S. 21–37.

Baur, Wilfried: Rückzug und Reflexion in kritischer und aufklärender Absicht. Schillers Ethik und Ästhetik und ihre künstlerische Gestalt im Drama. Frankfurt a. M. 1987.

Beck, Adolf: Die Krisis des Menschen im Drama des jungen Schiller. Euphorion 49 (1955) S. 163–202.
Binder, Wolfgang: Schiller: *Kabale und Liebe*. In: Benno von Wiese (Hrsg.): Das deutsche Drama. Bd. 1. Düsseldorf 1958. S. 248–268.
Burger, Heinz Otto: »Dasein heißt eine Rolle spielen«. Studien zur deutschen Literaturgeschichte. München 1963. [S. 194–210.]
Clasen, Thomas: ›Nicht mein Geschlecht beschwöre! Nenne mich nicht Weib‹. Zur Darstellung der Frau in Schillers ›Frauen-Dramen‹. In: Schiller. Vorträge aus Anlaß seines 225. Geburtstages. Frankfurt a. M. 1991. S. 89–111.
Dahnke, Hans-Dietrich / Vogel, Lutz: Die hohe Tragödie im bürgerlichen Trauerspiel. *Kabale und Liebe*. In: H.-D. D./Bernd Leistner: Schiller. Das dramatische Werk in Einzelinterpretationen. Weimar 1982. S. 64–88.
Duncan, Bruce: ›An Worte läßt sich trefflich glauben.‹ Die Sprache der Luise Millerin. In: Wolfgang Wittkowski (Hrsg.): Friedrich Schiller. Kunst, Humanität und Politik in der späten Aufklärung. Ein Symposium. Tübingen 1982. S. 26–32.
Erläuterungen und Dokumente: Friedrich Schiller, *Kabale und Liebe*. Von Walter Schafarschik. Stuttgart 1980.
Fischer, Bernd: *Kabale und Liebe*. Skepsis und Melodrama in Schillers bürgerlichem Trauerspiel. Frankfurt a. M. 1987.
Gruenter, Rainer: Despotismus und Empfindsamkeit. Zu Schillers *Kabale und Liebe*. In: Jahrbuch des Freien Deutschen Hochstifts (1981) S. 207–227.
Guthke, Karl S.: *Kabale und Liebe*. In: Walter Hinderer (Hrsg.): Schillers Dramen. Stuttgart 1992. S. 105–158.
Harrison, R. B.: The Fall and Redemption of Man in Schiller's *Kabale und Liebe*. In: German Life and Letters 35 (1981) S. 5–13.
Heitner, Robert R.: Luise Millerin and the Shock Motif in Schiller's Early Dramas. In: Germanic Review 41 (1966) S. 27–44.
Henning, Hans (Hrsg.): Schillers *Kabale und Liebe* in der zeitgenössischen Rezeption. Leipzig 1985. [Reprogr. Nachdr. der Erstausgabe und wichtige frühe Rezeptionszeugnisse.]
Herrmann, Hans Peter: Musikmeister Miller, die Emanzipation der Töchter und der dritte Ort der Liebenden. Schillers bürgerliches Trauerspiel im 18. Jahrhundert. In: Jahrbuch der Deutschen Schiller-Gesellschaft 28 (1984) S. 223–247.
Jai Mansouri, Rachid: Die Darstellung der Frau in Schillers Dramen. Frankfurt a. M. 1988.

Janz, Rolf-Peter: Schillers *Kabale und Liebe* als bürgerliches Trauerspiel. In: Jahrbuch der Deutschen Schiller-Gesellschaft 20 (1976) S. 208–228.
Koopmann, Helmut: Friedrich Schiller. Bd. 1. Stuttgart ²1977. (Sammlung Metzler. 50.) [Mit Bibliographie.]
– *Kabale und Liebe* als Drama der Aufklärung. In: Wolfgang Wittkowski (Hrsg.): Verlorene Klassik? Ein Symposium. Tübingen 1986. S. 286–306.
Kraft, Herbert: Die dichterische Form der *Luise Millerin*. In: Zeitschrift für deutsche Philologie 85 (1966) S. 7–21.
– Bild-Sprache. Texte zwischen Dichten und Denken. Leuven 1990. [S. 99–107.]
– (Hrsg.): Schillers *Kabale und Liebe*. Das Mannheimer Soufflierbuch. Mannheim 1963.
Malsch, Wilfried: Der betrogene deus iratus in Schillers Drama *Louise Millerin*. In: Collegium Philosophicum. Studien Joachim Ritter zum 60. Geburtstag. Basel/Stuttgart 1965. S. 157–208.
Martini, Fritz: Schillers *Kabale und Liebe*. Bemerkungen zur Interpretation des ›Bürgerlichen Trauerspiels‹. In: Der Deutschunterricht 4 (1952) S. 18–39.
May, Kurt: Friedrich Schiller. Idee und Wirklichkeit im Drama. Göttingen 1948.
Mayer, Hans: Schiller und die Nation. Düsseldorf 1955.
Mehring, Franz: Schiller. Ein Lebensbild für deutsche Arbeiter. Leipzig 1905.
Michelsen, Peter: Ordnung und Eigensinn. Über Schillers *Kabale und Liebe*. In: Jahrbuch des Freien Deutschen Hochstifts (1984) S. 198–222.
Müller-Seidel, Walter: Das stumme Drama der Luise Millerin. In: Goethe. Neue Folge des Jahrbuchs der Goethe-Gesellschaft 17 (1955) S. 91–103.
Pape, Walter: ›Ein merkwürdiges Beispiel productiver Kritik‹. Schillers *Kabale und Liebe* und das zeitgenössische Publikum. In: Zeitschrift für deutsche Philologie 107 (1988) S. 190–211.
Rochow, Christian Erich: Karls Kutte. Zur politischen Funktion des Vaterbildes bei Schiller. In: Germanisch-Romanische Monatsschrift N. F. 45 (1995) S. 192–203.
Scheuer, Helmut: Theater der Verstellung – Lessings *Emilia Galotti* und Schillers *Kabale und Liebe*. In: Der Deutschunterricht 43 (1991) S. 58–74.

Seidlin, Oskar: Schillers ›trügerische Zeichen‹. Die Funktion der Briefe in seinen frühen Dramen. In: Jahrbuch der Deutschen Schillergesellschaft 4 (1960) S. 247–269.
Storz, Gerhard: Der Dichter Friedrich Schiller. Stuttgart ³1963.
Thalheim, Hans Günther: Der württembergische Pietismus im Erfahrungshorizont des frühen Schiller. In: Weimarer Beiträge 31 (1985) S. 1823–1848.
– Zeitalterkritik und Zukunftserwartung. Zur Grundkonzeption in Schillers früher Dramatik. In: Helmut Brandt (Hrsg.): Friedrich Schiller. Angebot und Diskurs. Zugänge, Dichtung, Zeitgenossenschaft. Berlin 1987. S. 141–159.
Wells, George A.: Interpretation and Misinterpretation of Schiller's *Kabale und Liebe*. In: German Life and Letters 38 (1984/85) S. 448–461.
Wich, Joachim: Ferdinands Unfähigkeit zur Reue. Ein Beitrag zur Deutung von Schillers *Kabale und Liebe*. In: Literaturwissenschaftliches Jahrbuch N.F. 15 (1974) S. 1–15.

d) Iffland

Glaser, Horst Albert: Das bürgerliche Rührstück. Analekten zum Zusammenhang von Sentimentalität mit Autorität in der trivialen Dramatik Schröders, Ifflands, Kotzebues und anderer Autoren am Ende des 18. Jahrhunderts. Stuttgart 1969.
Kliewer, Erwin: A. W. Iffland. Ein Wegbereiter in der deutschen Schauspielkunst. Berlin 1937.
Klingenberg, Karl-Heinz: Iffland und Kotzebue als Dramatiker. Weimar 1962.
Koffka, Wilhelm: Iffland und Dalberg. Geschichte der classischen Theaterzeit Mannheims. Leipzig 1865.
Ladendorf, Ingrid: Die Familie unter dem Patronat des Deus-ex-Machina. Zum deutschen Familienschauspiel (1750–1800) zwischen Affirmation und Subversion bürgerlicher Werte. In: Helmut Koopmann (Hrsg.): Bürgerlichkeit im Umbruch. Studien zum deutschsprachigen Drama 1750–1800. Tübingen 1993.
Lampe, Karl: Studien über Iffland als Dramatiker mit besonderer Berücksichtigung der ersten Dramen. Celle 1899.
Salehi, Sigrid: August Wilhelm Ifflands dramatisches Werk. Versuch einer Neubewertung. Frankfurt a. M. [u. a.] 1990.

Stefanczyk, Krystyna: Das bürgerliche Trivialdrama im 18. Jahrhundert. In: Germanica Wratislavensia 27 (1976) S. 91–108. (Acta Universitatis Wratislavensis. 323.)

Stiehler, Arthur: Das Ifflandische Rührstück. Ein Beitrag zur Geschichte der dramatischen Technik. Hamburg/Leipzig 1898.

7. Schwund- und Privatisierungsformen des bürgerlichen Trauerspiels

a) Zu Goethes *Clavigo* und *Stella*

Fischer, Bernd: Goethes *Clavigo*. Das Melodrama des Bildungsbürgers im Trauerspiel des Sturm und Drang. In: Goethe Yearbook 5 (1990) S. 47–64.

Leppmann, Wolfgang: *Clavigo*. In: Walter Hinderer (Hrsg.): Goethes Dramen. Stuttgart 1993. S. 66–87.

Meessen, H. J.: *Clavigo* and *Stella* in Goethe's Personal and Dramatic Development. In: Goethe Bicentennial Studies. Indiana 1950. S. 153–206. (Indiana University Publications. Humanities Series. 22.)

Strohschneider-Kohrs, Ingrid: Goethes *Clavigo*. In: Goethe-Jahrbuch 90 (1973) S. 37–56.

b) Kotzebue, Moritz, Zacharias Werner, Tieck, Houwald

Glaser, Horst Albert: Das bürgerliche Rührstück. Analekten zum Zusammenhang von Sentimentalität mit Autorität in der trivialen Dramatik Schröders, Ifflands, Kotzebues und anderer Autoren am Ende des 18. Jahrhunderts. Stuttgart 1969.

Kahn, Robert L.: Kotzebue. His Social and Political Attitudes. The Dilemma of a Popular Dramatist in Times of Social Change. Diss. masch. Toronto 1950.

Klingenberg, Karl-Heinz: Iffland und Kotzebue als Dramatiker. Weimar 1962.

Köhler, Christoph: Effekt-Dramaturgie in den Theaterstücken Au-

gust von Kotzebues. Eine theaterwissenschaftliche Untersuchung. Diss. masch. Berlin 1955.
Krause, Markus: Das Trivialdrama der Goethezeit, 1780–1805. Produktion und Rezeption. Bonn 1982.
Ladendorf, Ingrid: Die Familie unter dem Patronat des Deus-ex-Machina. Zum deutschen Familienschauspiel (1750–1800) zwischen Affirmation und Subversion bürgerlicher Werte. In: Helmut Koopmann (Hrsg.): Bürgerlichkeit im Umbruch. Studien zum deutschsprachigen Drama 1750–1800. Tübingen 1993.
Luserke, Matthias: Der Abgesang auf den Sturm und Drang. Plädoyer für eine neue Lektüre von Moritz' Drama *Blunt oder der Gast*. In: Heinz Ludwig Arnold (Hrsg.): Karl Philipp Moritz. München 1993. S. 67–75.
– Sturm und Drang. Autoren – Texte – Themen. Stuttgart 1997. (Literaturstudium.) [Zu Moritz' *Blunt* S. 316 ff.]
Mandel, Oscar: August von Kotzebue. The Comedy, the Man. University Park (Penn.) 1990.
Mathes-Thierfelder, Henriette: August von Kotzebue und das Bürgertum um 1800 im Spiegel seiner dramatischen Werke. Diss. masch. München 1953.
Schumacher, Hans (Hrsg.): August von Kotzebue: *Die Deutschen Kleinstädter*. Text und Materialien zur Interpretation. Berlin 1964.
Stock, Frithjof: Kotzebue im literarischen Leben der Goethezeit. Polemik – Kritik – Publikum. Düsseldorf 1971.
Thalmann, Marianne: Der Trivialroman des 18. Jahrhunderts und der romantische Roman. Berlin 1923.
– Das Märchen und die Moderne. Zum Begriff der Surrealität im Märchen der Romantik. Stuttgart 1961.
– Romantik und Manierismus. Stuttgart 1963.
– Der Manierismus in Tiecks Literaturkomödien. In: Literaturwissenschaftliches Jahrbuch der Görres-Gesellschaft N.F. 5 (1964) S. 345–351.
– Die Romantik des Trivialen. Von Grosses *Genius* bis Tiecks *William Lovell*. München 1970.

8. Zu Friedrich Hebbels *Maria Magdalena*

Bark, Joachim: So viel Fremdheit, so wenig Lust. Überlegungen zu Hebbels *Maria Magdalena*. In: Wirkendes Wort 38 (1988) S. 200–213.

Brombacher, Kuno: Der deutsche Bürger im Literaturspiegel von Lessing bis Sternheim. München 1920.

Diebold, Edmund: Friedrich Hebbel und die zeitgenössische Beurteilung seines Schaffens. Berlin/Leipzig 1928.

Erläuterungen und Dokumente: Friedrich Hebbel, *Maria Magdalena*. Von Karl Pörnbacher. Stuttgart 1980.

Fetzer, John: Water Imagery in *Maria Magdalena*. In: The German Quarterly 43 (1970) S. 715–719.

Fischer, Walter: Hebbel, *Maria Magdalene*. Frankfurt a. M. [u. a.] ³1967.

Gerlach, U. Henry: Hebbel-Bibliographie 1910–1970. Heidelberg 1973.

Glenn, Jerry H.: The Title of Hebbel's *Maria Magdalena*. In: Papers on Language and Literature. Southern Illinois University (1967) S. 122–133.

Kleinschmidt, Gert: Die Person im frühen Drama Hebbels. Lahr i. Schwarzwald 1965.

Kraft, Herbert: Poesie der Idee – Die tragische Dichtung Friedrich Hebbels. Tübingen 1971.

Luserke, Matthias: Gewalt statt Katharsis – ein Paradigmenwechsel? Die Agonie des Bürgerlichen Trauerspiels in Hebbels *Maria Magdalena*. In: Günter Häntzschel (Hrsg.): »Alles Leben ist Raub«. Aspekte der Gewalt bei Friedrich Hebbel. Berlin 1992. S. 139–149.

Lütkehaus, Ludger: Hebbel – Gegenwartsdarstellung, Verdinglichungsprobleme, Gesellschaftskritik. Heidelberg 1976.

Matthiesen, Hayo: Friedrich Hebbel in Selbstzeugnissen und Bilddokumenten. Reinbek ²1979. (Rowohlts Bildmonographien. 160.)

May, Kurt: Hebbels *Maria Magdalene*. In: K. M.: Form und Bedeutung. Interpretationen deutscher Dichtungen des 18. und 19. Jahrhunderts. Stuttgart 1957. S. 273–298.

McInnes, Edward: *Maria Magdalena* and the Bürgerliches Trauerspiel. In: Orbis Litterarum 28 (1973) S. 46–67.

Meetz, Anni: Friedrich Hebbel. Stuttgart ³1973. (Sammlung Metzler. 18.)

Müller, Joachim: Zur motivischen und dramatischen Struktur von Hebbels *Maria Magdalena.* In: Hebbel-Jahrbuch (1968) S. 45–76.

Pogge, Grete: Hebbel und das Problem der inneren Form im bürgerlichen Trauerspiel. Diss. masch. Hamburg 1925.

Stern, Martin: Das zentrale Symbol in Hebbels *Maria Magdalene.* In: Helmut Kreuzer (Hrsg.): Hebbel in neuer Sicht. Stuttgart 1963. S. 228–246.

Wolfgang Liepe: Zum Problem der Schuld bei Hebbel. In: Hebbel-Jahrbuch (1958) S. 9–32.

Wütschke, Friedrich: Friedrich Hebbel in der zeitgenössischen Kritik. Berlin 1910.

Ziegler, Klaus: Mensch und Welt in der Tragödie Friedrich Hebbels. Berlin 1938.

Zincke, Paul: Die Entstehungsgeschichte von Friedrich Hebbels *Maria Magdalena.* Prag 1910.

Verzeichnis der Inhaltsangaben der besprochenen Stücke

Brawe, Joachim Wilhelm von, *Der Freigeist* 79
Diderot, Denis, *Der Hausvater* 88
Gemmingen, Otto Heinrich von, *Der deutsche Hausvater* 145
Goethe, Johann Wolfgang, *Stella* 189
Gottschedin, Luise Adelgunde Victorie,
 Die Hausfranzösinn oder die Mamsell 37
Hebbel, Friedrich, *Maria Magdalena* 206
Houwald, Ernst von, *Die Heimkehr* 201
Houwald, Ernst von, *Fluch und Segen* 201
Iffland, August Wilhelm, *Das Erbtheil des Vaters* .. 100
Iffland, August Wilhelm, *Die Mündel* 174
Kotzebue, August von, *La Peyrouse* 192
Lenz, Jakob Michael Reinhold, *Die Soldaten* 112
Lessing, Gotthold Ephraim, *Emilia Galotti* 121
Lessing, Gotthold Ephraim, *Miss Sara Sampson* ... 59
Lillo, George, *Der Kaufmann von Londen* 68
Mercier, Louis Sébastien / Wagner, Heinrich Leopold,
 Der Schubkarren des Essighändlers 94
Moritz, Karl Philipp, *Blunt oder der Gast* 195
Pfeil, Johann Gottlob Benjamin, *Lucie Woodvil* .. 77
Plautus/Lessing, *Die Gefangenen* 46
Riebe, *Die Gräfin von Wollberg* 136
Schiller, Friedrich, *Kabale und Liebe* 150
Sprickmann, Anton Mathias, *Eulalia* 140
Sturz, Helfrich Peter, *Julie* 80
Tieck, Ludwig, *Der Abschied* 199
Wagner, Heinrich Leopold, *Die Kindermörderin* .. 105
Wagner, Heinrich Leopold, *Die Reue nach der Tat* 103
Wickram, Georg, *Der jungen Knaben Spiegel* 16

Namenregister

Addison, Joseph 14
Anders, Günter 167
Appius Claudius 133
Aristoteles 23, 49
Ayrenhoff, Cornelius von 133

Bassewitz, Henning Adam von 68, 73
Binder, Wolfgang 163
Bornkamm, Heinrich 63
Brecht, Bertolt 112, 167, 214
Brüggemann, Fritz 61
Büchner, Georg 118, 206

Dusch, Johann Jakob 61, 87

Engel, Johann Jakob 128, 133
Euripides 52

Fibich, Cleophe 113
Fielding, Henry 91
Foucault, Michel 72

Gellert, Christian Fürchtegott 33
Gemmingen, Otto Heinrich von 145, 149, 168, 192
Goethe, Johann Wolfgang 9, 59, 82, 102, 105, 167, 171, 172, 186, 194, 204
Gottsched, Johann Christoph 14, 18, 20, 23, 31, 35, 40, 42, 44, 46, 50, 52, 55
Gottsched, Luise Adelgunde Victorie 36, 39, 104

Hebbel, Friedrich 116, 206
Hegel, Georg Wilhelm Friedrich 8, 125, 172, 204
Holberg, Ludwig 36
Houwald, Ernst von 194, 201

Namenregister

Iffland, August Wilhelm 98, 102, 168, 171, 174

Kayser, Wolfgang 191
Kleist, Friedrich Georg von 113
Kotzebue, August von 82, 187, 192, 194

Lenz, Jakob Michael Reinhold 81, 102, 110, 145, 174, 184, 206
Lessing, Gotthold Ephraim 11, 12, 20, 42, 67, 73, 74, 83, 107, 120, 139, 143, 158, 161, 172, 174, 187, 205
Lessing, Karl Gotthelf 106, 128
Lukács, Georg 9
Luther, Martin 15, 205

Maria Theresia, Kaiserin von Österreich 104
Mendelssohn, Moses 49
Mercier, Louis-Sébastien 11, 39, 90, 98, 102, 107, 177, 182, 184
Metwally, Nadia 74
Molière 35, 95
Mönch, Cornelia 11, 13, 74
Moritz, Karl Philipp 82, 150, 161, 162, 170, 173, 195
Müllner, Adolph 194
Mylius, Christlob 43

Nicolai, Friedrich 29, 49, 54, 79, 120

Pikulik, Lothar 10
Plautus, Titus Maccius 46

Rebhuhn, Paul 16
Reuter, Christian 19
Richardson, Samuel 91
Riebe 136
Rousseau, Jean Jacques 93, 193

Schiller, Friedrich 7, 11, 31, 110, 144, 150, 170, 186, 187, 205
Schopenhauer, Arthur 22
Schütze, Johann Friedrich 7
Seneca, Lucius Annäus 52
Sonnenfels, Joseph von 7, 10, 53
Sophokles 52

Namenregister

Sprickmann, Anton Matthias   139, 157, 161
Szondi, Peter   73

Ter-Nedden, Gisbert   12, 27, 61, 65, 129
Terenz   35
Tieck, Ludwig   198

Wagner, Heinrich Leopold   81, 90, 102, 113, 146, 186, 187
Wagner, Richard   203
Weber, Max   10
Weise, Christian   18
Weiße, Christian Felix   56, 82
Werner, Zacharias   194, 197
Wezel, Johann Karl   173
Wickram, Georg   16
Wiedemann, Conrad   12

Titelregister

Abhandlung vom Trauerspiele (Nicolai) 54
Anmerkungen übers Theater (Lenz) 113

Beiträge zur Historie und Aufnahme des Theaters (Lessing/Mylius) 43
Blunt, oder der Gast (Moritz) 82, 195
Briefe über die Wienerische Schaubühne (Sonnenfels) 7, 53
Briefe zur Beförderung der Humanität (Herder) 130
Briefwechsel über das Trauerspiel (Lessing/Mendelssohn/Nicolai) 49

Clavigo (Goethe) 82, 186

Das Erbtheil des Vaters (Iffland) 98
Das Testament (Gottschedin) 36
Der Abschied (Tieck) 198
Der Bankerot (Dusch) 87
Der Büchsenmacher (anonym) 147
Der deutsche Hausvater (Gemmingen) 145
Der Freigeist (Brawe) 79, 139
Der Hausvater (Diderot/Lessing) 88
Der Hofmeister (Lenz) 112
Der jungen Knaben Spiegell (Wickram) 16
Der Ring des Nibelungen (Wagner) 203
Der Schubkarn des Eßighändlers (Mercier/Wagner) 94
Der Schutzgeist (Kotzebue) 194
Der vierundzwanzigste Februar (Werner) 197
Der Wirrwarr (Kotzebue) 194
Die Betschwester (Gellert) 33
Die deutsche Schaubühne (Gottsched) 21
Die Gefangenen (Plautus/Lessing) 44
Die Gräfin von Wollberg (Riebe) 136
Die Hausfranzösinn (Gottschedin) 36, 104
Die Heimkehr (Houwald) 201
Die Jäger (Iffland) 185

Titelregister 241

Die Kindermörderinn (Wagner)   105, 113, 146, 161
Die Mündel (Iffland)   174
Die Reue nach der Tat (Wagner)   103
Die Soldaten (Lenz)   112, 211
Don Carlos (Schiller)   31, 150, 155, 170, 205

Ein Geistlich Spiel von der ... Frauen Susannen (Rebhuhn)   16
Emilia Galotti (Lessing)   8, 110, 120, 161, 205
Eulalia (Sprickmann)   139, 165

Fluch und Segen (Houwald)   201

George Dandin (Molière)   95

Hamburgische Dramaturgie (Lessing)   24, 56

Jean de France oder Hans Franzen (Holberg)   36
Julie (Sturz)   80, 83

Kabale und Liebe (Schiller)   7, 31, 110, 150, 205
König Oedipus (Sophokles)   23, 55

La Peyrouse (Kotzebue)   192
Le bourgeois gentilhomme (Molière)   95
Le malentendu (Camus)   196
Le Nozze di Figaro (Mozart / da Ponte)   14
Lucie Woodvil (Pfeil)   77

Maria Magdalena (Hebbel)   206
Meine theatralische Laufbahn (Iffland)   171
Menschenhaß und Reue (Kotzebue)   193
Miss Sara Sampson (Lessing)   13, 20, 59, 110, 121, 124, 205

Nathan der Weise (Lessing)   48, 136
Neuer Versuch über die Schauspielkunst (Mercier/Wagner)   90

Octavia (Kotzebue)   194

Philotas (Lessing)   12, 47
Poetik (Aristoteles)   23, 49

Rezension des Neuen Menoza (Lenz) 113
Richard der Dritte (Weiße) 56
Romeo und Julie (Weiße) 82

Schreiben über Deutschlands Theaterwesen und Theater-
  Kunstrichterey (Ayrenhoff) 133
Stella (Goethe) 189, 199

The Fatal Curiosity (Lillo) 196
The Gamester (Moore) 79
The London Merchant (Lillo) 17, 53, 68
The Spectator (Addison) 14

Verbrechen aus Ehrsucht (Iffland) 168
Versuch einer Critischen Dichtkunst (Gottsched) 20
Virginia, oder das abgeschaffte Decemvirat (Ayrenhoff) 134
Vom bürgerlichen Trauerspiele (Pfeil) 46, 74
Von den lateinischen Trauerspielen (Lessing) 52
Vorrede zur Übersetzung von Thomson's Trauerspielen (Lessing) 52

Wie kann eine gute stehende Schaubühne eigentlich wirken?
  (Schiller) 153
Woyzeck (Büchner) 118, 206

Begriffsregister

Abschreckungsdramaturgie 11, 69, 74–83, 93, 109, 141, 153, 163, 205
Absolutismus 25, 26, 40, 81, 135, 166, 168, 205
Adel 21, 39, 41, 76, 95, 98, 101, 104, 114, 120–149
Anagnorisis 48
Analogon, mythisches 58, 129
Ancien Régime 11, 99
Anekdote, dramatische 186, 189–203, 209
Apokryphen 16
Arbeitsideologie 203
Aufklärung 11, 13, 18, 22, 28, 31, 46, 48, 51, 99, 103, 130, 173, 177, 185, 189, 205

Bankrott 14, 41, 87, 94, 175
Bauern 10, 149
Bediente 10, 86, 96
Bewunderung 50, 56, 75, 143
Bildungskanon 9

Comédie larmoyante 32

Determination, gesellschaftliche 107, 109–110, 114–119
Dissimulation 26, 128
Drama, soziales 110, 206, 214
Drei Einheiten 20, 24, 53

Einfühlungsdramaturgie 48
Empörung 55, 167, 174
Entfremdung 117, 200
Epochenbegriff 8, 102
Exemplarität 110, 119, 125, 189

Fabel 22–25, 47, 50, 51, 56
Familie, bürgerliche 39, 81, 128, 165

Begriffsregister

Familiengemälde 82, 83–119, 145–149, 168, 205
Fatalismus 118
Fehler (dramatischer Charaktere) 28, 41, 51, 55, 63, 66, 124 f.
Feudalismus 202
Fortschritt 8, 12, 61, 204
Franzosennachahmung 36, 40
Furcht 24, 29, 41, 46, 50, 56, 74

Gerechtigkeit, poetische 129
Gesellschaft, patriarchalische 108, 163

Handlungsnexus 127, 151, 160, 165–167, 176

Identifikation 10, 22, 29, 98
Intellektuelle 14, 42, 103, 186

Katharsis 50–59
Klassik 28, 61, 112, 174, 206
Kleinbürgertum 161, 204
Komödie 32–42, 44–49, 113–115
Kreislauf, mythischer 119

Lehrsatz, moralischer 23
Literaturgeschichtsschreibung 8–13, 60–61, 102, 112, 172–174

Menschlichkeit 53, 57, 172
Mitleid, Mitleiden 24, 28 f., 41, 49–59, 62–67, 72 f., 74–76, 92, 136, 163, 174, 183
Mitleidsdramaturgie 28 f., 46, 49–59, 68, 172, 187–189
Moralitäten 15

Natur 54, 86 f., 94, 109–110, 148
Nexus, tragischer 66, 77, 82, 151, 154, 160
Notwendigkeit 110, 119, 209

Öffentlichkeit, bürgerliche 130–132, 136, 174, 204

Plattheit 171, 172–174
Privattrauerspiel 74–83

Begriffsregister

Revolution, französische 9
Rührstück 147, 160, 194, 201–203
Rührung 34, 54–57, 143, 149, 181, 183, 193

Schicksal 79, 114 f.
Schicksalstragödie 14, 192–203
Schuldrama 16–19
Sittengemälde 83–119, 145–149, 185
Sozialcharaktere 115–118, 214
Stand, mittlerer 20 f., 76, 86, 91
Ständeklausel 12, 35, 76
Standeskonflikt 104, 148, 154

Tableau 84, 87, 88, 121, 176, 177, 193
Theater, episches 112
Theodizeeproblem 59, 124, 139
Tragik 14, 41, 66, 173 f., 209–213
Tragikomödie 21, 83
Tragödie 7 f., 13, 21–32, 46, 48, 49–59, 65–67, 74–76, 124 f., 129–135, 141, 144, 163, 189, 192, 205, 209–213
Trauerspiel, republikanisches 26, 31, 48, 131–135, 205 f.
Trieb, Triebunterdrückung 11, 108–110, 116 f.
Trivialdramatik, Trivialliteratur 13, 98, 171–174, 187–203
Tugend und Laster 21, 23, 25, 28, 32, 34, 45, 51, 55, 67, 70, 74, 75, 78, 80, 84, 91, 110, 145, 153, 155
Tugendmoral, bürgerliche 202

Verlachkomödie, satirische 32
Verwendung, missbräuchliche 46
Virginität 108 f.
Vormärz 204–206

Wahrscheinlichkeit 24 f., 127, 155, 200, 210–212

Zufall 22, 27, 41, 82, 103, 107–110, 127

Zum Autor

CHRISTIAN ERICH ROCHOW, Jahrgang 1960, Promotion 1988 bei Norbert Miller an der Technischen Universität Berlin mit der Arbeit *Das Drama hohen Stils. Aufklärung und Tragödie (1730–1790)*. Lebt und arbeitet in Berlin als Literaturwissenschaftler, freier Übersetzer, Schriftsteller und Kritiker.